Мария Литвиненко

Я ~~пере~~живу!

[ОНКОЛОГИЯ • ПАНДЕМИЯ • РАЗВОД • ЭМИГРАЦИЯ]

популярное издание

2024

УДК 159.9
ББК 88.9
Л64

Литвиненко, М. А.

Л64 Я переЖИВУ! Онкология, пандемия, развод, эмиграция / Мария Литвиненко. — 2024. — 320 с.

ISBN: 978-1-0690216-8-7
Printed version softcover

ISBN: 978-1-0690216-5-6
Printed version hardcover

ISBN: 978-1-0690216-1-8
e-book

Эта книга — история о том, как преодоление трудностей может открыть новое, более счастливое и успешное «я».

Автор делится своим опытом, показывая, как она смогла пройти непреодолимые, казалось бы, преграды: потерю бизнеса, борьбу с онкологией, болезненный развод и кризис идентичности.

На страницах книги вы найдете не только вдохновение, но и практические советы, проверенные на собственном опыте автора. Эти инструменты помогут вам справиться с жизненными вызовами, найти свою силу и начать жить так, как вы всегда мечтали.

Мария убеждена: «У каждого из нас есть внутренние ресурсы для преодоления любых испытаний. И чтобы их раскрыть, нужны только вера в себя и готовность действовать.

Позвольте этой книге стать вашим путеводителем на пути к новому, лучшему “я”!»

УДК 159.9
ББК 88.9

Оглавление

Благодарность

Я выражаю глубокую благодарность моим родителям — Александру Литвиненко и Ирине Ушаковой, моим бабушке и дедушке — Людмиле и Игорю Кузькиным, моему брату, моему бывшему мужу Майклу, моему нынешнему мужу Антонио, моей лучшей подруге Насте и моим детям.

Без вас я бы не стала тем человеком, которым являюсь сейчас, и не прошла бы этот путь с его уникальным опытом, благодаря которому появилась эта книга.

Отдельная благодарность всей команде за помощь в создании и переводе.

С большой любовью,
Мария Литвиненко

Пролог

Мария бежит по лесу, не разбирая дороги, спотыкаясь, падая и снова поднимаясь. Ее гонят вперед страх, отвращение и желание оказаться как можно дальше от замка, все внутри дрожит и вибрирует от невыносимых чувств.

Ноги в расшитых золотой нитью бальных туфельках уже стерты в кровь, хочется скинуть обувь, но пугают острые камешки, то тут, то там попадающиеся на земле. Ветки деревьев, которые Мария не успевает раздвигать руками, больно хлещут по лицу, залитому слезами, цепляются за ненавистный напудренный парик с завитыми буклями. Мария срывает с себя парик и с яростью швыряет в кусты.

Тяжелое пышное платье мешает бежать — в нем бы танцевать, а не спасаться от погони. Корсет сдавливает грудь, не давая дышать, а ноги путаются в оборванном, некогда белом подоле с нежными розовыми рюшами и гудят от усталости — она не привыкла так бегать, хотя с малолетства прекрасно ездит верхом. Верхом... Ах, если бы сейчас у нее была лошадь!

Хотя чем бы это помогло? Все равно нет возможности переправиться через бездну воды, отделяющую ее от милой сердцу Англии. Вот бы оказаться сейчас в их поместье, окруженном лишь вересковыми пустошами и благодатной тишиной... Но это больше невозможно — отец все равно вернет ее обратно мужу. Он ее продал.

Позади слышатся мужские голоса, топот лошадей, треск веток и лай собак. Бежать больше невозможно, нет сил и нечем дышать. Перед глазами прыгают черные точки, а сознание куда-то уплывает. Мария медленно оседает в траву, закрывает лицо руками. Конский топот все ближе, к нему добавляются радостные возгласы — нашли! Чьи-то руки поднимают Марию с земли — сильные, не вырваться, — сажают на лошадь, и она покорно едет со своими тюремщиками, не видя ничего перед собой и безвольно покачиваясь в седле, как тряпичная кукла.

Чаща леса постепенно сменяется ухоженным парком с фонтанами, подстриженными в причудливые формы кустами и посыпанными мелкой галькой дорожками. За парком возвышается огромный замок. По аллеям гуляют нарядные люди, прячась от солнца под ажурными зонтиками, — вчерашние гости. Марию стараются везти как можно тише и самыми отдаленными уголками парка, чтобы никто из них не увидел ее в таком состоянии. Хотя вряд ли хоть кто-то смог бы сейчас узнать в этой оборванке новоиспеченную супругу наследника престола Франции.

* * *

Мария родилась в богатом поместье на севере Англии. Матери своей она почти не помнила — та слишком рано покинула этот мир, оставив маленькую дочь на попечение доброй верной нянечки. Эта полная женщина с крупными теплыми ладонями подарила девочке всю любовь, на которую была способна.

Отец, влиятельный лорд, уделял дочери мало времени — у него хватало своих взрослых важных дел, чтобы еще возиться с девчонкой. Каждый раз, когда отец смотрел на нее, Марии хотелось стать мальчиком, наследником. Может быть, тогда они бы вместе могли скакать на лошадях по обширным угодьям, охотиться и разглядывать отцовскую коллекцию оружия.

Девочка уважала отца, но побаивалась его и теплых чувств к нему не испытывала. Всю свою дочернюю любовь она изливала на отцовского советника. Этот мужчина в годах, с веселыми смешинками во взгляде, часто играл с ней, рассказывал забавные истории и приносил букеты полевых цветов. Мария иногда замечала, как советник подолгу смотрит на нее, и тогда его глаза становились печальными и он уходил в себя, будто вспоминал что-то далекое, давно ушедшее. Такой же взгляд он иногда останавливал на портрете матери Марии, который висел в большой зале.

Шло время, девочка превращалась в девушку. Находя в себе все больше внешнего сходства с покойной матерью, она начала догадываться, о чем все эти годы печалится отцовский советник. Тем более что ее сердца тоже коснулось первое робкое чувство — Мария сама не заметила, в какой из дней ей впервые стало жарко и тесно в зале, куда только что вошел военачальник отца.

Мария знала его с детства, тогда он был еще солдатом. Неразговорчивый, серьезный, всегда собранный, он изредка дарил ей мимолетную улыбку, а она жадно смотрела, как пружинят его шаги, как сильные руки крепко держат оружие на тренировках. Военачальник годился ей почти в отцы, но Марию это ничуть не смущало. Искренняя, светлая любовь в ее душе крепла с каждым днем, озаряя все вокруг и наполняя сиянием пустые комнаты мрачного поместья, в которых каждый шаг отдавался пугающим эхом.

Однажды за ужином отец собрал советника, военачальника и других своих доверенных лиц. Мария проходила мимо запертой двери в зал, когда ее привлекли громкий спор и единственное слово, которое удалось разобрать, — «война». Подкравшись на цыпочках, она прижалась спиной к стене возле двери и попыталась услышать что-нибудь еще. Неужели им всем грозит смертельная опасность?

— Руку моей дочери — за победу! — эта громкая фраза отца заставила Марию вздрогнуть.

Кому он это сказал? Зал на несколько мгновений погрузился в такую тишину, что Марии казалось: там, внутри, вот-вот услышат стук ее сердца, забившегося испуганной пташкой.

— Только если ваша дочь согласится... — Это был голос военачальника. — Но я выполню свой долг, даже если за это мне не будет награды. Разрешите идти?

Мария стояла оторопевшая, ее ноги будто вросли в каменный пол. Тут открылась дверь, и из нее вышел военачальник.

— Вы всё слышали? — растерянно прошептал он, обнаружив за дверью испуганную Марию. — Не бойтесь, я вас не выдам.

Кровь понеслась в ее теле бешеным потоком, и Мария наконец смогла пошевелиться. Отчаянно покраснев и ничего не ответив, она бросилась прочь.

Военачальник нашел Марию в конюшне, где она гладила вспотевшей ладонью любимого коня.

— Мария, вы не должны выходить за меня из-за опрометчивых слов вашего отца, — тихо сказал он. — Меньше всего на свете мне бы хотелось, чтобы вы были несчастны.

— Я буду вас ждать, — прошептала она еле слышно. — Только возвращайтесь с победой.

***

И он вернулся — живой и невредимый, потеряв часть войска, но отразив нападение и надолго отбив у врага желание соваться на эти земли.

Отец на радостях устроил пир и усадил жениха и невесту рядом. Гости громко хохотали и пели боевые гимны, столы ломились от кушаний, а в кувшинах не заканчивалось вино. Военачальник словно невзначай прикасался к своей невесте —

то плечом к плечу, то рукой к руке. Мария не скрывала своего счастья. Они не сказали друг другу ни слова любви, но в этом и не было нужды — оба понимали все по взглядам и нечаянным касаниям. Свадьба должна была состояться завтра, и ни одного дня в своей жизни Мария не ждала с таким нетерпением.

Омрачали настроение только постоянные злые шутки одного из приближенных отца. Он словно стремился побольнее задеть жениха Марии. Военачальник отшучивался в ответ, но Мария видела, что его раздражает происходящее.

— А вот интересно, это точно была победа, а не преступный сговор? — приближенный отца внезапно перешел с шутливого тона на серьезный и впился в военачальника внимательным взглядом. — Можно же договориться с врагом, пообещать часть земель. Невеста-то — богатая наследница... Господин, вы не боитесь сегодня ложиться спать? — Это уже было обращено к отцу Марии. — Хотя нет, сегодня еще можно, а вот завтра, после свадьбы...

Отец только засмеялся и отмахнулся, а вот военачальник тут же вскочил с места. Его рука привычно дернулась к поясу, но приходить с оружием на пир было не принято.

— Я терпел долго. Но прямого обвинения в измене моему господину терпеть не стану, — процедил он сквозь зубы.

— Брось, никто тебя ни в чем не подозревает, — засмеялся отец. — Кому-то просто надо проспаться. Да, пожалуй, нам всем пора расходиться, иначе завтра не сможем и бокал поднять.

Все расхохотались, начали выбираться из-за стола и на заплетающихся ногах расходиться по комнатам. Мария с тревогой наблюдала, как ее жених провожает обидчика взглядом, полным ненависти.

— Идите спать, — шепнул он, на мгновение незаметно сжав ладонь Марии. — И я тоже пойду. Утром все забудется. Надеюсь...

Он оказался прав. Наутро Мария проснулась в прекрасном настроении, предвкушая свадебное торжество и будущую счастливую семейную жизнь. Она распахнула окно, впустив в комнату свежий утренний воздух со сладким запахом утренних садовых роз.

Вошла нянечка. Она смотрела себе под ноги и нервно комкала в пальцах край передника. Все так же, не поднимая глаз, помогла Марии одеться и уложить волосы. А закончив, разрыдалась.

В ответ на расспросы нянечка только молча поманила Марию за собой и отвела в одну из гостевых комнат, полную отцовских рыцарей. На их лицах читались растерянность и глубокая печаль, а на кровати... Мария увидела своего жениха. Можно было подумать, что он спит, если бы не странная бледность и не засохшее темное пятно на рубашке.

— Он погиб на дуэли сегодня ночью. Его нашли на зеленом холме за пределами поместья, — тихо объяснил один из рыцарей.

Услышав нечеловеческий вопль, полный горя, Мария не сразу осознала, что это кричит она сама. Резко развернувшись, она бросилась на поиски отца, чтобы потребовать у него наказать убийцу. Но понимала и сама, что дуэль — честный поединок и каждый ее участник знает, чем все может закончиться. Ах, ну почему он обманул ее и не пошел спать! Или случилось что-то еще, о чем ей неизвестно?

Отец спокойно завтракал в том же зале, где вчера все так весело пировали. Словно бы не потерял только что своего верного вассала и военачальника, лучшего из воинов. В душу Марии закралось жуткое подозрение: что, если убийство спланировал отец, чтобы не отдавать дочь за низшего по титулу?.. Она хотела бросить ему в лицо все свои подозрения: кричать, топать ногами, сдернуть скатерть со стола так, чтобы вся посуда разбилась вдребезги... но не сделала ничего. Никогда еще внешне спокойный отец так ее не пугал. Она полностью была в его власти.

Отец отставил бокал и с сочувствием посмотрел на Марию.

— Не печалься. На днях я получил предложение получше: ты станешь королевой Франции.

* * *

Так Мария в свои 16 лет оказалась в чужой стране, где все говорили на чужом языке, который она знала, но все равно вызывала постоянные насмешки своими ошибками и произношением. Непривычные платья, незнакомые манеры и шумный дворец, всегда полный слуг и гостей, — она чувствовала, что никогда не сможет полюбить ни эту страну, ни этих людей.

И они ее тоже никогда не полюбят — нескладную чужеземку, которая странно говорит, не так одевается и не смеется над их шутками.

Холодно встретила Марию и семья будущего мужа. Наверняка девушка казалась им деревенщиной, которая случайно забрела в эти роскошные, украшенные позолотой и лепниной залы. Мария не понимала тонкостей политики, но отчетливо видела, что этому семейству они с отцом не ровня.

Возможно, ей и удалось бы все это вынести, если бы отец дал ей время забыть свое горе, а будущий муж — хотя бы шанс полюбить себя. Но у Марии не было ни того ни другого.

Она смиренно ждала мужа в первую брачную ночь, не собираясь сопротивляться, но он все равно предпочел взять ее грубой силой. И никому, совершенно никому не было до этого никакого дела, кроме горничной, которая молча гладила плачущую в подушку Марию после того, как ее супруг покинул спальню.

Когда Мария проснулась, каждое движение причиняло ей боль. Под закрытыми портьерами пробивались лучи солнца, а в кресле у окна дремала горничная. Она тут же открыла глаза и помогла юной госпоже привести себя в порядок. Позволив затянуть себя в тугой корсет, облачить в платье с рюшами и кошмарный парик, Мария распахнула высокие двустворчатые двери, ведущие из ее спальни в опочивальню мужа.

Она увидела стол с залитой вином скатертью, перевернутыми бокалами и остатками вчерашнего ужина, над которыми летали мухи. Чуть дальше — кровать с оторванным белым балдахином, а на ней — своего мужа, безобразного, пьяного, с открытым храпящим ртом. С ним вместе разлеглись три полуголые девицы, и его потные руки, которые еще совсем недавно касались ее, вызывая дрожь омерзения, теперь покоились на пышных телах чужих женщин.

Едва сдерживая рыдания и позывы тошноты, внешне спокойная Мария прошла череду комнат, спустилась по ступеням в парк, углубилась в его аллеи и нашла, где можно пробраться наружу. Туда, где начинался лес, в котором она рассчитывала найти либо спасение, либо смерть, — жить здесь она все равно не сможет.

***

...Перед глазами проносятся картинки, идет год за годом, множатся сплетни, одиночество и ненависть. Единственным лучиком в этой тьме становится долгожданная беременность. Долгожданная — потому что муж наконец-то отстанет от нее и прекратит вваливаться в ее комнату по ночам. Долгожданная — потому что наконец в этом мире появится хотя бы один человек, который полюбит Марию просто за то, что она есть. И она... о, как она будет его любить!

Картинки замирают, и остается только одна. Длинный каменный коридор скупо освещен факелами, огню которых не под силу разогнать густую тьму, что притаилась под потолком. В этой тьме теряются серые колонны. По коридору торопливо шагает женщина в черной мантии с капюшоном, в руке у нее подсвечник. Эхо от ее каблуков отскакивает от пола и стен. Она останавливается, оглядывается в оба конца коридора, словно хочет убедиться, что за ней никто не следит, а затем нажимает на один из камешков стены и открывает потайную дверь.

За дверью темнота, но женщина быстро разгоняет ее, зажигая от своей свечи еще несколько. Мария входит следом, не понимая, что здесь делает, кто эта женщина и видит ли та ее.

Она оказывается в помещении с высокими потолками, в котором нет ни одного окна. Тем не менее в этом каменном мешке царит уютная, теплая атмосфера с капелькой чужой тайны. От пола до потолка тянутся полки с покрытыми пылью древними книгами. Кажется, дотронься до любой из них — и страницы осядут прахом на кончиках пальцев. У дальней стены стоит простой деревянный стол, на нем — тоже книги, оплывшие свечи, баночки с порошками и жидкостями. И повсюду в комнате необычные предметы: разноцветные камни, птичьи перья, пучки кореньев и трав, небольшие аптекарские весы и неизвестные ей устройства.

Женщина поворачивается к Марии — все-таки она тоже ее видит! Незнакомку впору назвать ведьмой. Плащ скрывает ее фигуру, из-под капюшона блестит острый взгляд, лицо бороздят морщины, губы недоверчиво поджаты. Женщина протягивает было руку, но, передумав, снова прячет ее в складках своего одеяния.

— Я — это ты, — произносит она, и Мария не удивляется, потому что чувствует это и сама. — Я знала, что однажды ты придешь ко мне, и ждала тебя. Ты ищешь ответы на вопросы, кто ты и в чем твое предназначение. И я отвечу. Жизнь заставила меня заниматься магией, иначе мой сын никогда бы не взошел на французский престол. Козни, интриги, ненавистный муж и его коварная родня — только так я смогла защитить себя и ребенка от всего этого. Память о собранных мною знаниях теперь течет в твоей крови. Читай древние книги, изучи руны — они откроются тебе сразу и станут верными помощниками. И если я прячу свои тайны от других в этой комнате и глубоко в сердце, чтобы никто не назвал меня ведьмой, то в твоем мире, в твоем времени в этом не будет нужды. Ты сможешь помочь не только себе, но и другим людям.

***

Изображение женщины посреди таинственной комнаты подергивается рябью, цвета сливаются и перемешиваются, и Мария оказывается в величественном соборе. Строгие колонны уходят высоко вверх, возносятся под самое небо, подпирая стрельчатый свод. Свет падает сквозь огромный цветной витраж, преломляясь и играя сказочной радугой.

Мария смотрит на все это со стороны и словно немного сверху, и на нее никто не обращает внимания, хотя собор полон людей. Орган выводит тягучую, торжественную мелодию, ему вторит хор ангельских голосов. По рядам сидящих проносится шепот восхищения — стоящий впереди сын Марии повернулся к присутствующим, голову его венчает тяжелая корона. Ее обожаемый мальчик взошел на престол! Ей больше нечего бояться.

К новому королю Франции, преисполненному гордости, подходит его мать. Та самая женщина, с которой Мария только что говорила о магии. Седые волосы, сморщенная кожа, потускневшие краски лица, но как же светятся ее глаза! Возможно, в последний раз они так светились, когда она вышла встречать войско своего жениха, вернувшегося с победой. Да, это она сама. Это та же Мария.

Сегодня самый счастливый день в ее жизни. Супруг недавно скончался, сын-наследник стал королем — и миссия Марии в этом воплощении завершена. Вся ее жизнь прожита ради этого мгновения, больше ее ничего не держит на земле. Она наконец-то свободна.

* * *

— Мария, открывайте глаза, все закончилось. Вот так, не спешите. Нет, вам лучше еще немного полежать, не торопитесь. Возьмите салфетку, у вас все лицо в слезах.

Ласковый голос регрессолога доносится до меня словно через вязкую пелену прошлой жизни, из которой я до сих пор не могу вынырнуть. Я все еще переживаю потерю возлюбленного, бегу по лесу, прячу в тайной комнате магические книги и любуюсь сыном, сидящим на троне. Это не похоже на то, как реальность медленно вытесняет сон: сердце колотится, руки вспотели, все лицо в слезах, а моя душа словно раздвоилась.

Меня зовут Мария, и я только что получила шанс понять, почему меня окружают именно эти люди и почему наши с ними отношения складываются именно таким образом. Я пока еще не могу точно выстроить все взаимосвязи, но у меня в руках путеводный клубочек, который мне предстоит распутать, чтобы отпустить все обиды, принять все уроки, простить тех людей, чьи души путешествуют вместе со мной сквозь века, и идти дальше.

Чтобы эта история перестала повторяться.

Введение. Следуй своим истинам

Ошибаются даже гении — и иногда больше остальных. Ведь только через путь, полный проб и ошибок, можно перейти на новый уровень.

Привет, дорогой читатель! С тобой все та же Мария, и сейчас я хочу рассказать тебе чуть больше о себе и своем непростом пути. В моей жизни было множество ошибок, и каждая из них впивалась в мое тело, как ледяной кинжал. Я спотыкалась, и падала от боли, и задавала миллионы вопросов, которые долго оставались без ответов. Шагая по льду, я искала теплую землю, но найти дорогу удалось, лишь заглянув глубоко в себя.

В один прекрасный день я наконец поняла, почему мой путь лежал через такие темные дебри, для чего мне пришлось разбить ноги в кровь и что ждет меня впереди. Я сумела найти свое предназначение и разобраться в ошибках прошлого. Прозрение, которое случилось у меня, может случиться абсолютно у каждого. Потому что каждый из нас — это огромный вихрь энергии и информации. Все мы обладаем знаниями и опытом, которые могут принести пользу другим людям. Но не все мы понимаем, в чем этот опыт заключается и как его применить.

Каждый стремится узнать, в чем его земная миссия. И если человек не осознаёт свою важность, сбился с пути и не понимает, в чем его предназначение, ему требуется помощь.

Я убеждена: каждый человек уникален. И задача каждого — найти в себе эту уникальность и развить ее. Даже если ты родился с каким-то талантом — художника, музыканта, спортсмена или писателя, — в течение жизни его нужно найти, а потом терпеливо тренировать и развивать. Только тогда ты сможешь стать успешным в определенной области.

Если человек родился, имея, например, потенциал великого скрипача, но за всю жизнь ни разу не взял скрипку в руки и его не поместили в ту среду, где появляется возможность раскрыть этот талант, то человек может умереть, так и не узнав о нем. Поэтому я всегда говорю, что нужно тестировать реальность, пробовать себя во всех сферах, окунать себя в разные ситуации, чтобы твои таланты проявились. Давать себе ситуативную возможность для проявления.

Главная жизненная задача каждого человека — поиск своей индивидуальности. В своей книге я показываю свой путь и примеры, как этого можно достичь. Но у тебя, дорогой читатель, собственный путь.

Самая большая ценность во вселенной — это мы сами: наш интеллект, наше развитие, наше мироустройство, наш стержень. Внутренняя энергия — это каркас жизненной конструкции, на который нанизываются все остальные элементы. Когда человек нашел себя, прокачал свою энергетику, к нему притягиваются люди, события, вдохновение, материальные средства и все остальные блага.

Внутренний мир проецируется на внешний: разобравшись в себе, человек начинает влиять на обстоятельства. Когда-то мне казалось, что обстоятельства взяли надо мной верх. Переезд в чужую страну, отказ от бизнеса ради семьи, смертельная болезнь, деструктивные отношения, уход мужа во время беременности, пандемия, изоляция, одиночество, страх, депрессия и потеря себя... Найти ответы можно, только если задавать вопросы, но на ровном месте они не возникают. Дорога, полная препятствий и глубоких ям, заставила меня сбросить скорость, остановиться, заглушить мотор и в полной тишине понять, что двигаться нужно в другую сторону — внутрь себя.

Чтобы прийти к этой истине, мне пришлось преодолеть очень многое, наполнить себя изнутри — не только опытом и знаниями, но и болью.

В 20 лет у меня появился первый бизнес. Благодаря труду и целеустремленности я сумела добиться успеха и полностью подчинить себе свою жизнь, стала ее полноценной хозяйкой. Я не знала власти над собой до того дня, когда встретила будущего мужа. Переехав ради него на другой континент, я постепенно потеряла все: бизнес, независимость, поддержку близких, общение с внешним миром и себя как личность. После рождения ребенка муж пропал — оставил меня одну в холодном мрачном мире и почти без средств к существованию. Но я выкарабкалась. Я вылезла из пропасти, цепляясь за создаваемые мною выступы. Я не только сделала себя сама, но и спасла себя — потому что верила, чувствовала, знала, что впереди меня ждет прекрасное и счастливое будущее.

Мне пришлось собирать себя заново по кусочкам. По плиточке, по камушку я выложила новую безопасную тропинку, по которой могла идти уверенно, не боясь наступить на острый камень.

Я возродила свой бизнес, запустила новые проекты, привела в порядок тело и внутренний мир, постепенно сумела создать новую счастливую семью. «Женщина с прицепом никому не нужна», — говорили мне десятки раз, намекая на то, что я не смогу выйти замуж с ребенком на руках. Но это лишь стигма, ржавые рамки, которые мы создаем себе сами.

Перешагнув через все рамки, я создала новую себя — еще более сильную и самодостаточную, чем раньше. Мой ребенок, такой же самостоятельный и наделенный лидерскими качествами, в 3,5 года посетил 15 стран и начал осваивать четыре разных языка. Всего за 30 лет я облетела примерно 40 стран. У меня четыре компании в Канаде и США. Я ни от кого не завишу и живу так, как хочу.

Материальный мир всегда должен идти в ногу с духовным. Мое земное воплощение развивается вместе с сакральным — пройдя через столько испытаний, я задала себе главный вопрос: кто я и в чем моя миссия? Я искала ответы с помощью разных людей, разных методов самопознания: классического психоанализа, гипноза, регрессологии, «Матрицы судьбы», астрологии, дизайна человека... «Матрица судьбы»[1] расставила для меня все по своим местам и стала моим внутренним навигатором. Но чем больше я получала ответов, тем больше появлялось вопросов. И в какой-то момент я бросила все и улетела на Бали. Там я встретилась с шаманкой, которая сказала, что мое предназначение — помогать людям.

Теперь я знаю свою миссию — благодаря цифрам и жизненному опыту. Но эти знания пришли ко мне не сразу. Та точка, в которой я сейчас нахожусь, — это результат долгого и сложного пути. Именно этот путь я хочу описать в своей книге. Для меня это выход за рамки, но я знаю, что так я принесу пользу другим людям. Я делаю это для того, чтобы читатель знал, что он не один. И чтобы он смог получить эти знания быстрее, чем к ним шла я сама.

---

1 «Матрица судьбы» — метод самопознания, основанный на 22 арканах (энергиях), который позволяет увидеть заложенные при рождении способности, предрасположенности, сильные и слабые стороны, таланты и личностные особенности человека. Рассчитывается с помощью даты рождения.

Глава 1.
Мимо чужих целей

— Мариша, у тебя на полке в шкафу такой красивый купальник для гимнастики пылится, белые носочки, а какая у тебя точеная фигурка! Все задатки стать гимнасткой высшего класса! А ты все бегаешь туда-сюда, никак в секцию не устроишься. Тебе бы, Мариша, дома уроки учить, на кружки ходить, а ты как кошка, на месте тебе не сидится, лишь бы во двор, — говорила мне мама.

Вот так ведь и бегу всю жизнь — не стремлюсь к чужим целям... Бегу и достигаю собственных вершин.

Я Мария Литвиненко, как написано в паспорте. Для мамы я — Марийка и Мариша, для папы — Маня, когда нашкодничаю — Марфа. Для друзей — просто Маша. Так много у меня имен, так много жизненных ролей и такое количество ярких событий, которое редко доводится прожить одному человеку. Но все это было со мной.

Желай большего

Маша — девочка 14 лет, которая живет и работает курьером. Девочка, которой всегда больше всех надо. Которая за правду и за справедливость, за слабых и беззащитных. И только потом за себя.

Слышать и выбирать себя Маша научится намного позже, через боль и рефлексию, а пока она чуть что лезет в драку и подкармливает всех бездомных кошек в округе. Маша и сама похожа на кошку — животное крайне самодостаточное и трудолюбивое: даже домашняя кошка, имея в достатке все свои кошачьи блага — еду, воду, теплое место, — при первой возможности отправится на охоту. Такой вот живет внутри нее охотничий дух — и никто у нее этого не отнимет.

Маша — это я. Девочка, которая родилась и выросла в Киеве, — киевлянка в четвертом поколении. Центральный район, Печерск, я могу обойти с закрытыми глазами. Каждый переулок изучен мной до камешка, до выбоины в асфальте. Все эти извилистые улочки с изящной архитектурой — сердце большого и любимого мною города.

В 14 лет я получила первый опыт работы. Родители закрывали мои базовые потребности — на свое усмотрение, особо не спрашивая, чего хочет их ребенок.

А я, мне кажется, родилась с ощущением, что для себя я — главная опора и делать должна все сама. Работать меня никто никогда не заставлял, но полная самостоятельность развилась во мне с пеленок: ребенком я была предоставлена самой себе и многие решения принимала самостоятельно.

Но об этом чуть позже.

Не теряй времени

Свою первую настоящую работу я нашла благодаря однокласснику, когда училась в девятом классе. Он предложил развозить фотографии на летних каникулах. Я взялась за это дело, чтобы купить себе новенькую модель мобильного телефона — такая была у меня цель. В то время каждую неделю выходили журналы со сверхмодными гаджетами по нескромным ценам, казавшиеся мне чем-то недостижимым. Я смотрела на эти картинки как зачарованная — в глазах загорался охотничий интерес.

«Почему бы и нет? Любая работа — это возможность, а возможности нельзя упускать», — сказала я себе тогда. Доход был не очень большой, но я оказалась на шаг ближе к тому, чтобы исполнить несколько целей из своего списка желаний.

Да, любая работа — это возможность, но не только: это еще и огромный труд. В 30-градусную жару общественный транспорт в Киеве становится общественной баней. Тысячи горячих тел едут кто куда, уже совсем не соображая своими растаявшими от жары извилинами. Но куда двигалась я, мне было хорошо известно, — вперед, за своим будущим телефоном последней модели. И это был лишь первый пункт в моем длинном списке желаний, осуществить которые могла только я сама. Уже в 14 я четко понимала, что мне в этой жизни никто и ничего не должен. Меня так воспитывали: **хочешь больше — иди и делай сама. Не получается — это твои проблемы. Вложить все силы и все-таки смочь или отступить — решать тебе.**

Работать курьером — ой как непросто, особенно для девочки. Казалось бы, возить фотографии — так просто, но хрупкие девичьи руки горели и пухли под тяжестью огромных коробок и пакетов. Физическая усталость и жара, помноженные на прогулки по бесконечным незнакомым улочкам, давали головокружительный эффект. Если центр Киева я знала в деталях, то Левый берег для меня — другая вселенная, в которой мне ничего не было понятно. От измотанности и духоты в голове все путалось — навигации не было, на дворе 2007 год. Только бумажная карта Киева — и разбирайся как хочешь.

Но чтобы достичь заветной цели, не стоит впадать в позицию жертвы. Никто не обещал, что будет легко.

Когда цель тебе важна, можно и поднапрячься. Если ты выбрал путь — двигайся вперед и не останавливайся. Продолжай идти дальше и не оглядывайся.

Таскать тяжелые пакеты было очень трудно, хотелось вылезти из раскаленного троллейбуса и рвануть домой. Но мой выбор был очевиден, и назад пути не было. Кто-то другой на моем месте, наверное, бросил бы эту затею, вернулся в уютную и прохладную комнату, налил себе холодного лимонада и забыл все это как дурной сон. И про свой некупленный телефон тоже бы забыл. Кто-то другой, но не Маша. Маша всегда двигается только вперед. Сделать шаг назад — значит признать свое поражение, проиграть самой себе. Это против моих правил. Через пару месяцев новенький телефон оказался у меня в кармане. Я до сих пор помню, как открываю коробку и достаю долгожданную Nokia с цветным экраном. Помню запах пластика и как снимаю шуршащую пленку, впервые включаю телефон, и на экране появляется радостная надпись: «Nokia connecting people».

Вообще-то, доставка фотографий — не первая моя работа. Трудолюбие, желание иметь свои деньги и ни от кого не зависеть были мне присущи всегда. Самым первым моим бизнес-партнером стал папа. Мы всегда были лучшими друзьями и союзниками в любом деле. Он одновременно был моим руководителем и вдохновителем, всегда поддерживал мое желание трудиться и не раз находил для меня возможность иметь собственный доход.

Однажды он позвонил и, смеясь, сказал:

— Маня, ты хотсла работу на лето? У меня для тебя вакантная должность. Приеду — покажу!

Папа сделал мне сюрприз — с доставкой. На тот момент он владел транспортной компанией и одну из машин гнал из Херсона. Но не возвращаться же ему впустую? Когда он подъехал к дому, я с замиранием сердца смотрела, как он открывает грузовик, до самого потолка заполненный арбузами и дынями.

— Ну что, Маня, принимай товар!

Чтобы продать всё, потребовалась неделя. Товар разобрали до последнего кусочка, до последнего хвостика. Арбузами мы с моей лучшей подругой Настей, которую я взяла в долю, торговали прямо из машины, стоявшей во дворе нашего дома. Две тоненькие девочки и тяжеленные арбузы, которые мы даже от земли оторвать не могли. Тогда мне было около 12 лет. Созревший во мне предпринимательский дух, найдя наконец свое окно возможностей, вовсю рвался наружу.

Но даже история с арбузами — не первый мой бизнес-опыт.

Началось все не с арбузов, а с соленых разукрашенных пуговиц. Когда мне было 3–4 года, в детском саду нас научили делать маленькие круглые поделки из соленого теста. Мы их называли пуговицами — сплюснутые шарики раскрашивались в яркие цвета, запекались в духовке и становились предметом декора. В крохотной головке ребенка возникла мысль, что пуговицы созданы, чтобы стать чьей-то собственностью — естественно, не бесплатно.

Мне трудно вспомнить, сама ли я придумала, что пуговицы можно продавать в качестве сувениров, или мама подсказала. Но именно она помогла мне этот замысел осуществить. **Находчивость и инициативность — ключ к успеху. Не стоит бояться идей, которые приходят тебе в голову. Даже если они на первый взгляд кажутся нелепыми или неосуществимыми.**

Помню, что я пришла домой из детского сада крайне воодушевленной и тут же поделилась с мамой рецептом изготовления пуговиц. Мы увлеченно лепили, красили, запекали. Пуговицы получились настолько яркими, что идея их продажи возникла сама собой. Мариша с мамой отправились продавать их на Андреевский спуск — по доллару за штуку. Народу там всегда тьма-тьмущая, особенно туристов. Не знаю, были ли пуговицы настолько хороши или же сработал мой умилительный внешний вид, но все поделки мы распродали в течение получаса.

Какое-то время спустя я решила реализовать еще один «бизнес-проект», связанный со сдобными изделиями. Моя мама пекла просто изумительное творожное печенье — аппетит просыпался, стоило на него только посмотреть и ощутить запах ванили от только что вынырнувшего из духовки румяного печенья. А я, имея успешный опыт реализации пуговиц, решила, что печенье тоже можно продавать — тем более что оно было такое вкусное.

Недалеко от нашего дома находился Киевский национальный университет культуры и искусств. Маленькая девочка лет пяти, как куколка в кружевном платьице, сидела за маленьким столиком под окнами своего дома, откуда за ней с первого этажа, где мы тогда жили, присматривала мама. На маленькой тарелочке было аккуратно разложено вкуснейшее печенье, еще теплое. Голодные студенты сметали его за считанные минуты. Спустя годы я сама буду учиться в этом вузе и ходить по улочке, где когда-то продавала печенье студентам.

Чего я с тех пор только не продавала! В классе четвертом или пятом я умудрилась продать бездомного кота за 5 гривен. Это было сделано, скорее, из гуманных соображений. Мне всегда нравилось экспериментировать. Никто и подумать не мог, что можно выручить деньги за продажу бродячего животного. Но пока другие размышляют или, наоборот, копят пустоту в голове, Маша делает. И в 5, и в 10, и в 15 лет. Don't stop!

Лед, пламя и я

Мои отношения с родителями никогда не были простыми, особенно с мамой. Все первые предпринимательские эксперименты осуществлялись на фоне серьезной семейно-бытовой турбулентности. Полжизни я смотрела драму, главными героями которой были мои родители. Конечно, этот опыт не мог пройти бесследно.

До брака мама и папа жили на Арсенальной, в самом центре украинской столицы. Познакомились они, когда оба еще ходили в школу, — благодаря собакам. У них обоих были немецкие овчарки: папина собака выследила мамину и по следу привела его к ее дому, прямо как в истории «101 далматинец».

Она — отличница, мастер спорта Советского Союза по художественной гимнастике, он — черный дворовый кот: красавец и при этом откровенная шпана.

Когда мама поступила в университет, а папа — нет, они разошлись. Мама повстречала другого, они поженились. Когда молодожены ехали на свадебном автомобиле, мой папа перешел им дорогу со своими друзьями. Такое вот совпадение. Спустя три месяца новоиспеченные супруги развелись. Мама вернулась к папе, и с того момента в их жизни и в жизни их детей не было ни дня без бури и осадков.

Нас было двое: я и мой старший брат. Сполна досталось нам обоим, но из-за разницы в возрасте — 16 лет — мы воспитывались по отдельности. Я не имела возможности разделить с кем-то сложности жизни с родителями. Этот семейно-бытовой груз мне пришлось тащить на себе во всем его тяжелом весе.

Сказать, что отношения родителей были нестабильными, — не сказать вообще ничего. Она — это эмоции, пламя; он — рациональность, лед. Ну а я вечно болталась посередине, между двух экстремальных температур.

При всех своих разногласиях две эти стихии не могли существовать друг без друга, их всегда соединяла какая-то невидимая, но очень прочная нить. Иногда она растягивалась на километры, иногда привязывала их друг к другу так туго, что было не продохнуть.

Мама и папа постоянно сходились и расходились, съезжались и снова разъезжались, развелись, когда моему брату было 3 года, но продолжали строить поломанные во всех местах отношения. Я родилась спустя 13 лет после развода, по сути, став внебрачным ребенком.

— Маня, обращайся к маме, я до конца не уверен, моя ты вообще дочка или нет, — саркастично отвечал мне папа, когда я подходила к нему с ответственным вопросом, — настолько все было, что называется, запущено.

Однажды в период очередного семейного кризиса мама решила уйти из дома прямо в снежную зимнюю ночь. У нас было две квартиры — обе на Печерске, между ними примерно два километра. Мысленным взором я сфотографировала эту картинку, и она навсегда отложилась у меня в памяти: огромные снежные хлопья падают мне на макушку, собранные впопыхах баулы стоят прямо на снегу. Мама, с еще не остывшими от слез глазами, стоит, держа в охапке чемодан. Время ложиться спать и греться в теплой постели, но впереди — долгий и холодный путь до другой квартиры. Трехлетняя Марийка, одетая в зимнюю одежду, в которой невозможно свободно двигаться, плачет и просится на ручки. Мама спокойно говорит, что ей тяжело, тяжело во всех смыслах, и уже тогда мне пришлось научиться ее понимать. Я, как птенец пингвина, неуклюжими шагами поплелась за ней — сквозь ветер, снег и ледяную пелену.

С точки зрения эмоций все мое детство — это бешеные качели, которые вовсю раскачивали мои родители. Сойти с них удастся только тогда, когда я окончательно повзрослею и начну жить отдельно.

Лишь спустя годы я пойму, что главной разрушающей силой была обида: родители винили во всех бедах друг друга и годами накапливали это губительное чувство. Они не умели прощать: обида жгла сердце, оставляя холодные ледяные ожоги, которые не заживают никогда. Родители словно тянули эту обиду за собой из другой жизни, в которой они не могли быть вместе по неизвестным мне причинам.

Именно поэтому в моей жизни никаких обид и ненависти нет — из этой схватки, еще будучи ребенком, я вынесла ценнейшие знания.

Как волны, бьющиеся о камень, мой характер выточили не только родители, но и старший брат. Он сыграл важнейшую роль в становлении меня как личности, и я ему благодарна.

Как экологично выразить гнев и обиду?

1. Дыши. Сделай несколько глубоких вдохов и выдохов, дыши животом. Если добавить йогу, упражнение станет еще более эффективным.

2. Кричи. В машине, в подушку, в лесу, под душем, во время грозы, спортивного матча или рок-концерта — можно найти легитимный способ прокричаться и выпустить пар.

3. Бей. Поколоти боксерскую грушу или диванную подушку, пробегись или потанцуй, покидай мяч или поплавай на скорость.

4. Пиши. Выплесни все эмоции на бумагу. Не выбирай слова! Просто выгружай все, что тебя гнетет. Потом письмо можно удалить, сжечь или порвать.

5. Плачь. Самый простой и естественный способ выплеснуть эмоции наружу. Это природная защита организма, которая включается автоматически и помогает справиться со стрессом и защитить от сердечного приступа. Не препятствуй — твой организм лучше знает, что ему сейчас нужно.

6. Рисуй. Изобрази свои эмоции на бумаге. Даже если ты совсем не умеешь рисовать, с помощью форм, линий и цветов вырази то, что не дает тебе дышать и чувствовать себя счастливым.

7. Переключись. Гнев — это энергия, и ее можно использовать в благих целях. Например, сделать наконец уборку в шкафу, выбросить ненужные вещи, передвинуть мебель, вымыть окна. И мир засияет ярче!

Мой брат родился особенным. Ни один младенец не кричал в роддоме так пронзительно, как Антон. Если бы он мог слышать свой плач, то тут же ужасно бы испугался. Но, увы, ребенок родился абсолютно глухим.

Родители вложили в брата бесконечное количество времени и сил. Папа всю жизнь жаловался, что мама покатала его по всему Советскому Союзу, чтобы вылечить ребенку глухоту. Однако, к сожалению, этот диагноз был неизлечим.

Несмотря на свой недуг, Антон стал мастером спорта и призером Европы по настольному теннису. Он пошел по стопам родителей: и мама, и папа — оба занимались большим спортом.

В период очередной «оттепели», когда родители в тысячный раз сошлись, мама забеременела. Она планировала сделать аборт, но в самый последний миг, уже в кабинете у врача, заявила:

— Нет, я оставлю этого ребенка.

На тот момент маме было почти 40 лет.

Когда брат, будучи 16-летним подростком, спросил ее, зачем ей еще один ребенок, она сказала:

— Ну, ты же глухой — нас когда-то не станет, а сестра или брат будут тебе помогать.

Заранее данная мне установка еще до моего рождения определила мою роль в семье и то, как меня будут воспитывать и воспринимать.

Львиная доля родительского внимания и любви доставалась Антону — ребенку, в которого родители вложили очень много и продолжали вкладывать даже после того, как ему исполнилось 18, 25 и даже 40 лет.

Про своего первенца мама с папой помнят все — его первую кроватку, первые шаги, первые слова и прочие трогательные мелочи. Я же, будучи физически здоровой, всегда чувствовала себя ребенком номер два — не только по счету, но и по важности. Росла сама по себе, как травка, — не нужно даже поливать. Не будет преувеличением сказать, что родители время от времени про меня забывали. Они пытались придумать мне какие-нибудь занятия, отдать в кружки. Но все эти инициативы ограничивались мелкими и неинтересными секциями в соседнем доме. Я же всегда хотела большего.

Так как все эмоциональные и материальные ресурсы оказались выпиты братом до последней капли, мне досталось пустое блюдечко — все детство я была предоставлена самой себе. Проводя бо́льшую часть времени во дворе, я с ранних лет усвоила, что в жизни мне не на кого полагаться. Когда мне что-то было нужно, я не шла за помощью к родителям, а делала все сама. Я не вмешивалась в их жизнь, они не вмешивались в мою — так это выглядело у меня в голове. Но в реальности, конечно же, все происходило совершенно по-другому.

Любое внешнее воздействие — это сигнал к сопротивлению. А мое сопротивление всегда было очень взвешенным и рациональным. Единственное, к чему мама приложила свои силы и внимание, — это к воплощению своей розовой мечты.

Когда мне исполнилось 6, мама решила отдать меня на гимнастику — чтобы я пошла по ее стопам. У меня были хорошие физические данные: фигура, пластика, энергия. Мы пришли во Дворец спорта Украины. Когда я вошла в его самый большой зал, казалось, все обернулись на меня и замерли. Несколько тренеров ринулись к моей маме, чтобы забрать ребенка с таким потенциалом себе.

Когда мы пришли на первое занятие, я увидела, как юные гимнастки занимаются растяжкой. Старшие девочки садились сверху на младших, пока те пытались сделать что-то похожее на шпагат. Тонкие детские тела дрожали и ломались от боли — девочки плакали навзрыд, зал был наполнен девичьими всхлипываниями. После тренировки я оказалась под впечатлением — от ужаса.

— Зачем мне это нужно? — спросила я тогда у мамы, наблюдая за происходящим.

— Ну как зачем? Чтобы участвовать в соревнованиях, занимать первые места, получать грамоты и медали! — ответила она мне.

— А что такое грамота?

— Ну, это картонка, на которой написано твое имя и то, какое ты заняла место.

Тогда я ответила, что и сама могу написать на картонке свое имя и поставить себе место. Мама сказала, что с грамотой меня будут уважать. Но уже в том возрасте я понимала, что между разрисованной картонкой и уважением нет никакой реальной связи.

Одну грамоту я все же получила, спустя пару месяцев занятий, — для мамы. И после на гимнастику больше не ходила — отказалась наотрез. Терпеть боль ради мнимого уважения не имело для меня смысла.

В моем детском сознании родилась простейшая формула: **нужно следовать своим истинным желаниям, а не тратить время на закрытие чужих гештальтов. Следовать лишь своим мечтам и целям — это путь к счастью и успеху. Мысли рационально. Необходимо отличать реальные желания от навязанных. Прислушивайся к себе, и все получится.**

Ведь я вполне могла стать незаурядной гимнасткой, но какой в этом смысл, если мечта эта была мамина, а не моя?

Время нужно тратить лишь на то, что важно для нас самих, и тогда ни одна секунда жизни не будет потрачена зря. К тому же мне нужно было поберечь слезы — на будущее.

Второй раз в первый класс

Чехарда в отношениях мамы и папы и вечные переезды неизбежно отразились на моей жизни. За все время я сменила несколько школ, десятки учителей и несколько десятков одноклассников. Меня пропустили через водоворот событий, который мог поглотить маленькую девочку. Однако я вышла из него почти сухой — меня это только закалило. Любые испытания — это опыт, а все плохое я привыкла оставлять в прошлом.

Все началось с детского сада. Мама стала одержима идеей отдать меня в вальдорфскую школу — в то время они только появились в нашей стране.

В таких учебных заведениях используют особую методику — там нет оценок, а к каждому ребенку ищут персональный подход. Акцент делают на творчестве: дети много рисуют, креативят, играют в оркестре (каждый ребенок на своем инструменте), их учат взаимодействию с природой. Когда мама и папа в очередной раз поссорились и разошлись, мама сдала квартиру на Печерске и сняла жилье на Левом берегу. Там как раз располагалась одна из двух таких школ — она называлась «София».

В момент, когда родители расстались, до школы я еще не доросла, зато для садика была в самый раз. Поэтому мама отдала меня в детский сад при вальдорфской школе. С ним у меня не сложилось, я была как тигренок в клетке — своенравная и неугомонная. Сложнее, чем уложить меня спать в тихий час, только заставить солнце не вставать по утрам. За мой детсадовский дебош, в который я вовлекала всех остальных ребят, меня недолюбливала воспитательница. Усугубляло ситуацию то, что я не поладила с ее дочкой, с которой мы ходили в одну группу.

Результат оказался удивителен и неоднозначен: прямо в середине учебного года, в январе, меня перевели из садика в первый класс. Все совпало, как в счастливом лотерейном билете, — Новый год и мой день рождения. В январе мне как раз исполнялось 6. Но чувствовала я себя не счастливой, а скорее растерянной — жизнь менялась ежесекундно.

Тем не менее в первом классе, обучение в котором началось при столь странных обстоятельствах, все шло как по маслу. Я справлялась с программой и чувствовала уверенность в собственных силах. Мне нравилось учиться, благополучно складывались отношения с одноклассниками. Но настало лето, родители помирились, и мы снова переехали жить к папе.

Он выставил условие: Маня должна ходить в обычную школу. Папа был против экспериментов в образовании и сильно переживал, что в никому не известной тогда вальдорфской школе, которая к тому же работала без лицензии, меня ничему не научат. Более того, он боялся, что я не получу государственный аттестат, а значит, не смогу продолжить обучение в вузе. Мама, напротив, считала, что лучшего места для ее ребенка в Киеве нет, но все-таки уступила отцу.

В сентябре маленькая Марийка с белыми бантами в косичках снова пошла в первый класс. «Обычная школа» стала для меня очередным испытанием. После полугода в совсем другой образовательной среде я оказалась не готова к бесконечным ограничениям традиционного постсоветского образования: оценкам, наказаниям, запретам любых творческих проявлений. Уже тогда я чувствовала, насколько это губительно. И активно протестовала, пытаясь достучаться до мамы и папы. Но что мог сделать ребенок 6 лет?

Спустя полгода родители снова расстались. И снова моя жизнь изменилась на 180 градусов. Мама продала квартиру в центре, и мы переехали в Дорогожичи — окраина города, конечная станция метро, спальный район, уставшие хрущевки.

Но мама сделала эмоциональный выбор, в очередной раз — лишь бы подальше от папы.

Марийке было семь лет, и кардинальные перемены ее уже не пугали. Переезды раз в полгода, а то и чаще, стали частью жизни, обыденностью, нормой. И все же с одной вещью я смириться не могла: меня тревожило, что я полностью потеряла ощущение дома и семьи. Меня, как кочевника, забрасывало то в один конец города, то в другой.

Я помню ощущение потерянности при каждом переезде, как будто всякий раз оставляешь где-то позади частичку себя. С другой стороны, это тот опыт, который закалил мой характер настолько, что я оказалась способна пережить все, что ожидало меня в будущем.

И вот настал второй класс, середина учебного года. Я снова в вальдорфской школе, но уже в другой, под названием «Михаил». Именно ради нее мы переехали из моего привычного центра на окраину. И именно здесь я проведу основные школьные годы своей жизни.

Один в поле ~~не~~ воин

Основой вальдорфской педагогики считается комфорт, взаимопомощь и развитие индивидуальных способностей. Звучит все это заманчиво — для родителей.

Но соответствует ли заявленное действительности? Даже в самых комфортных и отработанных условиях присутствует один всеразрушающий фактор — человеческий.

Поначалу я была даже рада, что снова оказалась в привычной для себя творческой среде. Школа находилась рядом с домом, я быстро подружилась с детьми. Из-за частых переездов и смены окружения мне пришлось выработать в себе навык коммуникации с новыми людьми: я легко обзаводилась друзьями, вливалась в коллектив и тут же попыталась заявить себя в качестве лидера. Эта черта проявлялась во мне наиболее ярко. И если кто-то меня в этом ограничивал, я буквально физически чувствовала, что мне не хватает воздуха.

Казалось, все начало стабилизироваться. Я даже позволила себе немножко выдохнуть и снова стать просто ребенком — беззаботным и счастливым. Но моя жизнь и стабильность — вещи, как оказалось, несовместимые. А ощущение счастья — хрупкое, как снежинка на ладони: только ты ее поймал, только залюбовался на мгновенье, и она тут же растаяла.

Папа не смог смириться с моим возвращением в нелегальное, как он полагал, учебное заведение. На маму он повлиять не мог и решил действовать по-другому: подключил свои связи, пожаловался в соответствующие органы на санитарные условия в школе. Там начались проверки и инспекции. Филиал в Дорогожичах прикрыли. Владельцам пришлось искать новое помещение, которое обнаружилось в еще более отдаленной части Киева.

Самым неприятным для меня стало то, что каким-то образом директор и учителя узнали о причинах закрытия и вынужденного переезда школы. Во всем они винили мою семью, а значит, и меня лично.

Последствия этого можно предугадать. Ко мне начали относиться с неприкрытым осуждением. Учеба из удовольствия превратилась в мучение, а любимая школа — в пыточную камеру, до которой теперь надо было еще два часа добираться на общественном транспорте. Подъем в шесть утра, пересадка на метро, пересадка на автобус, и вот я на месте.

Говорят, что дети — это цветы жизни. Что вырастет из ребенка, орхидея или кактус, зависит от окружения — не только от родителей, но и, например, от учителей.

Я была все той же активной и приветливой девочкой, но как к цветку жизни ко мне никто не относился, скорее, как к чертополоху. Классная руководительница не раз говорила моей маме:

— Сложно вам будет с вашей девочкой, она у вас ребенок индиго. Почитайте, как с таким ребенком обходиться. Пойдет она у вас по кривой дорожке.

Почему-то она была уверена, что я, на тот момент ученица четвертого класса, стану наркоманкой или проституткой. Было ли это связано с участием моего отца в переезде школы или с личной неприязнью по отношению ко мне — я не знаю. Возможно, сыграл и еще один фактор: у меня была дислексия. Тогда, мне кажется, об этой моей особенности никто не догадывался: ни учителя, ни одноклассники, ни я сама.

О том, что со мной на самом деле происходит, я узнала намного позже, после окончания университета. Тогда же я выяснила, что дислексия никак не помешала успеху таких выдающихся личностей, как Стив Джобс, Пабло Пикассо, Альберт Эйнштейн, Чарли Чаплин, Энтони Хопкинс, Агата Кристи, Мэрилин Монро, Уолт Дисней, Нельсон Рокфеллер, Кира Найтли, Генри Форд. Это расстройство не означает проблемы с интеллектом, скорее, наоборот, это способность воспринимать информацию иначе. Дислексией страдают многие творческие люди, но это не мешает им достигать успехов в разных сферах.

В школе я понимала, что отличаюсь от других детей. Учителя мне это демонстрировали весьма наглядно. Именно они дали моим одноклассникам санкцию на издевки, зацепившись за этот мой недостаток. Любой ученик четвертого класса знает десятки способов высмеять сверстника, хоть немного отличающегося от него. Но очень немногие дети хотя бы раз в жизни встречали человека с дислексией.

Когда я читала на уроках вслух, весь класс давился от смеха. А я в эти моменты сглатывала образовавшийся в горле ком. Учитель поправлял меня на каждом прочитанном слоге, одноклассники хихикали — моя концентрация терялась окончательно, все буквы прыгали из ряда в ряд.

В школе меня воспринимали враждебно все, особенно преподаватели. Это был вид скрытой агрессии, завуалированный буллинг, что никак не снижало градус боли внутри меня. Я отстаивала свои границы как могла, но эта схватка была не на равных. Между мной и учителями встала бетонная стена, и она медленно ползла в мою сторону, желая перемолоть меня до самых косточек.

Моими классными руководителями были жена с мужем. Эта супружеская пара внушала моей маме, что если не принять меры, то в будущем ее дочь или сопьется, или пойдет на панель. Учительница математики не раз повторяла:

— Будешь, Маша, селедкой на базаре торговать, если не возьмешься за голову.

Когда одноклассники шли гулять после школы, меня оставляли на дополнительные занятия, которые не давали результата, так как присутствовали все те же учителя, при взаимодействии с которыми я дрожала как осиновый лист.

На уроки опаздывали многие ребята, но ко мне было особое отношение. Однажды я опоздала в школу из-за застрявшей в снегу маршрутки минут на десять, не больше. В свое оправдание я от страха не смогла вымолвить ни слова. Учительница выставила меня за дверь со словами:

— Литвиненко, выйди вон, зайдешь после окончания урока и перепишешь все в тетрадь на перемене!

Это произошло все в том же четвертом классе. Для детей учителя — это власть, а в моем случае они были надзирателями. Ослушаться учителя для ребенка представлялось чем-то немыслимым. Это была огненная черта, за которую никто не смел зайти.

Уже тогда обиды и боли внутри меня накопилось достаточно. Глотая слезы, я просто развернулась и ушла: покинула здание школы и поехала к маме на работу — одна, без спроса. Несправедливость, боль и нежелание смиряться давно кричали во мне громкой сиреной.

После этого инцидента я вернулась в школу и, набравшись смелости, прямо высказала классной руководительнице все, что давно копилось внутри:

— В вашей школе я чувствую себя как в тюрьме!

Много лет спустя, на встрече одноклассников, я увидела свою бывшую классную руководительницу. Она меня не узнала, а потом будто вспомнила что-то, задумалась, усмехнулась и сказала, обернувшись:

— А, это ты тогда заявила, что школа для тебя — тюрьма? Помню-помню...

И я тоже помню. Это школьное время и по сей день является мне в кошмарных снах.

В пятом классе стало чуть полегче — классные руководители сменились.

Я до сих пор помню это состояние, когда посреди года нам объявили, что нелюбимые мною учителя уходят из школы... Мне кажется, я считала секунды до этого мгновения, радости не было предела. Обстановка немного разрядилась, и мне стало гораздо легче взаимодействовать с одноклассниками, даже дружить.

Мучительными оставались ежедневные поездки в школу и обратно — через весь Киев.

Но, как я уже говорила раньше, стабильность — феномен, который моей жизни совсем не свойственен.

Накануне седьмого класса нам объявили, что школы «Михаил» и «София» будут объединены. То есть придется ездить еще дальше, с одной окраины города на другую, с тремя пересадками.

Из радостных моментов было то, что объединялись два класса, в которых я всех знала. Однако в коллективе начались конфликты, в которых я, кстати, не принимала участия, только один раз обмолвилась с одноклассницей недобрым словом. Меня тут же вызвали на ковер — видимо, о моей репутации были наслышаны и решили сделать меня козлом отпущения. Мне заявили:

— Маша, если подобный инцидент повторится, твои документы из школы отдадут родителям.

«О! Какая интересная идея! А что, так можно было?» — мелькнуло в моей голове.

Чувствуешь — действуй

В моем подъезде жила девочка, моя ровесница: я на пятом этаже, она на втором. Мы дружили, и я часто заходила к ней на вкусные котлеты и отбивные, когда возвращалась с уроков домой, — страшно уставшая после двух часов в общественном транспорте. Она же ходила в школу рядом с домом и просыпалась за полчаса до звонка.

Однажды, проходя мимо ее квартиры, я позвонила в дверь. Соседка с порога начала рассказывать про свой день в школе, про одноклассников, про то, что ей нужна моя дружеская помощь в классе — у нее не ладились отношения с ребятами. Ну а я, как всегда, готова была прийти на помощь.

И в этот момент в моей голове как будто загорелась лампочка — вспыхнула и тут же оформилась очень важная мысль. И больше она меня не отпускала. Я схватила соседку за руку, усадила на диван и предложила:

— Настя, а что, если я перейду к тебе в класс и тебе помогу? Как тебе такая идея?

Если есть силы и возможность, всегда помогай другим. Все в мире взаимосвязано. Человечество не выжило бы, если бы каждый думал только о себе.

В плане заступничества я была как закаленный металл. Меня воспитали улицы, поэтому я иногда дралась — но исключительно ради защиты себя или других. Свои права я отстаивала всегда: за волосы или в лоб.

Умей постоять за себя. Жизнь будет по-разному тебя испытывать. Не полагайся на других — рассчитывай только на собственные силы. Близкие и друзья не всегда оказываются в нужное время в нужном месте. Важно уметь защищаться в любой ситуации.

Новое место я тщательно изучила, попросила соседку предупредить классную руководительницу о моем желании перейти в ее класс. Договорилась о встрече и еще до перевода познакомилась с будущими одноклассниками, посмотрела на местные порядки. Температура показалась мне положительной. Я почувствовала полную уверенность в том, что смогу комфортно адаптироваться.

Папа имеет на меня такие же права, как и мама, сообразила я, и попросила папу подписать документы.

В итоге я пошла учиться в самую обычную среднеобразовательную школу.

Мама была поставлена перед фактом, ей просто требовалось забрать документы из вальдорфской школы.

Если что-то идет не так, не бойся радикальных изменений. Не жди, что кто-то придет и исправит ситуацию. Меняй свою жизнь самостоятельно.

Так я сама выбрала школу и в первый раз за все учебные годы почувствовала себя по-настоящему счастливой. Счастливой и свободной в своем личном выборе, принятии решений и праве жить ту жизнь, которую хочу.

Это было только начало перемен. Как я узнала спустя много лет, когда заинтересовалась астрологией, в этот же период безжалостный и трансформационный Плутон, требующий постоянно меняться и развиваться, впервые вошел в знак Козерога. И в моей жизни тогда были запущены мощные перемены.

Прежде всего, в новой школе я буквально с порога сумела правильно себя поставить. Одному из моих ровесников это стоило пальца.

На первом же уроке физкультуры ребята начали проверять новенькую девочку, как это часто бывает в детских коллективах. Одноклассник хлопнул меня по попе — я дала сдачи. В результате палец был сломан. К слову, этот эпизод потерпевший припоминает до сих пор. На встрече одноклассников он не раз меня спрашивал:

— Маша, ты зачем мне тогда руку сломала?

А я ему:

— Это не рука была, а палец!

В возрасте 12–14 лет я дружила с футбольными хулиганами. Эти статные спортивные ребята были старше меня, учились в престижных университетах, носили модную одежду от Stone Island, Fred Perry, Ralph Lauren и принимали в свою тусовку далеко не всех. Многие девочки в ней долго не задерживались. Я же встречалась с лидером очень модного хулиганского течения Киева, авторитетом моего времени.

Девочкам в том возрасте хотелось быть красивее и нравиться парням. А мне всегда хотелось быть умнее — поначалу я чувствовала скованность из-за того, что не всегда могла поддержать диалог в силу своего возраста. Но я работала над собой и поэтому могла удержаться в любой компании.

Я была в центре всех крутых мероприятий того времени: концерты, фестивали, фан-сектора самых грандиозных футбольных матчей и так далее. Это был интересный опыт — до поры до времени. Однажды меня позвали на «стрелку»: 20 здоровых амбалов на 20 таких же. Такие стрелки представляли собой своеобразное спортивное соперничество и у футбольных фанатов происходили регулярно. Внутренний голос просил меня не идти, но мой парень нуждался в моральной поддержке, и я не послушала свою интуицию. Мы поехали в один из самых неблагополучных районов города — на Борщаговку. Хмурые панельки, исписанные граффити и нецензурными словами гаражи, темные дворы, в которых с тобой может приключиться все что угодно...

Параллельно я играла роль оператора: снимала бой на тот самый новенький телефон, на который заработала, развозя фотографии. Внезапно со спины меня схватили за волосы и повалили на землю. Девочки, целая толпа, избили меня ногами и отняли телефон. Пока мои ребята бежали на помощь, все уже произошло.

Потом за меня, конечно, отомстили и вернули украденную вещь, но с таким образом жизни было покончено. С тем парнем я тоже рассталась: сидя на скамейке у меня во дворе в Дорогожичах, я спросила его:

— О чем ты мечтаешь?

В ответ последовала тишина. Услышав о моих мечтах, он сказал, что мне нужно спуститься с небес на землю.

— Работа с утра до вечера, пакеты с продуктами и голодные дети — вот что ждет тебя впереди, — заявил молодой человек.

И я отправилась жить свою жизнь, оставив его на той скамейке с бесперспективным будущим. Конечно, он серьезно ошибся насчет меня. Я же ушла из этой компании гораздо умнее и сильнее, чем была раньше. После этого момента я больше не дралась. Так я поняла, что хулиганской и дворовой истории пришел конец.

Мой бунтарский характер никак не сообщался с маминым желанием заполнить собой все существующее пространство. Живя с ней, я часто сидела на окне и ждала, когда приедет папа, — с самого раннего детства шум его машины я могла различить за несколько десятков метров.

Папа — это человек, который никогда не дает лишних советов — только если его об этом просят. Он всегда оставлял мне достаточно личного пространства и уважал мои границы. Для такого ребенка, как я, это был оптимальный вариант.

И вот в 14 лет я собираю вещи и переезжаю жить к папе. Я обогнала своего брата на два года — он решился на переезд, когда ему было 16.

Я не знала, что ждет меня в будущем, но понимала, что хочу свободы и независимости. Весь ненужный балласт я хотела оставить позади. Как писал нейробиолог Джо Диспенза, «нам не создать новое будущее, пока мы держимся за эмоции прошлого». И в этой простой истине — вся моя жизнь.

Я рада, что смогла услышать себя — свой внутренний голос, который подсказывал мне путь. Я следовала ему, даже когда было страшно и непонятно, что же будет дальше...

Я счастлива, что ни одна негативная эмоция не задерживается внутри меня надолго. Все беды, которые я проживаю, напоминают ракету: отрицательные эмоции отпадают, как ненужные модули, а с собой в будущее я беру только опыт и силу, которые они мне подарили. И мне почти не страшно — страх лишь подогревает во мне интерес. Впереди меня — бездна, которая переливается яркими цветами, и каждый мерцающий огонек манит своей пугающей неизвестностью.

Глава 2. Всегда помнишь первый раз

Самый простой способ продлить себе жизнь — это путешествовать. Путешествие — это целая жизнь, полная ярких впечатлений и интенсивных эмоций, настоящий отрыв от реальности. Оно дарит столько эмоций, сколько некоторые люди не проживают и за десятки лет.

Путешествовать меня научил папа — именно он привил мне любовь к миру и его познанию. Папа всегда был для меня особенным человеком. Едва услышав рев его машины, я, едва касаясь ступенек, вылетала на улицу и неслась ему навстречу. Когда папа распахивал двери своего автомобиля, я с разбегу бросалась в его крепкие объятия. Да, я безумно любила папу, а папа — меня. **Семья — важнейшая составляющая нашей жизни. Посвящай больше времени близким, цени каждую секунду, проведенную вместе с ними.**

Первые мои путешествия проходили именно в его компании. Мы с папой — две перелетные птицы, нас не удержать на месте и не запереть в одном городе. Где мы с ним только ни побывали: и на горнолыжных курортах, и на жарких песчаных пляжах, и в сказочных лесах, и на бескрайних озерах. Сначала мы путешествовали по Украине, потом начали выезжать за границу.

Когда есть возможность — обязательно путешествуй. Это расширяет горизонты, пробуждает яркие эмоции, от-

крывает что-то новое не только в мире вокруг, но и внутри нас самих. Путешествия насыщают жизнь событиями и новым опытом. Пользуйся этим инструментом.

Я училась в начальных классах, когда мы вдвоем отправились кататься на лыжах в Карпаты, в село Лумшоры. Этот снежный край, если закрыть глаза на горнолыжный курорт, будто не тронут и мизинцем человеческой руки — природа там дышит глубоко и полной грудью. Лес, снег, горы, холодный воздух и какая-то ледяная тишина — от всей этой прелести у меня кружилась голова.

Умей восхищаться мелочами. Находи необыкновенное в простых вещах: красивом пейзаже, чашке кофе после дождливого дня, улыбке из соседнего окна. Твое счастье зависит от твоего восприятия реальности.

С небес на землю меня спустила весьма экстремальная ситуация. Папа заказал машину, которая должна была доставить нас к отелю — его здание, как оборонительная крепость, возвышалось на самой вершине горы.

— Если что, я кричу — ты прыгай, — сказал папа, схватив меня за руку, как только мы сели в автомобиль. Смысл этой фразы я поняла спустя несколько минут: машина ехала на «лысой» резине; естественно, очень скоро мы забуксовали в снегу. А в горах одно неосторожное движение — и можно опрокинуться и кубарем покатиться в снежную бездну.

Машина встала намертво, пришлось высадиться и продолжить путь пешком. Итого: километровый подъем в гору, мокрый снег, холодными иголками летящий в лицо и сразу тающий на одежде, папа, я и у каждого по чемодану. Я тогда была в четвертом классе; посмотрев сначала на папу, а потом на этот свой сундук, я поняла, что впереди нас ждет приключение. Постояв пару минут в сугробе выше меня ростом, я уже промокла до нитки. Где-то на полпути я сдалась, упала на снег и прокричала:

— Я больше никуда не пойду, у меня нет сил.

Благо вместе с нами в гору поднималась группа студентов — они помогли мне с чемоданом, но энтузиазма у меня не прибавилось. В какой-то момент, когда ноги от усталости отказались шагать дальше, я снова упала на снег и заявила, что никуда не пойду. Но других вариантов не было. «Маня, волки съедят», — папины слова всегда были очень смыслоемкими и мотивирующими. Пришлось собрать остатки сил и топать дальше.

До отеля мы все-таки добрались. Но, как оказалось, там не было свободных номеров. Услышав после столь мучительного подъема эту душераздирающую новость, я снова захотела упасть — на этот раз на мраморную плитку. Когда хозяин отеля увидел меня, он за секунду изменился в лице. Я выглядела как тающий снеговик — вода текла с меня чуть ли не ручьем. И тогда хозяин моментально нашел для нас номер люкс — по двойной цене.

Как путешествие началось, так я его и провела — с лыжами у меня не сложилось. В это сложно поверить даже мне самой, но я сломала лыжные ботинки. Тогда я решила: все, больше никаких лыж, этот вид активности не для меня. В итоге весь отдых я прокаталась на ледянке. И все же впечатления, которые остались от нашей поездки, ни с чем не сравнить. Это не только было весело, но и как-то по-особенному сблизило нас с папой.

Еще одним запоминающимся местом стал для меня Египет — моя первая поездка за границу. В этой насквозь пропитанной солнцем и зноем стране мы с папой отдыхали не один раз. Более того, во время первой поездки в Египет случился мой первый полет на самолете. Сейчас, когда я облетела полмира и посетила более 40 стран, это кажется рутиной, но тогда эмоции пробирали меня до дрожи в коленках. Первый раз не забывается никогда. Папа показывал, как все устроено в самолете, объяснял, как он взлетает, как садится. Вдохновение наполняло меня до самых кончиков пальцев. Любовь к путешествиям поселилась в моем сердце навсегда.

Тестируй реальность

Путевки в Египет папа каждый раз покупал в одном и том же агентстве и хорошо знал местный персонал, включая директора. Это же агентство отправляло моего брата в Лондон, организовывало его свадьбу в Чехии. В общем, папа с ними был в хороших отношениях.

Интерес к изучению новых мест, подогретый нашими с папой путешествиями, бил во мне ключом — в старших классах я мечтала работать в сфере туризма. Тогда мне казалось, что это дверь в счастливое будущее — яркий калейдоскоп, наполненный бесконечным движением и сменяющими друг друга картинками. В мыслях я представляла себе инфотуры, то есть бесплатные ознакомительные поездки, в которые меня будут отправлять по несколько раз за год. Ради этого я хотела поскорее окончить школу и поступить на факультет туризма. Мне казалось, что это не рутинная работа, а сплошное яркое приключение, за которое можно еще и деньги получать. А пока я училась в выпускном классе, мне была доступна другая привлекательная опция: папа предложил мне работу в турагентстве, через которое мы брали путевки.

Я высказалась о своем желании, папа нашел решение и поговорил с директором. Так меня, еще совсем юную, взяли на подработку. Поскольку до этого я была курьером, в турагентстве мне поручили именно эти обязанности. Я хорошо знала всю курьерскую кухню, поэтому освоилась на новом месте быстро — как хамелеон, который меняет цвет, мимикрируя под окружающую среду. Мне доверили забирать путевки у туроператора и отвозить их в офис.

К сожалению, восторженные ожидания не оправдались. Новая работа едва ли могла вдохновить девочку 16 лет. Платили мало, работа была непостоянной: позвонить могли в любое время. И вот ты срываешься с места и едешь через весь Киев, в любую погоду. Но я понимала, зачем я там. Уже тогда я пыталась заглянуть глубже, изнутри понять, как устроен туристический бизнес.

Следуй за своей мечтой. Если ты чего-то хочешь, не надо ждать — иди и достигай желаемого. Если чувствуешь, что это твоя цель, если она отзывается внутри тебя — приложи все возможные усилия, чтобы эта цель оказалась у тебя в кармане.

Однажды в холодный зимний день мы, как это часто бывало, гуляли с моей подругой Настей после школьных уроков. Раздался звонок, в трубке зазвучал голос директора: дело срочное, нужно отвезти важные документы с одного конца города на другой. Не раздумывая, я согласилась, Настя поехала вместе со мной. Помню, в этот день началась страшная вьюга. Мы, как две сосульки, дрожали от холода и ветра, тщетно пытаясь спрятать лица в капюшонах. Но, несмотря ни на что, задание было выполнено.

После случившегося я и Настя заболели. Эта ситуация отрезвила меня, как ледяной душ, заставила осознать свою ценность. Я поняла, что я не девочка на побегушках.

Пожалуй, в этот момент, с кружкой горячего чая и градусником под мышкой, я поняла для себя кое-что важное — и уволилась из турагентства. Почти любой ресурс восполним, но только не время. Уже тогда, в 15 лет, я поняла, что тратить время на труд, который никто не ценит, недопустимо. Нельзя обесценивать себя и свои усилия — это как забивать себя молотком в фанеру. В какой-то момент ты уже не вылезешь и всю жизнь будешь как лошадь, запряженная в повозку, — куда сказали, туда и скачет. Но чтобы окончательно убедиться в этой истине и закрепить ее в сознании на всю жизнь, нужно было познать все на собственном опыте.

Цени себя, свое время и свой труд. Не давай окружающим садиться тебе на шею. Твоя энергия и твое время — это ценнейшие ресурсы. Не трать их на неблагодарную работу и токсичных людей.

Курьером в турагентстве я в итоге проработала чуть больше полугода и ушла очень кстати — нужно было готовиться к выпускным экзаменам. Когда настало время определяться с вузом, передо мной встал выбор: остаться в Украине или поехать учиться в Польшу. Я нашла очень хорошую, не имеющую аналогов программу: один из польских университетов предлагал субсидии за то, что ты ходишь на пары и параллельно учишь польский язык. «Дорога открыта, значит, надо давить на газ», — подумала я тогда. Тем более что учеба за границей — это всегда что-то необычное, опыт, который не получишь на родине. А мне никогда не сиделось на месте, я испытывала особый голод до реализации своих амбиций и хваталась за все интересные варианты.

Как всегда скрупулезно просканировав всю информацию, я продала идею об учебе за границей одноклассникам. И три человека из моего класса действительно поехали учиться в Польшу. Их жизнь перевернулась на 180 градусов: они отучились, нашли работу в другой стране и до сих пор остаются там. Внутренняя энергия и энтузиазм — это не только наша собственная подпитка, это еще и то, что меняет жизнь людей вокруг. Я, будучи еще совсем юной, была переполнена энергией и щедро делилась ею с окружающими. Как Wi-Fi-роутер, раздающий сигнал другим устройствам, которые лежат неподвижно, но как только получают первый импульс, тут же включаются и начинают работать уже без остановки.

Что касается Польши, сама я туда не поехала. Передо мной открылась другая дверь — бюджетное место в Киевском институте культуры. Шанс учиться бесплатно нельзя было упускать. Ко всему прочему, это была единственная заочная программа, имеющая бюджетные места. Для меня это было просто идеально: мало того что бесплатно, так еще и время есть, чтобы работать. Казалось, что моя мечта — стать специалистом в сфере туризма — вот-вот превратится в реальность. Вот так я поступила на отделение туризма в тот самый вуз, студентам которого когда-то продавала мамино творожное печенье.

Как только я принесла в институт все документы, то сразу начала искать работу. С самого детства я, можно сказать, была запрограммирована на труд. Приходя домой с прогулки, в коридоре я всегда обнаруживала новые объявления о работе — их приносил папа. Я эти бумажки никогда не читала, но свою агитационную функцию они выполнили. Ни на одну вакансию меня бы не взяли — я еще не доросла для серьезной работы, да и опыта недоставало. Замкнутый круг. И все же где-то на подкорке у меня прочно зафиксировалась идея, что мне необходимо научиться зарабатывать — чем раньше, тем лучше. В своем невидимом внутреннем блокноте я записала: я обязательно приобрету опыт и навыки, которые смогу использовать в будущем.

Я решила сразу пойти работать по профилю. Рядом с моим домом находилось турагентство, которое организовывало поездки в Грецию, — по сути, я просто постучала в первую попавшуюся дверь. Спросила, не ищут ли они сотрудника, отправила резюме, и вуаля — я секретарь в одном из самых элитных турагентств города. Когда я только пришла, то даже представить себе не могла, что у меня под носом, в соседнем доме, работает VIP-туроператор, который обслуживает весь «95-й квартал». Кавээнщики часто приходили к нам в офис — каждый год они организовывали тур под названием «Весело», в рамках которого развлекали депутатов и других высокопоставленных людей.

Однако мою тогдашнюю работу веселой назвать было трудно. Во-первых, я попала в змеиное гнездо: в турагентстве работали почти одни женщины, и все — сильно не удовлетворенные жизнью. И вот появляюсь я — совсем юная, миловидная, с улыбкой до ушей, горящими глазами, полными предвкушения чего-то нового. Естественно, весь яд полился в мою сторону. Ради даже самых незначительных бонусов эти девушки готовы были идти по головам. Меня такое не интересовало.

Во-вторых, я претендовала на позицию менеджера, но из-за несложившихся отношений с коллегами мне эту должность не давали.

Я чувствовала, что тащу себя на работу силком, и это при том, что офис находился в соседнем доме. Меня последовательно выживали из коллектива, и когда напряжение дошло до пиковой точки, я уволилась. Спустя некоторое время у меня случился аппендицит. Думаю, он стал символом того негатива, который я копила внутри своего организма. Чтобы идти дальше, нужно было его вырезать — как часть тела, пораженную тем самым ядом. Это был первый значительный сигнал того, что пора начать обращать внимание на реакцию своего тела и интуицию.

Помни, что негатив может материализоваться. Думай об этом каждый раз, когда делаешь что-то не по своей воле или в ущерб своим желаниям, потребностям и комфорту.

После увольнения подруга позвала меня в другое турагентство, на позицию менеджера. Это был уже второй курс университета. На новой работе я очень ясно осознала, что запуталась, как бабочка в паутине. Меня сковала рутина, состоящая из бесконечных звонков клиентов, сообщений в почте, документов, таблиц, бумажек и прочих ничтожных дел. Ощущение было такое, будто мне обрезали крылья.

Действительность серьезно расходилась с моими мечтами — работа в сфере туризма оказалась безвкусной и бесцветной. Мои коллеги вместо того, чтобы путешествовать и тестировать свой же продукт, вычитывали всю информацию о турах из журналов и брошюр. Люди, которые никогда в жизни не выезжали за границу, в красках рассказывали клиентам, как здорово отдыхать на Канарах. Руководящие же звенья в свои 40 лет были холосты и одиноки, разъезжали по замусоленным киевским спальникам на стареньких Renault и Toyota.

Я знала, что мое будущее не такое и подобный сценарий точно не для меня. Мои большие мечты не умещались в тот маленький мир, в который я попала. Я не видела перспектив, мои амбиции, как забытые всеми сокровища, лежали без дела и требовали новых возможностей и высот. Более того, я не могла врать. В своих фантазиях я делилась с людьми wow-эффектом и настоящими эмоциями, пережитыми в поездках, а нс считывала описание тура с бумажки. Чтобы передать какой-то опыт, нужно его пережить, усвоить на практике. Все остальное — это развод и обман. Для меня такой подход был недопустим.

Чтобы выйти обратно на свою дорогу, нужно было совершить крутой поворот. **Чем раньше начнешь этот путь — путь перемен, путь осознания, — тем большей компетенцией ты будешь обладать.** В свои 17–18 лет я прожила жизнь и получила опыт, на который отводят многие годы. Я летела на бешеных оборотах.

Кнопкой ускорения стала ситуация с директором турагентства, которая обокрала свою же контору. В один момент она собрала деньги с туристов, достаточно приличную сумму, и просто испарилась. Еще до инцидента интуиция нашептывала мне, что что-то здесь не так: бухгалтерия в турагентстве не велась, сама директор была довольно подозрительной дамой. Когда все случилось, я уже успела уволиться и отдыхала с мамой на море. Тогда коллеги написали мне, что в офис приехала полиция и что я вовремя ушла.

Лежа на пляже, я подумала: «Ну его в баню, этот туристический бизнес». Эта страница моей жизни была перевернута навсегда.

Выход из матрицы

После ухода из сферы туризма я решила, что хочу попробовать работу в банке. «Банк — это деньги, это цифры, они-то точно меня не обманут», — думала я тогда с надеждой. Вселенная, внимательно прислушиваясь к каждому моему разочарованному вздоху, сразу мне помогла. Только уволившись из турагентства, летом, я поехала на день рождения к своей подруге. Там, словно нарочно, я познакомилась с парнем — работником банка. Не мешкая ни секунды, я стала расспрашивать его об этой работе. Как выяснилось, в банке имелась позиция, на которую не требовалось учиться, — достаточно было пройти курс в самом банке и сдать экзамен.

«Прекрасно, мне подходит, беру!» — моментально решила я и тем же летом отправилась устраиваться на новое место.

Ищи разные возможности и пробуй все, что кажется тебе полезным и перспективным. Чем ты активнее, тем выше вероятность того, что ты найдешь то, что ищешь. Самая плохая стратегия — сидеть без движения. Действуй и не упускай ни единого шанса.

Чтобы получить работу в банке, нужно было пройти первичный отсев. Я отлично показала себя на «кастинге» и начала обучение — оно длилось примерно полтора месяца. Учиться приходилось быстро и усердно, даже в университете я не сидела над учебниками столько, сколько над материалами о кредитовании и прочих финансовых делах. Так как я чувствовала к этому интерес, знания усваивались быстро и очень прочно.

Есть! Экзамен я сдала успешно. Теперь волшебный ключик у меня в кармане, и я смогу открыть им первую заветную дверь в свое будущее. Марийка, или, скорее, уже Мария Александровна, стала банковским сотрудником. На тот момент мне было 19 лет.

На новом месте работы меня по распределению отправили в интернет-магазин, на место выдачи, — я оформляла кредиты на технику. С зарплатами было туго — их вечно задерживали. В итоге начальник не выдержал и решил уйти в другую компанию, попутно позвав часть сотрудников с собой. Поняв, что ничего не потеряю, я ушла вместе с ним — в финансовую компанию «КредитМаркет». Она занималась прогрессивной сферой онлайн-кредитования, которая только-только начинала развиваться. На новом месте, будучи на третьем курсе университета, я стала сама обучать персонал.

Шли дни, недели, и все они были одинаковые — ничем не отличимые друг от друга офисы и такие же одинаковые клиенты. Снова какие-то бумаги, печати, файлы, и все закручивается в воронку, которая затягивает на самое дно.

Однажды папа купил билеты на оперетту в Киеве — когда-то там выступала его тетя, моя двоюродная бабушка. Мы должны были пойти на мюзикл, в котором она как раз играла в дни своей молодости. Но меня не отпустили с работы. Какой-то абстрактный для меня человек, на тот момент мой руководитель, не дал мне сходить в театр с семьей. И не просто театр, а особенный для меня театр. Я оказалась связана по рукам и ногам: никакой свободы действий, никакого выбора, ни единой возможности сделать по своей воле лишний вздох. И ради чего? Ради каких-то 1000–1500 гривен в месяц. На эти деньги можно было разве что два раза сходить в ресторан.

От осознания того, что я снова ошиблась, поверила в мечту, которая разбилась на тысячу мелких осколков, на меня навалилась тяжелая тотальная апатия. Работа в финансовой компании считалась тогда престижной и приносила какой-никакой стабильный доход. Но жизнь сурка стала просто невыносимой. То, что я находилась не на своем месте, я чувствовала всем телом. От вечного сидения в кресле я испытывала физический дискомфорт, от офисных ламп и отсутствия нормального дневного света кружилась голова и болели глаза.

В промежутках между трудовыми буднями я вела яркую жизнь в социальных сетях. Там меня нашел будущий муж, но тогда, в 2012-м, я и представить себе не могла, что выйду за этого человека. Из тысяч чатов «ВКонтакте» один диалог, а вернее, монолог, был крайне активным: парень без аватарки бомбил меня сообщениями, как из автомата.

Несмотря на мой игнор, настойчивый поклонник не думал отступать. В какой-то момент от сообщений он перешел к подаркам. Эти разноцветные зверушки, собачки с сердечками, фигурки с признаниями в симпатии, которые покупались за «голоса», тогда были в тренде. Благодаря им он обратил на себя мое внимание, и я стала ему отвечать. На все просьбы сходить с ним в кафе я отвечала отрицательно, поскольку оставалась погружена в свои дела.

Такое онлайн-ухаживание продолжалось несколько месяцев. Иногда оно меня даже забавляло — так я могла на время отвлечься от своей рабочей рутины. Однажды в морозный зимний день мне нужно было срочно доехать от папы к маме, а значит, с одного конца города на другой. Внезапное уведомление «ВК» напомнило мне о навязчивом Ромео, который в тысячный раз предлагал куда-нибудь сходить. Я открыла сообщение и наконец согласилась на кофе. Но только при условии, что он заберет меня от папы и доставит к маме.

Через полчаса к моему дому подъехал джип Mercedes. Из него вышел парень в очках, на первый взгляд — заучка и ботаник, подумала я и мысленно отправила его в эту категорию.

Кожаная куртка бренда Zilli, отглаженные брюки, доброе круглое лицо, при этом спортивная подтянутая фигура. Он приехал с другом и стеснялся проронить при мне слово. Они оба родом из Донецка. Если друг моего поклонника вовсю источал этот колорит — штаны с полосками от Adidas, эффектная лексика, — то мой будущий муж выглядел его противоположностью. И все же внутренне он хотел быть *плохим парнем*: его любимым кино была «Бригада» — он всегда тянулся к атмосфере 90-х, разборкам, бандитам, криминальной романтике. Но пока передо мной стоял молчаливый киевский интеллигент, этакий ботаник в очечках, не хватало только преподавательского кейса.

Прямо с порога он вручил мне цветы — это было произведение флористического искусства: огромный медведь, сплетенный из разного вида ромашек, весом под 10 килограммов. Я его еле удержала в руках. Мне часто дарили подарки, но в случае с моим будущим супругом чувствовалось что-то особенное. Несмотря на всю свою скромность, этот человек оказался способным на подвиги. Однако, увы, не только со знаком плюс, но и со знаком минус.

Но всему свое время, об этом чуть позже. Забегая вперед, хочу сказать следующее. **То, кем мы являемся сейчас, — выбор наших вчерашних действий. Человек выбирает свою жизнь каждую секунду: от его выборов сегодня зависит, кем он будет завтра. Самое простое — это жаловаться, и самое сложное — научиться принимать, проживать, отпускать и находить в себе силы, чтобы менять свою жизнь и двигаться дальше... Только ты — художник своей жизни. Если она стала чересчур серой и тусклой, только ты можешь разбавить полотно яркими красками.**

Очень быстро я поняла, что финансовая организация — это тоже не мое, и нужно срочно уходить. Это решение оформилось в голове, но четкого плана дальнейших действий не было. **Жизнь — это в том числе и разочарования. Нужно уметь их принимать, преодолевать и никогда не опускать руки. Возможно, тебе придется разочароваться сотню раз, чтобы однажды стать по-настоящему счастливым.**

Одним теплым весенним вечером, шагая по цветущим улочкам Подольского района Киева и всматриваясь в нежно-розовый закат, я в очередной раз погрузилась в свои еще несбывшиеся мечты. Я предчувствовала, что перемены где-то очень близко. И почти в тот же миг это внутреннее ощущение обрело физическую форму. Войдя в нашу с папой квартиру, где никогда не бывало никаких женщин, кроме меня, я увидела пару женских туфель, которые изменили всю мою жизнь.

Глава 3.
Туфли, которые изменили всё

Я на тот момент жила с папой. Войдя на порог, я увидела брендовые женские туфли, которые стояли напротив входной двери. Ситуация была необычная — посторонние женщины к нам в квартиру не приходили. Из кухни слышался уверенный женский голос, перебиваемый низкими мужскими нотами.

Выяснилось, что к папе приехала крестница из Питера — его троюродная племянница и моя четвероюродная сестра. То самое десятое колено, седьмая вода на киселе. Папа, в отличие от мамы, всегда поддерживал контакт со всеми родственниками, даже самыми дальними. Мама же, наоборот, со всеми перессорилась — уже непонятно было, кто родственник нам, а кто нет.

Папа имел очень хорошие отношения с крестницей, но мы с ней никогда не пересекались. Когда она приезжала в Киев, я каждый раз находилась где-то за его пределами, и наоборот. Хоть мы с ней ни разу не виделись, я слышала про сестру множество раз — папа рассказывал. И вот так вышло, что наше знакомство, изменившее всю мою жизнь, пришлось на ту теплую сказочную весну.

Сестра занималась бизнесом — у нее была крупная компания по импорту цветов. Она досталась ей от покойного мужа, а он был первопроходцем: привез первые розы из Колумбии в СНГ. Поставками цветов сестра и ее супруг занимались еще с 90-х, а потом его убили — случайно, по ошибке. В итоге компания полностью перешла в ее владение.

Наташа занималась крупным бизнесом последние 15 лет, ее компания имела большой авторитет на этом крупном международном рынке. На протяжении всего времени она жила на две страны: полгода — в Питере, полгода — в Колумбии. Настоящая бизнесвумен — Лев по гороскопу, грациозная хищница со стальной хваткой, очень властная и успешная дама. Глядя на нее, многие женщины хотели быть такими же: сильными и независимыми, занимать руководящие позиции в собственной организации и самостоятельно принимать все решения.

Как только я зашла на кухню, мы сразу нашли общий язык, обсудили все, что только можно было обсудить. По разговору было понятно: в ее руках — весь мир, она крутит его, как глобус, знает по чуть-чуть обо всех его уголках. Она живет свободно и без каких-либо ограничений, сама себе хозяйка, сама себе указ. В какой-то момент сестра обмолвилась, что ей нужен русскоговорящий менеджер, который будет общаться с клиентами из Колумбии. Увидев, что мои глаза блеснули горячим интересом, сестра предложила эту вакансию мне. «Ну все, — подумала я, — завтра же увольняюсь».

И это был не секундный порыв. Это было реальное решение, которое я приняла в одно мгновение. Секунды хватило на то, чтобы понять, что работа в Колумбии — это не турагентства и тем более не банки. Это что-то новое, интересное, яркое и очень любопытное. Та самая мечта, которая, казалось, уже совсем растворилась под действием серой и токсичной рутины. От одного названия этой страны в голове начинает играть латиноамериканская музыка, а перед глазами возникают бескрайние джунгли и Карибское море.

Помни: от каждого твоего шага зависит твое будущее. Если сегодня ты не наберешься смелости изменить свою жизнь, завтра ты проживешь еще один день в непроявленности и неудовлетворенности. Не нужно терпеть, не нужно терять ни минуты. Действуй.

О Колумбии в тот момент я не знала почти ничего, лишь краем уха слышала о Пабло Эскобаре и наркокартелях. Опасность меня не пугала, наоборот — я боялась серости, которая поглощала меня с каждым днем все быстрее и настойчивее. Туфли, которые я обнаружила в коридоре, стали для меня возможностью сбежать в другой мир, начать все заново, с чистого листа, где-то далеко-далеко от родного дома.

Тогда я еще не знала, что так проявляется моя 22-я энергия (аркан — энергия духовной свободы). Ведь моя задача души и мое подлинное предназначение — не бояться обнуления и уметь начинать все сначала, путешествовать, открывать новые горизонты. **Новое — это всегда страшно. Но лучше рискнуть всем и начать новую страницу книги, чем всю жизнь топтаться на месте и чувствовать себя несчастным.**

Сразу после нашего разговора с Наташей я нашла репетитора и усиленно начала учить испанский. Языку меня обучал мой подписчик, который сам вызвался помочь — откликнулся на мой пост «ВКонтакте». Студент последнего курса Женя не брал с меня денег, я лишь угощала его кофе или приносила сладости в обмен на знания. Мы учили язык интерактивно и весело: вместо того, чтобы зубрить сухие таблички с грамматикой, мы много разговаривали обо всем на свете — на испанском. Благодаря нашим живым занятиям я освоила базу, дальше оставалось только пополнять словарный запас.

Новая цель зажгла меня изнутри, возродила во мне надежду и азарт. Против предстоящей поездки мои родители не возражали. Или, по крайней мере, никак свои возражения не демонстрировали. Только потом я узнала, что мама перед моим отъездом ходила к психологу — первый раз в жизни. Она не знала, как ей поступить, — ее ребенок уезжает на другой край земного шара, в полную неизвестность. Психолог объяснил маме, что, если она меня не отпустит, я буду винить ее всю жизнь в том, что она лишила меня такого шанса. Если же я поеду, то пусть и наделаю кучу ошибок, зато получу уникальный опыт и многому научусь. Принять и смириться с этим было нелегко, но мама в итоге отпустила меня спокойно и без истерик и даже помогла с билетами. Все в моей жизни благоволило тому, чтобы я начала свое увлекательное и познавательное путешествие.

У меня осталось всего три месяца лета, чтобы освоить испанский. Время пролетело очень быстро, со скоростью стрелы. Я знала, что все делаю правильно, но внутри все равно ощущалась пульсирующая тревога. Садясь в самолет, я чувствовала, как у меня дрожат ноги. Впервые я летела куда-то одна, еще и так далеко: через весь Атлантический океан. Я чувствовала себя волнительно, но ничего не боялась — такое вот противоречивое чувство.

За опытом через океан

Когда самолет приземлился и я вышла на трап, меня захлестнула волна плотного, как толща воды, колумбийского воздуха. Солнце светило настолько ярко, что не было видно даже ступенек. Я почувствовала, как подскочило давление. Так меня встретила Богота, стиснув в своих объятиях, через которые я сразу ощутила ее непростой южный характер.

В аэропорт за мной приехала сестра — красивая, ухоженная львица, в роскошном платье и с укладкой. Окно автомобиля стало для меня иллюминатором на космическом корабле —

сквозь него я смотрела на другую вселенную. Мои широко раскрытые глаза сканировали каждый камушек на асфальте, я жадно поглощала взглядом улицы, боясь упустить что-нибудь интересное.

Архитектуры в Боготе как таковой нет — это мрачные бетонные коробки. И все же это была совсем не та серость, которую я наблюдала в старых киевских закоулках или где-то в Европе. Здесь все казалось каким-то другим, и смотреть на все это было страшно увлекательно: по улицам ходили странно одетые люди, чувствовались незнакомые запахи, слышались непонятные звуки и голоса.

Богота делится на полтора-два десятка районов. Они же, как по линейке, расчерчены на маленькие ровные квадратики — кварталы. В этой системе координат и живет город: самые бедные жители занимают южную часть, а те, кто побогаче, обитают на севере.

Есть такие районы в Боготе, куда лучше не попадать. Они находятся на юге. Я там не бывала, однако слышала истории, от которых волосы на голове шевелятся. Что-то можно увидеть в сериале «Нарко» — хронике криминальной жизни Пабло Эскобара. К счастью, он вышел уже после того, как я отправилась в Колумбию. До этого я и все остальные жители европейского континента слабо себе представляли, что вообще творится в этой стране.

Мы направлялись на север — там находился дом моей сестры. В районе, где она жила, меня удивлял каждый кирпичик и каждая деревяшка. Все выглядело очень непривычно. Странно было видеть бесконечные заборы, вплотную прижатые к основной постройке, — как в американском кино. Особенно необычно это выглядело в сравнении с нашими украинскими дачами и загородными домиками с огромными участками. Для меня это был мир наоборот — со своими правилами и обычаями, к которым предстояло привыкнуть.

В доме меня встретили питомцы сестры: серый шарпей и рыжий кот. Обнюхивая меня, они как будто долго не могли понять, откуда я взялась, — пришелец из другого мира. Но мы с ними очень быстро подружились, уже через 10 минут животные гостеприимно ластились к моим рукам.

Сестра представила мне свою домработницу — очень добрую женщину, которая, как выяснилось, могла приготовить любое блюдо русско-украинской кухни. Она воспитывала дочку Наташи — сестра родила ее в Питере и еще совсем маленькой привезла в Колумбию.

Как-то раз мы с сестрой поехали в местный супермаркет. Если для колумбийцев это обычный магазин, то для меня он стал огромной энциклопедией, в которой ожили все картинки. Сваленные в кучу экзотические фрукты, морепродукты всех видов и размеров, яркие пышные цветы. Я не могла наглядеться. Подойдя к прилавку, сестра попросила упаковать ей рыбу — метровую тушу лосося, которую продавец еле-еле оторвал от стойки. У нас за такую рыбину можно было отдать целое состояние, настолько это было дорого. Здесь же, в Колумбии, таких продуктов просто навалом, ведь под боком море и целый океан.

Именно в Колумбии я впервые попробовала многие фрукты, которые только-только начали завозить в Украину, и то — в премиум-магазины. Я же, обгоняя время, уже вовсю ела авокадо и папайю, пила по утрам соки из манго и ананаса. Мои любимым фруктом стал мангостин, который я ела на десерт. В душе у меня пели райские птицы, а лицо то и дело без причины расплывалось в широкой улыбке.

Именно в Колумбии я впервые в жизни увидела колибри — настоящего колибри! В глазах начинает рябить от того, насколько быстро двигаются эти пестро разукрашенные птицы. Движения их малюсеньких крылышек настолько быстрые, что их легко перепутать с большим жуком или шмелем.

А еще я видела там коров с тигриным окрасом — на их бурых шкурах словно солнцем были выжжены темные полоски. Этих коров я не могу забыть до сих пор, настолько прекрасными они мне показались.

Познавай мир вокруг себя и старайся сохранять детскую восторженность в любом возрасте. Мир огромен, в нем всегда найдется что-то удивительное даже для самых искушенных. Ищи, пробуй, удивляйся и наслаждайся. Чувства и эмоции даны нам, чтобы постоянно их испытывать.

Эмоции захлестывали меня с головой, я смотрела на этот новый мир глазами ребенка, который видит его в ярких красках. Воспринимать все вокруг с таким упоением нужно до конца своих дней — только так получается наполнять каждое свое мгновение смыслом. Ребенок, который живет внутри и безумно любит весь мир, протягивает руку и получает все, о чем просит. К человеку, который сумел сохранить эту чувствительность, охотно идут успех, деньги, люди и, конечно, счастье.

Потому что мир — это большое зеркало, в котором мы рассматриваем самих себя. Те огни и краски, которые мы замечаем, ярким танцем играют внутри нас самих. Прекрасное видит прекрасное, и прекрасное тянется к прекрасному. Как бы трудно ни приходилось, нужно продолжать любить мир таким, какой он есть.

Детская простота и умение восхищаться окружающим миром — магнит, притягивающий все человеческие блага. Когда ты не требуешь настойчиво, а лишь созерцаешь и восторгаешься, Вселенная готова делать тебе подарки. Счастье настигает того, кто несет счастье и восторг внутри себя.

Несмотря на эмоциональную наполненность, жизнь в Колумбии была также полна своими особенностями и сложностями. Я снова оказалась в условиях, когда была полностью предоставлена сама себе. На этот раз я очутилась вдали от дома и родителей, практически в одиночестве. Сестра в основном занималась своими делами, других близких людей рядом со мной не было. Впервые в жизни я оказалась в условиях, когда мне не с кем было поговорить: чтобы завести новые знакомства с местными, мне не хватало знания языка. Да и вообще, даже просто гулять по Боготе — это опасно, и ничем хорошим для меня такие прогулки бы не закончились. Поэтому в тот период я погрузилась глубоко в себя. За свои 19 лет я сумела прожить несколько этапов взросления, и это была еще одна ступень, которая вывела меня на новый уровень.

Проведя всего сутки в Боготе, мы с сестрой и ее бизнес-партнерами отправились в Картахену — живописный городок на берегу Карибского моря. В отличие от столицы, здесь было на что полюбоваться: аккуратные улочки в центре вплотную усеяны низенькими разноцветными домиками. С дверных навесов и балконов свисали яркие цветочные композиции, фасады домов обвивали вьющиеся растения. На фоне всей этой красоты виднелись белоснежные высотки — так город встречал туристов своей ослепительной улыбкой.

Колумбия продолжала оказывать на меня пьянящий, завораживающий эффект. Моя детская радость смешалась с очень сильной усталостью. Богота расположена на высоте более 2500 метров над уровнем моря. Уже там у меня начались проблемы с давлением. А когда мы переместились вниз, к побережью, от резкого перепада мне стало еще хуже. Но это были только цветочки: помимо горного рельефа и тропического климата, меня ждал новый часовой пояс. Бороться с джетлагом[2] — бесполезно, первое время я ходила как заколдованная. В голове все спуталось: птицы, рыбы, пальмы, люди, латиноамериканские песни, слова и звуки. Мое путешествие превратилось в сказочный сон, который, казалось, никогда не закончится.

Яркие краски Колумбии

Но настало время просыпаться. Ничто не отрезвляет так эффективно, как работа. Я знала, что мой организм придет в норму, когда я начну заниматься привычным для себя делом — трудом.

Мне не терпелось приступить к работе — я ждала чего-то необыкновенного, и предчувствие меня не обмануло. Я начала просить сестру поскорее вернуться в Боготу и познакомить меня с моими новыми обязанностями.

Офис располагался фактически у нее дома — это была отдельная пристройка на территории ее особняка. Если не считать сестры, в нашей команде числились пять человек: директор, который полностью заведовал компанией, три колумбийки — одна занималась бумагами и две были менеджерами — и я, тоже менеджер, но по взаимодействию с русскоговорящими клиентами. Практически все наше общение с девочками проходило через гугл-переводчик, он стал для меня настоящим спасением. Несмотря на печальный опыт работы в женском коллективе, с этими девчонками я отлично поладила. Возможно,

2 Джетлаг (англ. «реактивный самолет») — синдром смены часового пояса: рассогласование ритма человека с природным суточным ритмом, вызванное быстрой сменой часовых поясов при авиаперелете.

свою роль сыграл южный менталитет — в общении колумбийцы такие же теплые, как их страна.

В их компании со мной приключилась забавная ситуация. Как-то, сидя на работе, я услышала, что девочки между собой повторяют слово, созвучное с моим именем, — причем всегда очень эмоционально. Когда я обратилась к ним с вопросом, а что это значит, девчонки страшно покраснели. Выяснилось, что созвучное с Марийкой слово *marica* с испанского переводится как оскорбительный вариант обозначения гомосексуального мужчины. Когда девочки узнали, что так меня называет мама, мы все чуть не полопались от смеха.

Очень скоро я поехала смотреть на плантации — это было путешествие внутри путешествия. В окне машины пыльная дорога постепенно сменилась необъятными зелеными полями, на которых рассыпались тысячи ярких бутонов. Я не могла оторвать глаз — казалось, я попала в один из сюжетов сказочной книги.

Уже на месте мне удалось рассмотреть цветы вблизи. Мне показали всё — провели экскурсию, в ходе которой я не могла сказать и слова от увиденной красоты. Я узнала, как рождается роза с самого ее крошечного семечка, как о ней заботятся, какой путь она проходит.

Прямо посреди плантации стояла огромная клетка с какаду. Меня поразило количество оттенков — там были и желтые попугаи, и красные, и зеленые, и белоснежные. Я жадно поедала глазами каждое их движение, улавливала каждый щелчок. Это было поразительно, внутри все кружилось и танцевало от переполняющих меня впечатлений.

Колумбия была удивительна для меня, а я была удивительна для Колумбии. Будучи яркой блондинкой, я постоянно ловила любопытные взгляды прохожих — в этой стране даже не продавали светлую краску для волос. Чтобы не привлекать излишнего внимания, приходилось ходить в капюшоне. Настойчивость — это не про колумбийцев, но криминальный мир никогда не дремлет. Я не хотела обзаводиться проблемами, я просто хотела работать и тихонько изучать окружающий мир.

Еще в Киеве, когда я занималась съемками, мне предлагали разные фотосессии, в том числе и очень откровенные. Но я всегда выдерживала определенные рамки. Я понимала, что нужно играть вдолгую. Раздевшись один раз перед камерой, можно навсегда потерять лицо, стать объектом вожделения и заставить людей забыть про самую свою суть. Я никогда не хотела зарабатывать на своей внешности. Мне было важно, чтобы люди видели во мне что-то большее: опыт, знания, глубину.

Развивай свою духовность, работай над своим внутренним миром. Чтобы внимание обращали не только на обложку, прилагай усилия и наполняй себя изнутри.

В Колумбии я хотела погрузиться в новую культуру, посмотреть на мир с другого ракурса и стать внутренне богаче. Эта страна стала для меня не только новой возможностью для заработка, но и колодцем, из которого можно было бесконечно черпать духовный ресурс.

Мой рабочий день начинался в одно и то же время — пять часов утра — и заканчивался в два часа дня. Спать я ложилась примерно в 9–10 часов вечера, а промежуток между работой и сном полностью посвящала себе. Общения в моей жизни тогда было очень мало: людей, говорящих на моем родном языке, рядом почти не было. Конечно, уже тогда существовали соцсети, но ими сыт не будешь. Тем более что интернет ловил не везде, видеозвонков и кружочков в Telegram тогда не существовало, а собеседники могли подолгу не отвечать на сообщения. Так как все пути к коммуникации оказались отрезаны, почти все свободное время я тратила на кино и книги.

У меня случился бум саморазвития: новые знания я поглощала с таким же упоением и страстью, как до этого изучала новую страну. Тогда я начала прощупывать почву: искать и смотреть, что нравится и подходит именно мне. У меня были хорошие советчики — моя сестра, истинная петербурженка, очень начитанная и опытная женщина, часто подсказывала, что можно почитать. Благодаря ей я вникла в книги Достоевского, пересмотрела несколько фильмов по ним, хотя до поездки в Колумбию он меня не сильно увлекал.

Кроме того, сестра делилась со мной знаниями о предпринимательстве: много рассказывала про свою компанию, про то, как правильно общаться с людьми и строить бизнес. Я впитывала знания, как почва впитывает воду. Внутри меня уже зрел прекрасный бутон, которому предстояло распуститься в большой цветок. Я провела в Колумбии всего полгода, но в этот период вместилось столько опыта, сколько я не накопила бы и за целую жизнь.

Посвящай свободное время саморазвитию. Если не знаешь, как потратить несколько часов своей жизни, займись чтением книг, изучением языков, курсами, спортом, просмотром кино и любым другим полезным занятием. Саморазвитие должно сопровождать тебя всю жизнь. Вкладывай ресурсы в себя, и ты никогда их не потеряешь.

Из-за дефицита общения я старалась побольше переписываться с друзьями, искала по группам русскоязычных ребят, которые жили в Колумбии. Увы, таких не оказалось, и приходилось довольствоваться буквами и смайликами, сменяющими друг друга на экране телефона или ноутбука.

В период моего пребывания в Колумбии мне снова начал писать мой будущий муж. Он то появлялся, то пропадал, то обрушивал на меня потоки сообщений в соцсетях, то молчал по нескольку недель как партизан. Но с моего приезда в Колумбию наше общение находилось в очень стабильной фазе: мы часто созванивались, подолгу разговаривали по телефону. Наше взаимодействие стало для меня лекарством, которое лечило меня от одиночества. Мы помогали друг другу: я жила в Колумбии, он на тот момент — в Европе, и нам обоим нужна была поддержка. И все же я и представить не могла, какое будущее ждет меня с этим человеком.

Шесть месяцев в Колумбии пролетели быстро, как стая диких птиц. Это была жизнь, полная познания, восхищения, любви, трудностей и работы над собой. Я полгода не видела родителей, полгода лишь изредка говорила на родном языке. Я пребывала вне себя от счастья и одновременно — в ужасной растерянности. Моментами мне становилось трудно, но я знала, что все трудности рано или поздно окупятся. Я навсегда запомнила бархатистый горько-фруктовый аромат колумбийского кофе и оглушительные, как барабанная дробь, звуки тропического ливня — такой можно застать только в Латинской Америке.

Те знания, которые я приобрела, изменили всю мою последующую жизнь. Полгода в Колумбии стали вечностью, за которую я успела больше, чем за все свои 19 лет. Пока мои сверстники просиживали штаны на парах, уткнувшись в телефоны и не интересуясь ничем, кроме тусовок, ни один мой день не прошел зря. Я работала и занималась самообразованием, мотала на ус, пока вокруг лились потоки информации, любила, восторгалась и наполняла свою чашу до самых ее краев.

Учеба не значит знания, работа не значит успех. Не совершай бессмысленных и бесполезных действий. Если чувствуешь, что на учебе ты не получаешь знания, а на работе нет перспектив для роста, ищи для себя что-то другое. Доверяй своим чувствам и интуиции, иди туда, где есть энергия. Жизнь одна, не трать ее на безделье и пустоту.

Все эти изменения произошли благодаря тому, что в день, когда я увидела те женские туфли, я твердо решила, что жизнь у меня одна и времени сомневаться нет. Тот сложный выбор, который я сделала вчера, принес огромные плоды сегодня, и вместо того, чтобы всю жизнь гаснуть под светом офисных ламп, я выбрала солнце.

Глава 4. Революция снаружи и внутри

Приветливая колумбийская жара сменилась пылающим пеклом — домой в Украину я вернулась в самый разгар революции[3]. Это был конец 2013 года. «Марийка, у нас тут война, у нас стреляют, не приезжай», — писала мне мама, когда я поднималась на борт самолета. Она умоляла, чтобы я высадилась в Лондоне и не возвращалась в Киев. Я ее, конечно, не послушала и где-то уже через сутки оказалась в родном городе.

3 Революция Евромайдана — уличные протесты в центре Киева, начавшиеся в ноябре 2013 года и завершившиеся в феврале 2014 года, главным итогом которых стало свержение режима президента Виктора Януковича.

Обстановка в столице была довольно жуткой: Киев будто сидел на пороховой бочке, которая могла вот-вот взлететь вместе со всеми его обитателями. Хотя протесты не выходили за рамки одной центральной улицы, напряжение ощущали все, независимо от местоположения.

Наша квартира находилась недалеко от центра города. Оттуда, из самого очага, до нас доносились сирены, выстрелы, взрывы, звуки разбивающихся об асфальт коктейлей Молотова и взывающие о помощи крики. Когда что-то взрывалось, окна в моей комнате зловеще вибрировали, намекая, что ни я, ни мои родные не были в полной безопасности. Над нами нависло чувство страха. Оно нет-нет да напоминало о себе, кольнув тоненькой иголочкой где-нибудь в районе солнечного сплетения. Мы не знали, что будет дальше, с каждым днем будущее становилось все более расплывчатым.

Меня такая картина не устраивала. Неопределенность и паника сильно сбивали с пути. Я же привыкла всегда ощущать землю под ногами и шагать по ней уверенно и целенаправленно.

За шесть месяцев в Колумбии во мне произошли невероятные метаморфозы. Если я уезжала почти ребенком, то обратно вернулась человеком с огромным багажом. Я получила опыт, знания, навыки и духовность, которым не терпелось вырваться из заточения и скорее начать применяться на практике.

Мне тогда было 20 лет. Заряженная колумбийским солнцем и свободой, возвращаться в банк я, конечно же, не хотела. Для меня это была темница — холодная, мрачная, бездушная и без единого признака жизни. При мысли о возвращении в офис перед глазами возникала жуткая белая лампа и ее слепящий искусственный свет, от которого болела голова. Я рассчитывала открыть что-то свое, работать на себя.

Обстановка, царившая в стране, невольно заставляла сомневаться: может, лучше переждать и отложить все на потом?

Для людей это было очень тяжелое время, бизнес мог захлебнуться — такой ход мыслей сложился у меня в голове. И небезосновательно.

Однажды в Киеве закрыли метро. В городе из-за этого случился коллапс — тысячи людей, как в фильме-апокалипсисе, поднялись из подземелья наружу и беспорядочно двигались, сталкиваясь и не понимая, куда им вообще деваться. Они шли и шли — я даже не предполагала, что в городе столько людей! И подобные сюрреалистические вещи происходили в нашей стране каждый день — где-нибудь да вскакивал новый революционный нарыв. В такой обстановке, когда не знаешь, какая еще напасть ждет тебя завтра, открывать бизнес казалось чем-то неуместным. Но это были лишь иллюзии.

Время — как вода: либо ты плывешь вместе с ней, либо она уходит, оставляя мокрый след на песке. Один мой хороший знакомый, опытный бизнесмен, озвучил мне истину: «Подходящего времени не будет никогда, делать нужно здесь и сейчас». Мир не способен существовать в стабильности. Революции, войны, пандемии, кризисы... Даже легкая смена направления ветра может повлиять на бизнес. Поэтому лучшего момента, чем сейчас, для старта просто нет.

Самый подходящий момент — это сейчас. Идеальных условий, чтобы начать свой бизнес, выйти из токсичных отношений, переехать или начать писать книгу, не будет никогда. Откладывать можно до конца жизни, поэтому действовать надо сегодня.

Решение о том, что я буду открывать свое дело, я приняла с твердостью алмаза. Я мечтала быть как моя сестра: свободной, не знающей границ и ограничений. Ходить на работу, словно меня тянут на поводке, я больше не собиралась.

Свобода и личный выбор были для меня основными критериями. Я хотела принимать решения сама, творить что-то собственным умом и собственными руками, иметь пространство для творческого маневра.

Оставалось лишь определиться с тематикой, найти свой продукт. Долго думать не пришлось — идея родилась во сне. Именно сны всю жизнь вели меня сквозь запутанные джунгли жизненных сложностей, указывая путь невидимой рукой. Во снах я различала дорогу — кто-то, кого нельзя увидеть наяву, давал ответы на все мои вопросы. Так случилось и в этот раз.

Изначально я думала над тем, чтобы открыть пекарню со сладостями и круассанами. Насмотревшись на подобные заведения в Колумбии, я поняла, что для Киева это стало бы новаторством. Но, анализируя ситуацию, я пришла к выводу, что это мне не подходит — недостает опыта. Я решила, что нужно заниматься тем, в чем немного разбираюсь.

Всегда анализируй ситуацию. Если не можешь решить и выбрать подходящий вариант, разбери каждую опцию по камушкам. Старайся мыслить рационально. Задавай себе вопросы: что я умею лучше всего? В чем моя сила? Что мне больше всего по душе?

При этом не стоит забывать про подсознание. Ярче всего оно проявляется во снах. Следи за тем, какие образы приходят к тебе, когда ты спишь. Сны — это ключ к познанию твоего внутреннего мира.

В одну чудесную ночь мне приснились цветы. Их было так много, они сияли ангельским светом и нежно обвивали мое тело своими лепестками. Проснувшись, я поняла, что это — оно.

Стартап

На тот момент флористический рынок в Украине представлял собой очень ограниченную индустрию. Купить цветы можно было только двумя способами: по завышенным ценам в цветочных бутиках либо сезонные у бабушки в пешеходном переходе. Среднего сегмента не существовало, ниша была пуста.

Чтобы запустить доставку цветов, недостаточно было просто разбираться в их сортах. В Колумбии я бóльшую часть времени проводила за компьютером. Меня возили на плантации, но своими руками с цветами я не работала, и этот недостающий опыт предстояло как-то компенсировать. А еще мне срочно требовался бизнес-партнер.

В Киеве у меня была подружка Вероника, моя одногруппница. Она отличалась креативным умом и хорошим вкусом — тонко чувствовала, что с чем сочетается и под каким соусом подавать продукт. С первого курса университета мы много раз пытались начать с ней какой-нибудь бизнес, но никогда не доводили дело до конца. Но в этот раз я знала, что у нас все получится, — ощущала это где-то глубоко внутри.

Сначала немного упираясь, Вероника в итоге сказала, что она в деле. На тот момент подруга работала в турагентстве. Мы договорились встретиться после ее рабочего дня, наш «бизнес-ужин» прошел в McDonald's.

Опыта работы с цветами у Вероники не было, но она взяла на себя обязанность вести Instagram[4]. **Всегда делегируй ту часть работы, которую объективно лучше может сделать**

4 * Социальная сеть Instagram принадлежит компании Meta, которая признана в России экстремистской организацией.

за тебя кто-то другой. Мне же досталась вся остальная часть, то есть работа руками — сборка и оформление букетов.

Название для нашего магазина придумала я, оно тоже пришло ко мне во сне — FlorPeople. Оно происходит от испанского слова *flor*, то есть «цветок». Буква L на логотипе изображалась прописью и как бы исчезала из контекста. Из этого возникла игра слов: вместо FlorPeople название читалось как ForPeople, что в переводе с английского означает «для людей».

С цветами я никогда не работала, и мои руки не знали этого ремесла. Чтобы научиться собирать букеты, я решила пойти на стажировку в цветочный магазин.

Выбор пал на «УкрФлору». В те времена это был огромный оптовик — почти все цветочные магазины Киева закупали там первичный продукт. Компания сотрудничала с фирмой моей сестры, я знала ее еще с Колумбии и имела с ней хорошие отношения.

«УкрФлора» располагалась в п-образном здании: в правом крыле находился магазин, куда меня посадили стажироваться, а в левом — цветочный склад. Последний представлял собой огромные холодильники, вернее, комнаты, в которых хранились необработанные цветы. Охапки роз, пионов, тюльпанов, хризантем и гортензий покорно ждали отправки к своим будущим хозяевам.

В ходе стажировки мне помогали флористы. Они подсказывали, как лучше украсить букет, как правильно его упаковать и как обращаться с растениями. Я училась сразу на практике, постепенно привыкая и к острым шипам, и к вечно рассыпающимся листьям, и к спутанным ленточкам, и ко всем прочим нюансам. Довольно быстро, через дюжину повторений, я перешла с цветами на «ты». **Первые шаги никому не даются легко. Если начал новое дело, будь готов к трудностям. Пройдет время — и ты обязательно адаптируешься.**

Наша с Вероникой бизнес-схема выглядела следующим образом: она принимала заказы через соцсеть, а я шла на склад за цветами, покупала там подходящие, делала букет и отправляла его на такси. Продавать букеты сторонним клиентам в рамках стажировки, конечно же, воспрещалось, поэтому я собирала их «под столом», втихаря.

В нашем Instagram* мы начали ставить первый в Украине хештег «доставка цветов по Киеву», потом появился другой — «доставка цветов по Украине». Все эти маркетинговые штучки вкупе с хорошим стильным дизайном нашего аккаунта сделали свое дело: клиенты множились, заказов с каждой неделей становилось все больше. FlorPeople из маленького семечка вырос в пышный цветок.

Спустя месяц стажировки я почувствовала, что пора выходить на новый уровень. В доме, где жил мой папа, имелось полуподвальное помещение. Когда-то его обустроил мой старший брат: сделал там ремонт, поставил дверь, кран, маленький холодильник, покрасил стены в солнечно-желтый цвет, принес синие диваны и телевизор.

В старые времена он приходил туда с друзьями, но потом уехал в Лондон, и помещение стало бесхозным. После брата там остался кое-какой хлам: зимняя резина, старые вещи, инструменты. Из-за этого внутри было довольно тесно, практически не развернуться. Но нам с Вероникой хватило бы и двух квадратных метров. По сути, у нас появилась первая штаб-квартира, и мы радовались этому как дети.

Мы нашли новый склад цветов — Exotic Flora. Он находился в центре, поближе, чем предыдущий, и туда мы добирались от папиного дома на маршрутке.

Механика работы оставалась примерно та же: мы получали заказ, ехали вместе на склад, выбирали цветы, исходя из пожеланий клиента, садились на маршрутку и отправлялись обратно в «штаб». Там мы с Вероникой создавали букет — после стажировки я научила ее этому нехитрому мастерству, и мы могли собирать их уже в тандеме. Таким образом две юные девушки, не подозревая об этом, выполняли работу целого мини-холдинга — вдвоем, без чьей-либо помощи.

В нашем рабочем помещении негде было хранить цветы (холодильник брата вмещал только напитки), и поэтому мы закупали их отдельно под каждый заказ. Заранее приготовлены были только ленточки, бумага для упаковки и всякие мелочи для декора.

Наш бизнес мы запустили в период не только политической революции, но и революции стиля. Букеты, которые предлагали на тот момент магазины, выглядели безвкусно: их упаковывали в клеенку с нелепыми узорами, перевязывали пестрыми бантами, что никак не сочеталось.

В то время в моду начал постепенно входить минимализм: рестораны без отделки, лофты, все максимально просто и с еле ощутимой небрежностью. Нам с Вероникой пришло в голову, что вместо неказистой клеенки можно упаковывать цветы в самый обыкновенный крафт. Мы стали одними из первых, кто начал использовать этот незамысловатый стиль. Крафт выглядел просто и эстетично, а наши клиенты, которые были без ума от такого дизайна, вряд ли могли себе представить, что их цветы обернули в бумагу для упаковки колбасы.

Миру нужны новые идеи и новые смыслы. Не бойся предлагать то, чего до тебя еще никто не предлагал. Возможно, ты стоишь на пороге того, чтобы изобрести что-то гениальное. Но если ты не материализуешь свою задумку, она так и останется лишь идеей в твоей голове. Не бойся пробовать. Лучше попробовать и провалиться, чем всю жизнь копить идеи и ни одну из них так и не реализовать.

Наш магазин был проектом, у которого отсутствовали спонсоры и внешние источники финансирования. Он держался лишь на инициативе, мотивированности, кропотливой командной работе и бесконечном креативе.

Вероника была идейным центром, ее хороший вкус и дизайнерское чутье помогали нам создавать уникальный продукт. Я же играла роль главного мецената и рабочей пчелки: логистика и планирование, бухгалтерия и отчетность — все это лежало на мне. Мы стали отличными партнерами, потому что идеально дополняли друг друга. Подпитываясь собственной энергией, мы вдохновлялись и создавали новое, а наш совместный бизнес рос как на дрожжах.

Недалеко от памятника «Родина-мать», в самом центре Киева, на бульваре Дружбы народов мы нашли себе офис. «Офис», конечно, в кавычках, потому что на самом деле это была заправка — Socar. Там мы проводили наши с Вероникой бизнес-встречи, обсуждали все насущные дела.

Эта заправка стала одной из первых точек азербайджанской нефтяной компании — очень солидное и красивое место, оформленное в стиле хай-тек. Казалось, туда приезжал самый сок богатой киевской жизни: машины марок Lamborghini, Porsche, Ferrari, Rolls-Royce и всех остальных. А я, глядя на эту красоту в окно, скромно сидела за нашим маленьким столиком и тихо мечтала, что и сама когда-нибудь приеду сюда заправлять бензин на своей роскошной иномарке.

Но мой звездный час ждал впереди. Это было только начало. Тогда, разбирая цветы исцарапанными от шипов руками в тесном полуподвале, я и представить не могла, как закрутится моя жизнь.

Работать в собственном магазине мне нравилось, но это не так просто, как может показаться на первый взгляд. Заказы падали с неба, как внезапный летний дождь, и иногда ливень начинался в самые неподходящие моменты.

Сидя где-нибудь в ресторане на свидании, я получала звонок от Вероники. Она заявляла о срочном заказе, который требовалось обработать в течение двух часов. И вот я, одетая в длинное платье и на каблуках, галопом выскакивала из заведения, садилась в машину к своему молодому человеку, а в худшем случае на маршрутку, и мчалась за цветами.

Почти всегда и везде я таскала с собой ноутбук — даже на пляж. Парень, с которым я ездила на отдых, твердил мне без остановки:

— Маша, что ты вечно в нем сидишь?

А Маша всегда работала, не жалела себя и своих сил. И так проходили мои дни: все решалось ситуативно, на месте, быстро и очень эффективно.

Я очень обижалась, если мои спутники заказывали для меня букеты не в моем магазине. Поэтому чаще всего цветы для меня покупали из нашего же FlorPeople. Их собирала для меня Вероника, а я, в свою очередь, собирала букеты для нее, когда ей заказывал цветы какой-нибудь поклонник. Поэтому эти букеты всегда были идеальными — мы друг для друга старались.

В один прекрасный день пришел наш первый заказ на свадьбу. Нас попросили сделать букет невесты и бутоньерку — маленькую брошку из цветов, которую крепят к мужскому костюму.

Этот крошечный аксессуар стал для нас головной болью: мы понятия не имели, как ее собирать. Отсмотрев картинки в интернете и промучившись 40 минут, мы наконец закончили. Наша первая с Вероникой бутоньерка показалась нам первым провалом. Мы были уверены, что получилось плохо, но, к нашему удивлению, клиенты остались в полном восторге.

Еще одной чертой нашего бизнеса была требовательность — наша самооценка всегда оставалась немного заниженной. Объективно мы делали очень хороший продукт, но всегда сомневались: а что, если можно лучше?

Первые свадьбы давались нам непросто — это было время, когда мы много изобретали. Принимая заказ с серьезными, как у памятников, лицами, уже между собой мы с Вероникой говорили:

— А как мы вообще будем это делать?

Ставь перед собой большие цели, не ищи легких путей. Если тебе предлагают задачу, которая кажется непосильной, не отказывайся. Попробуй — только преодолев высокие барьеры, можно перейти на новый этап развития.

Приходилось придумывать на ходу — свадебные букеты раз за разом получались все более изысканными, эффектными и безупречными. Нам начали присылать профессиональные фотографии с нашими цветами, устраивали нам съемки по бартеру, приглашали на выставки.

Жизнь в окружении цветов была как в сказке, где мы с Вероникой играли двух Золушек. Нас окружали воздушные пионы, как маленькие куколки, перевязанные белыми лентами. Голубые и белые гортензии, сливающиеся в одну нежную, как сливки, композицию. И конечно же, розы — бесконечное количество роз, чьи шипы искололи мне все пальцы, но которые каждый раз вдохновляли своей свежестью и красотой.

Можно было сдаться

После открытия моего первого бизнеса, в 22 года, случилось грандиозное для меня событие — я купила машину.

Это стало важнейшим моментом моей жизни. Машина стала одновременно пунктом назначения и новой точкой отсчета, в ней сконцентрировались все мои усилия и вся моя работа, она символизировала зрелость и достаток.

Я начала учиться вождению еще до 18, настолько это было для меня важно. Сидя за рулем, я чувствовала, что управляю своей судьбой: этот железный зверь давал мне ощущение полной свободы и независимости. Я самостоятельно выбирала дорогу и двигалась уверенно и целеустремленно, как летящий в небе сокол. Ничто не могло меня остановить.

История с покупкой машины была очень закрученной. Сначала я хотела взять бэушное авто, но парень, с которым я встречалась на тот момент, заявил, что это «не вариант». Он сказал, что добавит мне денег на новый автомобиль, и даже оформил на себя кредит. Только потом я поняла, что сделал он это лишь потому, что хотел как можно крепче привязать меня к себе. Но план провалился, мы все равно в итоге расстались, а новая машина уехала вместе с ним.

Через некоторое время я купила себе точно такую же — это был сияющий новизной Nissan Juke. Заметив впервые эту машину на улицах Киева, я подумала, что ничего ужаснее еще не видела. Мне казалось, что это не автомобиль, а жуткий металлический клоп, медленно ползущий по автостраде. Но времена меняются, а вместе с ними и взгляды. В конце концов я поняла, что эта машина подходит мне по всем параметрам. Как говорится, от любви до ненависти один шаг, и наоборот: в 20 лет у меня появился собственный белый «жук».

Я была безумно горда собой — конечно, я купила не Ferrari и не Porsche, но тем не менее. Пока мои сверстники-студенты списывали друг у друга домашку, я могла свозить маму или бабушку куда-нибудь на своем личном автомобиле. Это ужасно приятное чувство — ощущение собственной зрелости, свободы, возможности помочь родным.

С этого момента события развивались стремительно. Я рассекала по волнам своей жизни со скоростью болида, хотя и каталась пока на скромном Nissan.

Ближе к 2015 году я поехала на пару недель в Санкт-Петербург. И это был не простой визит в культурную российскую столицу — я отправилась за новыми знаниями. Они были живительной влагой, которая питала и меня, и мой бизнес.

Развивайся, повышай квалификацию, совершенствуй свои скилы, расширяй свой профессиональный бэкграунд. Всегда ищи новые знания и идеи, смотри, как работают другие профессионалы. Мир не стоит на месте, не стой без движения и ты.

Наш цветочный магазин разросся до таких размеров, что его требовалось пересадить в новый большой горшок. Необходимо было масштабироваться. Из Питера я привезла с собой еще одну огромную порцию информации — то, что уже существовало в Петербурге, до Киева еще не дошло. Все увиденное я хотела применить на практике. Я поняла, что настал момент, когда имело смысл стать индивидуальным предпринимателем, чтобы вывести магазин на новую ступень: снять помещение, нанять персонал, начать платить налоги.

В этот период как гром среди ясного неба от Вероники приходит новость: она говорит, что уезжает в США.

О своем отъезде Вероника рассказала мне через несколько дней после того, как я подписала контракт на аренду офиса и заказала мебель. Ситуация сложилась следующая: ее молодой человек жил и работал в Америке. После трех или четырех отказов в визе Вероника и ее парень решили расписаться, чтобы она уехала туда уже в статусе супруги. Я знала об этом процессе и понимала, что рано или поздно она меня покинет. Но только не в такой сложный и ответственный момент!

Было трудно представить, как я буду справляться с работой одна, тем более после радикального масштабирования бизнеса. Вероника на тот момент — моя главная опора, и вот я чувствую, как эта опора медленно уходит из-под ног. Я поняла, что мне опять придется петь соло, как гордой птице, которая снова осталась одна.

Выстраивай свою жизнь и свой бизнес так, чтобы ты всегда оставался своей главной опорой. Люди уходят и приходят, обстоятельства меняются каждую секунду. Но ты сам — это то, что ты никогда не потеряешь. Полагайся только на себя и будь готов к тому, что останешься в одиночестве. Но остаться один на один с собой — это совсем не страшно. Потому что каждый из нас — это огромный мир, знания, умения и сила, которую надо научиться применять. Помни об этом.

Следующим шоком стало заявление Вероники о том, что она хочет 50% от бизнеса. Меня это требование окончательно выбило из колеи. Я оставалась единственным спонсором нашего магазина: оплачивала все расходы, отдавала работе все свое свободное и несвободное время. Вероника заявила, что за 50% будет вести из-за границы страничку в соцсети. По этой логике я должна была тащить на себе весь остальной груз: сам магазин, персонал, цветы, документы, встречи и все остальное.

Так дела не делаются. Я всегда выступала за справедливость, поэтому мы договорились, что магазин полностью останется за мной. Мы с Вероникой разошлись мирно. После полутора лет сотрудничества, отработав со мной 8 марта, мой первый бизнес-партнер покинул меня навсегда.

Звездный час в 20 лет

Я арендовала помещение в бизнес-центре, почти в самом сердце Киева. Место оказалось очень удачное: магазин находился в холле, где ему обеспечивалась хорошая проходимость. К тому времени я успела съездить с папой в Израиль, искупаться в Мертвом море. Море — Мертвое, а Маша — живее всех живых, и жизнь ее кипит и разливается во все стороны. Когда я вернулась с отдыха, уже 1 мая, случилось долгожданное событие: я открыла собственный магазин.

Настало время чего-то нового и безумно интересного. Буквально всем телом я чувствовала, как мир вокруг меня меняется, а вместе с ним — и я сама. Одной справляться было сложно, но благодаря азарту, который бурлил во мне вулканической лавой, дела шли последовательно и прогрессивно.

Самым важным моментом стала покупка холодильника, в котором предстояло хранить цветы. Бюджет был ограничен, поскольку с финансированием я справлялась в одиночку. Удивительно, но при всем при этом я не помню ни единого дня, чтобы FlorPeople уходил в ноль — он всегда приносил прибыль.

Чтобы оставаться на плаву, приходилось включать смекалку. Хороший холодильник стоил тогда порядка 3000 долларов. Я же купила свой всего за 300 — выбирала по принципу «главное, чтобы работал».

Тогда из Лондона прилетел мой брат — он помог мне сделать апгрейд холодильника, прокачал его так, что родная мама бы не узнала. Из помятого стального ящика у нас получился красивый винтажный сервант — брат обклеил его деревянными листами, смастерил декор.

Получилась конфетка, но чтобы ее слепить, пришлось потратить много сил и энергии. И так было всегда, день ото дня — но это ни на каплю не убавляло удовольствия, которое я получала от того, чем занималась.

Я чувствовала, что теперь не принадлежу абсолютно никому — бизнес находился полностью в моем распоряжении. Только я решала, какая мебель будет стоять в магазине, как будет выглядеть вывеска, по каким ценам я буду продавать товар и кто будет у меня работать.

Это был мой первый опыт поиска и найма персонала. Я, девушка 20 лет, понятия не имела, как проводить собеседования, что спрашивать у кандидатов и как выстраивать общение с подчиненными. Однако одно я знала точно: мне нужны люди с потенциалом и железной хваткой. Не столь важно, что человек умеет делать сегодня, — гораздо важнее, кем он может стать завтра. Такая стратегия меня ни разу не подвела. Я всегда умела заглядывать внутрь, смотреть сквозь телесную оболочку и хорошо чувствовала, кто мне подходит, а кто нет.

Ко мне пришла девочка Даша. Увидев ее в первый раз, я не поверила, что ей 18 лет. Передо мной стоял ребенок — ее хрупкие тоненькие руки будто не способны были удержать даже самый небольшой букет. Но интуиция меня не подвела. Вопреки первому впечатлению, Даша оказалась очень шустрой: она схватывала знания на лету и отлично справлялась со всеми обязанностями.

Со временем я стала замечать, что Даша читает книги, которые читала я, разговаривает с клиентами в моей манере, увереннее позиционирует себя перед людьми. Я понимала, что взрастила ее как наставница. Из пришедшей ко мне когда-то маленькой девочки она выросла в профессионала, сформировавшуюся личность. Эта история закончилась тем, что Даша стала управляющей, и когда я уехала, она руководила магазином.

Пока я оставалась на родине, FlorPeople разрастался, как папоротник в диких джунглях. Я больше не занималась цветами — могла помочь со сборкой букетов лишь в крайних случаях. Все свои обязанности я, как директор, полностью делегировала, но вместе с этим держала все хоть и не в ежовых рукавицах, но достаточно строго.

Опасения, постигшие меня перед отъездом Вероники, не оправдались — бизнес не был мне в тягость, я управляла всем интуитивно, по инерции. Мне всегда помогал внутренний голос: он тихо напевал, куда лучше повернуть.

Людей я чувствовала мгновенно, секунды хватало на то, чтобы понять, что передо мной не мой сотрудник и нужно сказать «нет». Своих людей я тоже узнавала сразу: они были мне очень понятны, истории их жизней становились для меня листом бумаги, на котором все отчетливо написано, черным по белому.

Я прекрасно знала, кому поручить сборку букетов, кого сделать старшим менеджером, кому доверить бухгалтерию. Я видела в людях их слабые и сильные стороны, чувствовала их перспективы, могла направить их туда, куда лежит их истинный путь. Многие мои сотрудники пришли с полупустыми чашами, а ушли с сосудами, наполненными до самых краев.

Однажды в кафе две мои приятельницы рассказывали мне о мероприятиях в Киеве. Девочки наперебой говорили о выставках, галереях, спектаклях и прочих интересных местах, о которых я, коренная киевлянка, ни разу не слышала. При этом огонь в их глазах отдавал тлеющей синевой: подруги выглядели потерянными, и обе понятия не имели, чему посвятить свою жизнь. У них не было цели, они не понимали, куда направить свою энергию.

Тогда я сказала, что девочкам нужно сделать группу в соцсетях, посвященную жизни в Киеве. Идею они подхватили очень быстро — в тот же вечер родился паблик TheGorod. Он существует и сейчас: на сегодняшний день в Instagram* у него почти 100 000 подписчиков. Стоило только направить энергию в правильное русло, как она превратилась в бесконечный поток.

В то время мне особенно помогали сны: закрывая глаза и погружаясь в грезы, я находила ответы почти на все свои вопросы. Мое физическое тело тоже ликовало: у меня снова появилось свободное время, и я тратила его на спорт. На тот момент, в 21–22 года, я была в своей лучшей форме. Мужчины от меня не отставали — это были люди самых разных занятий и интересов. Среди них крутились и очень богатые джентльмены, но их деньги меня ни капли не привлекали. Зачем, если я развивала собственный бизнес и могла позволить себе все, что хочу?

Моя жизнь сияла яркими огнями: я завтракала в одном ресторане, обедала в другом и ужинала в третьем. Сняла себе квартиру, о которой мечтала: 120 квадратных метров, огромные окна, мрамор — сказка, которая вышла за рамки книжных страниц. Со всех сторон на меня сыпались предложения о сотрудничестве: официальные мероприятия, выставки, отели и концертные залы. Я купила себе новую машину и взяла первый кредит — на компьютер Apple, который поставила в офисе. За букетами к нам приезжали клиенты на Maserati, водители министров и депутатов. Встречи с партнерами шли одна за другой. И я знала, что могу отказать кому угодно, потому что меня ничего не ограничивало, — я сама решала, как будет развиваться мой бизнес, и управляла жизнью только своей волей и своим умом.

Свобода меня окрыляла — это было именно то, что я искала все прожитые мною два десятка лет. Я могла отправиться на свидание в Лондон, а через пару дней лежать под яблоней на семейной даче. Время и расстояние стерлись — я стала сгустком энергии, который перемещался в пространстве с легкостью ветра.

При этом на связи с магазином я оставалась 24/7 — мои обязанности никуда не делись. Но они меня не тяготили. Я получала удовольствие от процесса — начиная от наших с Вероникой поездок на маршрутке, заканчивая ужинами в самых дорогих ресторанах Киева.

Чтобы стереть границы буквально, я решила сделать визу в США. Я не планировала никуда уезжать, просто хотела иметь возможность сорваться на другой конец земли в любую секунду. И когда тысячам моих соотечественников отказывали, я получила заветный документ с пометкой «Your visa is approved» с первого раза. Передо мной были открыты абсолютно все двери.

Глава 5. Выход в новую реальность

Если ты хочешь иметь то, чего никогда не имел, делай то, чего никогда не делал.

Незадолго до моего отъезда из Украины у меня появился новый проект — фабрика. Мой флористический бутик находился в столичном бизнес-центре, который был частью большой трикотажной фабрики. Ее владелец реконструировал бóльшую часть места под БЦ.

Но фабрика все еще работала. Очень было колоритное место: все оборудование на предприятии было старым, но рабочим и надежным, что вызывало неподдельный восторг. В магазине при фабрике продавали хороший текстиль. Таких цен, как там, в Киеве давно не существовало: футболка стоила не больше 30 гривен. Что удивительно, кассирша при этом выбивала чек на советском кассовом аппарате.

Хозяева фабрики были сконцентрированы на бизнес-центре, который приносил им больше прибыли. Из-за этого фабрика стояла почти заброшенной. Однако предприятие явно обладало потенциалом, стоило лишь чуть-чуть помочь его раскрыть.

Как-то раз ко мне в цветочный магазин зашел один из директоров фабрики. Мы разговорились, я рассказала о своих впечатлениях. В итоге меня любезно пригласили на экскурсию.

В ходе официального визита мое понимание того, что у этого места может быть большое будущее, укрепилось. Фабрика выглядела потрясающе. Гуляя по ее просторным коридорам, я окунулась в атмосферу Советского Союза. Это была машина времени, которая перенесла меня на несколько десятков лет назад. Все сохранилось там до мелочей: и советская аппаратура, и интерьер, и даже старый лифт, который за нами закрывала улыбчивая бабушка-вахтерша.

Вся эта фабричная техника стоила огромных денег. Ткани там отшивали с нитки, то есть создавали продукт с нуля. В этот процесс вкладывался большой труд и немалые средства.

Познакомившись с предприятием поближе, я не могла выбросить его из головы. Оно окутало меня своей магической стариной и харизмой. Моя способность видеть скрытый потенциал не давала мне покоя — я захотела помочь. **Помогай бескорыстно и получай от этого удовольствие. Жизнь — это бумеранг. Сегодня кому-то помог ты, завтра помогут тебе.**

Пообщавшись с директорами, я предложила свою консультацию. Им стало интересно, они были открыты к сотрудничеству. Хотели, чтобы на их бизнес посмотрели свежим, прогрессивным взглядом молодого предпринимателя, который не успел замылиться от чрезмерного количества информации.

На консультацию я пришла со своим SMM-специалистом. Наши рекомендации оказались очень востребованными, сотрудники предприятия слушали нас внимательно и с любопытством. Мне же ничего не стоило быстро просканировать все детали и проложить в уме путь, по которому сможет двигаться фабрика. Все ее возможности я увидела с первого взгляда, в голове сразу нарисовалась четкая картинка — нужно было просто подсказать хозяевам, как ее материализовать.

Все было настолько запущено, что в модели для сайта брали чуть ли не тех самых бабушек, которые работали с лифтом и за кассами. Во время нашего брейншторма руководители, имевшие опыт размещения баннеров в метро, предложили печатать купоны в газетах.

— Давайте, может, еще почтовых голубей отправлять? — иронично сказала я и предложила другие, более современные и технологичные варианты.

В общем, менять все требовалось на клеточном уровне, начиная с мышления самих сотрудников и руководителей. Если с директорами было попроще — они оказались продвинутыми и легко переключались на новую волну, — то остальной персонал было необходимо глубоко трансформировать. Но мы отлично справились — благодаря находчивости и разыгравшемуся энтузиазму.

Прошло много лет, зато какой получился результат! Хозяин купил новое большое здание за чертой города и перенес фабрику туда. Предприятие активно занялось маркетингом, они взялись за новые коллекции, дистрибуция расширилась на международные рынки. Казалось, фабрика увядала, но стоило вычистить сорняки и добавить немного свежести, новизны, как она преобразилась до неузнаваемости. Сейчас эта фабрика заняла свою нишу на рынке Украины.

Я не получила от этого проекта никакой прибыли и делала все на азарте и энтузиазме. Я хотела испытать свои способности на практике, реализовать собственные навыки по раскрытию чужого потенциала. Мне не терпелось посмотреть на до и после, я почувствовала искреннюю радость, когда движение пошло там, где его не было столько лет. Приятное послевкусие от того, что у хозяев бизнеса все получилось, разлилось по телу, как тепло том-яма после прогулки в холодном парке, и ощущалось еще очень долго.

Ну и, конечно, я была искренне счастлива, что сумела кому-то помочь. **Помощь — это ценнейший ресурс: все в нем нуждаются, но далеко не все умеют этот ресурс производить.**

Однажды со мной во «ВКонтакте» познакомился молодой человек — украинец, который жил в Лондоне и владел там казино. Он собирался прилететь в Киев и пригласил меня на тусовку с его одногруппниками. Еще до нашей личной встречи я чувствовала его бизнес-скилы, он был по-своему очень талантлив. Приняв приглашение, я пришла в ресторан, отлично провела время в шумной компании, но, как всегда, раньше всех покинула мероприятие, потому что не пью и рано ложусь спать.

С утра меня ждало 20 пропущенных звонков — выяснилось, что ребят забрали в полицию. Одногруппник моего приятеля вступился за свою жену — какой-то парень кинул в ее адрес пару неприятных фразочек. В итоге завязалась драка, которая закончилась поножовщиной. Мой новый друг проходил по делу свидетелем.

Я сразу начала искать варианты, как вытащить его из тюрьмы, и мне это удалось. Как только его освободили, я немедленно отвезла приятеля в аэропорт и купила ему билеты на ближайший рейс — подальше от Киева. По пути на его номер поступило множество СМС с угрозами со стороны местных властей. На тот момент у моего друга уже был британский паспорт. К счастью, операция по спасению прошла успешно.

— Маша, почему ты мне помогаешь? Мы знакомы один день, и ты достаешь меня из тюрьмы? — спрашивал он у меня, пока мы мчали на бешеной скорости до аэропорта. Конкретного ответа у меня не нашлось. Просто так было нужно. Сердце подсказывало, что надо помочь, если человек невиновен.

После того случая мы встречались с ним в Париже, но исключительно как друзья. Просто гуляли, ужинали и вспоминали ту сумасшедшую историю. Он снова благодарил меня, а я скромно улыбалась в ответ. Но при этом мне было очень радостно: кто знает, может, я спасла ему жизнь?

Парень, который добился своего

Период, когда я занималась фабрикой, был временем моего расцвета и внутреннего подъема. Я чувствовала, что меня переполняют силы и энергия. Во всем я видела вдохновение, окружающий мир казался островом, полным полезными ископаемыми — бери и используй. Мне нравилась эта активная и насыщенная жизнь, хотелось хорошо выглядеть, ухаживать за своей внешностью, ловить на себе восхищенные взгляды. Я чувствовала большие перспективы.

Пока все шло своим чередом, мне снова начал писать Майкл. Он оказался человеком, который и мертвого из могилы достанет, — не отступал ни на шаг. Он мог пропасть на долгое время, но когда снова появлялся, то не давал мне проходу, хотя и находился за тысячи километров от Киева.

На тот момент мы были знакомы уже довольно долго, примерно два года, и всегда поддерживали связь. Постепенно будущий супруг начал подначивать меня приехать к нему в Канаду, где жил последние несколько лет. Виза в США у меня уже имелась, получить канадскую не составило бы труда. Но моя жизнь в Украине была как океан — в вечном движении, волнении и бурном развитии. Я плыла на своей скоростной моторной лодке, не боясь никого и ничего, двигаясь по собственному вектору, уверенно и решительно.

Моему цветочному бизнесу светило очередное масштабирование, я готовилась к переменам. И перемены в жизни действительно случились, однако совсем не те, что я ожидала. Впереди меня ждал серьезный выбор: предстояло принять одно из самых сложных решений в жизни.

Мы с командой готовились вывести цветочный магазин на совершенно новый технологический уровень. Я искала помещение — с большими окнами, высокими потолками, хотела разделить его на зоны под магазин, холодильник, офис, склад и переговорную. У меня был грандиозный замысел — внушительный бизнес-план на 70 страниц. Для его реализации я наняла самых лучших украинских дизайнеров и архитекторов. Они разработали передовой вариант интерьера, что-то между стилями лофт и хай-тек: стойки с подсветкой, подвесные люстры, элегантные элементы декора, материалы — бетон, дерево, железо и изящно вплетенные в них элементы озеленения. Макет, который у нас получился, не имел аналогов и обгонял современные варианты на несколько лет вперед. Идея была максимально инновационной, подобные интерьеры войдут в моду в Украине лишь спустя годы. Группа признанных специалистов трудилась, чтобы реализовать мой проект, и я до сих пор дружу с этими классными ребятами.

Основная идея заключалась в том, что все взаимодействие должно было перейти в электронный формат: человек приходит в магазин, вбивает на экране номер заказа, и ему выносят букет. Всё максимально просто и технологично. В те времена такого нигде не было, осуществление задуманного требовало огромных инвестиций.

У меня имелась пара вариантов, где достать нужную сумму, но отвечать за деньги мне пришлось бы головой. Одно дело, когда ты должен банку, совсем другое — частным лицам. А к чужим деньгам я всегда относилась максимально ответственно, ни разу никого не подводила и не заставляла ждать.

На проектный план, который мы делали совместно с дизайнерами и архитекторами, ушло порядка 10 000 долларов моих личных инвестиций. И это был только первый этап. Деньги тратились стремительно — утекали, как дождевые ручьи.

На тот момент я уже пятый год состояла в деструктивно-абьюзивных отношениях. Несмотря на то что мы с молодым человеком встречались, быт мы вели по отдельности и жили порознь: он своей жизнью, а я своей. Формально отношения продолжались, но были постоянные эмоциональные качели, и часто я ощущала себя одинокой. Я никогда заранее не знала, что меня ждет завтра: он напишет, позвонит или пропадет на несколько дней без объяснений.

Рождественской ночью 7 января я почувствовала, что дошла до критической точки, ощущала, что единственный мой выход — в окно. Именно так я воспринимала тогда свое одиночество: на фоне всеобщего праздника, дружеских и семейных застолий я, забившись в угол и закрывшись в себе десятью замками, молча прокручивала в голове негативные мысли. Когда я, достигнув апогея эмоционального распада, навзрыд плакала на кровати, после долгого перерыва позвонил Майкл.

Мой будущий муж продолжал упрашивать меня приехать к нему на другой край планеты. Он не прекращал заваливать меня сообщениями, звонками и подарками, мог прислать цветы, конфеты или лекарства, когда мне нездоровилось. Множество знаков внимания я получала от Майкла через его водителя, который по любому капризу был у меня на пороге.

Сопротивляться напору Майкла было почти невозможно. Он стал вездесущ — как самец райской птицы, выплясывающий перед партнершей, лишь бы она обратила на него внимание. Он проявился для меня как настоящий мужчина, когда заявил, что полностью возьмет на себя всю организацию и затраты на наше канадское путешествие.

«Ну что, ты приедешь ко мне в Канаду?» — с этим вопросом Майкл от меня не отставал. Немного поразмыслив, я наконец согласилась. Но с условием, что он организует мне хорошую программу: я сразу обозначила, что еду не для того, чтобы его развлекать. Такие поездки меня ни к чему не обязывали — если бы мне не понравилось, я бы сказала «нет» и уехала навсегда. Для женщины очень важно сразу обозначить свои стандарты, выставить соответствующую планку. От первых встреч зависит то, как мужчина будет относиться к ней всю оставшуюся жизнь.

Можешь брать от жизни все: здесь все доступно и безлимитно. Но помни — касса будет ждать впереди.

В апреле 2016 года я прилетела в Канаду в качестве туриста. Местом прибытия и отправной точкой стал Торонто — самый крупный город страны. Этот мегаполис с его многочисленными стеклянными высотками находится на берегу озера Онтарио. Большой, холодный, хмурый — таким я его запомнила. Из зелени в апреле в Торонто только вывеска Starbucks, все остальное — серые бетонные коробки, угрюмые и безжизненные.

Сколько бы я ни путешествовала, все равно никогда не переставала удивляться новому. В каждом городе есть дома и дороги — их делают из одних и тех же материалов, но выглядят они везде по-разному. Торонто и остальные канадские города стали для меня не просто другим краем Земли, а как будто другой планетой, другой галактикой.

Канада — развитая страна с хорошим уровнем жизни, но рассмотреть этот уровень мне было довольно сложно. Большинство развлекательных и торговых центров закрываются в шесть часов вечера, сходить куда-нибудь на ужин было довольно проблематично. Даже в самых дорогих ресторанах стояла старая и очень простенькая мебель. Уборные походили на те, что я видела в обычных европейских забегаловках. Никакого намека на роскошь — обычный белый умывальник и висящее над ним скромненькое зеркало. И при этом все жутко неопрятное и неаккуратное — на стенах сколы и потертости, как во время ремонта. Как будто создатели интерьера (а вернее, его отсутствия) посмотрели на это все и, махнув рукой, сказали: «И так сойдет. Функцию свою выполняет — это главное». В общем, минимум декора, минимум деталей — все исключительно по делу.

Если хочешь нормально поесть в Канаде, придется хорошенько поискать в гугле, чтобы найти подходящее место. Почти все кафе предлагают только бургеры, пиццу, суши и прочий фастфуд. Но надо отдать должное порциям — они тут огромные, одного блюда хватит на троих. Если удалось найти кафе с хорошим меню, очень удивляет сервировка. На одной огромной тарелке улыбчивые официанты приносят омлет, сосиски, картошку фри, фрукты и сладкие блинчики с джемом — все разом. Так что для меня Канада — это совершенно другая вселенная, другие обычаи, которые поначалу очень неохотно вписывались в мою картину мира.

Я долго не могла понять местную культуру и менталитет.

— Сейчас я познакомлю тебя с очень важными людьми, — говорил мне Майкл.

Важными людьми оказывались скромно одетые ребята, совсем не похожие на важных людей из Европы. У них совсем другие стандарты красоты, жизни, другое мышление. То, что нравится нам, им кажется неприглядным, и наоборот. Приехав в Канаду в первый раз, я чувствовала себя Алисой в Зазеркалье — привычные мне вещи приобрели новое отражение.

В маленьком городке Ниагара-Фолс на границе с США (переходишь через мост — и ты уже в другой стране) Майкл снял мне номер в красивом отеле с видом на Ниагарский водопад. Мы проводили время в компании его друзей и очень хотели посмотреть на это чудо природы ночью.

Ниагара — это зрелище, от которого захватывает дух, а кожа покрывается мурашками и мельчайшими водяными брызгами. Однажды, спустя много лет, я бы повторила этот опыт. Когда подплываешь к водопаду на лодке и смотришь на него снизу вверх — ничего не видно, как будто стоишь в душе. Такое вот необычное удовольствие.

После Торонто мы отправились в столицу — Оттаву. Если Киев — это столица, которую ни с чем не спутаешь, то главный город Канады отличался от привычного мне образа европейского мегаполиса. В Оттаве все гораздо скромнее и спокойнее. Что в Канаде, что в США в столицах сосредоточены главные политические ведомства. А так и Вашингтон, и Оттава — крошечные и имеют сравнительно небольшое население.

Следующая точка на карте — Квебек. Там мое сердце немного оттаяло — город показался мне более изящным и интересным. Особенно удивил замок Шато-Фронтенак, возвышающийся на горе, — его громоздкость и суровый взгляд, которым он наблюдает за туристами из своих маленьких окошек, завораживают. Очень напомнил мне средневековые европейские замки — своей таинственностью и величием.

Последним пунктом назначения стал Монреаль — совсем не такой нежный и воздушный, как его название. Скорее, холодный, грубый, как и вся Канада. Зимой город превращается в необитаемый — дороги пустеют, люди и машины пропадают. Такое чувство, что существуешь только ты и вьюга за окном, кружащая в холодном вальсе с жутким завывающим ветром.

Но как только приходит лето, становится ясно, что Монреаль — Европа на американском континенте. Посмотреть на местную архитектуру и послушать французский язык приезжают огромные толпы туристов. В порту Монреаля швартуются сияющие белизной круизные лайнеры — город расцветает и оживает.

Тем не менее он больше похож на мегаполис 80-х — своим спокойствием, тишиной и размеренностью. И этими словами можно описать всю эту североамериканскую страну. Кажется, что время в Канаде остановилось, а с наступлением холодов местные жители прячутся от любопытных глаз.

Несмотря на легкое разочарование Канадой, мне было хорошо — Майкл действительно постарался. Он всеми силами пытался меня заинтересовать — из кожи вон лез, лишь бы мне все понравилось и я не скучала.

Чтобы поездка прошла весело, он пригласил своих друзей, и мы отлично отдохнули. Один из них, высокий брюнет по имени Джонатан, однажды увидел, как я разговариваю по видеосвязи со своей лучшей подругой Настей. Все в ней было для него в диковинку: внешность, речь, мимика, звонкий смех. Прежде Джонатан никогда не видел украинских девушек, ему стало любопытно. Он сразу захотел с ней познакомиться.

Наша с Настей дружба — это особая история. Мы прошли огонь, воду и медные трубы, сидели в школе за одной партой, а потом болтали по телефону всю дорогу домой. С тех пор прошло много лет, и ничего при этом не изменилось. Мы все так же часами разговариваем по телефону, все так же доверяем друг другу и по-прежнему очень близки. Благодаря ей я поняла, что существует настоящая дружба, которую нельзя разделить ни годами, ни километрами. Партнеров в жизни может быть много, а вот друзья остаются навсегда и даже зачастую путешествуют с нами из жизни в жизнь. Не знаю, как бы прошлая я выдержала свое одиночество в роскошном французском замке, если бы и там рядом со мной не было верной подруги, которая сопровождает меня из воплощения в воплощение.

Увидев Настю на экране телефона, Джонатан незамедлительно перешел к действиям. С английским у нее было, мягко говоря, не очень, поэтому общались они через гугл-переводчик. Все началось с переписки — от того, как это происходило, мы с Майклом катались по полу от смеха. Из-за корявого перевода фраза «у меня от тебя бабочки в животе» превращалась в «у меня от тебя крутит живот» или «у меня диарея». Воспоминания об этом до сих пор вызывают ностальгическую улыбку и заразительный смех.

Несмотря на преграду в виде языка, их отношения развивались очень трогательно и романтично. Джонатан присылал Насте цветы и подарки и терпеливо ждал ее в Канаде. Впервые она приехала к нему спустя пару месяцев после онлайн-знакомства. Про таких, как они, говорят «красивая пара» — смотреть на них было одно удовольствие.

Что касается Майкла, оставаться со мной наедине он пока опасался, но у него были свои методы покорения моего сердца. Настолько внимательных парней, как Майкл, я раньше не встречала. Его внимание и участие обволакивали меня со всех сторон, как теплое пуховое одеяло. С ним мне было максимально комфортно. Я стала для него центром вселенной, главной целью, которую он изо всех сил старался достигнуть.

Майкл постоянно делал мне сюрпризы: например, просил своих друзей заехать за цветами, чтобы подарить их в самый неожиданный момент. Впервые это случилось, когда мы ходили на смотровую площадку. Друг Майкла привез для меня безумно красивый букет, который сделал мой и без того яркий день еще красочнее и счастливее.

Мой спутник следил за каждым моим взглядом и вздохом. Улавливал мою улыбку и накапливал информацию, чтобы знать, что мне нравится, а что — нет. Он пытался изучить мой внутренний мир, хотел понимать меня и мои интересы, ему было важно вести со мной диалог.

Очень сильно меня тронуло то, что он для меня готовил — в первый раз в своей жизни. И это был человек, в семье которого всегда работали личные повара. Особенно мне запомнилось одно из его первых блюд для меня — это была паста с лобстером. Несмотря на то что Майкл не умел обращаться с кухонными приборами и еле держал в руках сковородку, получилось вкусно и красиво. Я была приятно удивлена.

Наш отдых в Канаде проходил в очень активном режиме. Майкл подготовил интересную программу, не давал мне скучать ни секунды. Наш график был очень плотным, мы постоянно куда-то ходили: то на каток, то на хоккей, то на верховую езду, и везде нам было очень весело и хорошо друг с другом.

Особенно запомнился цирк «Дю Солей» — он как раз базируется в Монреале. Это завораживающее представление с яркими голограммами, артистами в сказочных костюмах, световым шоу, в котором табун лошадей несется на зрителей прямо с потолка. Я была заворожена — благодаря Майклу мое пребывание в Канаде превратилось в красочный сон, счастливую сказку. Я кормила бизонов и оленей в сафари-парке прямо из окна автомобиля, видела потрясающие замки, великие памятники культуры, наслаждалась волшебной северной природой.

Умей кайфовать от момента, особенно в отношениях. Если в удовольствие можно окунуться с головой, почему бы не сделать это? Не скрывай своих чувств и эмоций, всегда проживай их по максимуму.

Казалось, что ради меня Майкл был готов на все. Он стал завоевателем, которому я начала постепенно поддаваться. Самое важное для мужчины — быть охотником до конца. Майкл носился за мной, как хищник, но, поймав меня, оставался нежным и аккуратным. В какой-то момент я наконец сдалась. Он победил — я в него влюбилась.

Ужин с «Тиффани»

Настало время возвращаться в Украину. Нас с Майклом снова разделили тысячи километров. При этом наша душевная связь только крепла. Он звонил мне по 20 раз в сутки — я засыпала, слушая его бархатный голос из динамика телефона. Ему было важно знать, как я провела день, о чем думала, в каком была настроении, сколько раз смеялась и кто приходил ко мне во сне.

Мой будущий муж в совершенстве овладел всеми пятью языками любви[5]: прикосновениями, временем, словами,

5 «Пять языков любви: как выразить любовь вашему спутнику» — книга Гэри Чепмена, в которой он рассказывает об основных способах проявления чувств между партнерами. Языки любви по Чепмену следующие: слова поощрения (похвала, поддержка, просьбы); подарки (зримые символы любви); время (беседовать, вместе заниматься чем-то, внимательно слушать); помощь; прикосновения.

подарками и заботой. Первое нам было недоступно, но с четырьмя остальными он справлялся на высшем уровне. Даже на расстоянии я чувствовала, что он рядом. От Майкла я получила самый красивый букет цветов в своей жизни — он прислал мне 101 пион. Эти милые бутоны источали нежность и любовь, прикасаясь ко мне своими шелковыми лепестками. Я была в полном восторге и запомнила этот подарок навсегда.

Разбирая матрицы судьбы, сейчас я понимаю, что наши отношения с Майклом могли развиваться только за границей. По всем показателям совместимость меня и Майкла возможна лишь вне страны, в которой мы родились. Но тогда я этого не знала, и меня не волновали условности — я была переполнена чувствами и опьянена влюбленностью.

Через пару месяцев, в конце июня, я снова прилетела в Канаду. Квартира, в которой мы с Майклом жили в Монреале, находилась в очень красивом месте — между старым портом и даунтауном. Гуляя, мы часто проходили мимо фонтана «Поединок» — уникального произведения искусства, в котором сошлись все стихии. Из фонтана била не только вода, но и огонь — необыкновенное зрелище. И мы с Майклом — всегда вместе и всегда в центре этих стихий.

Подарками и цветами я была обеспечена на три жизни вперед. Майкл очень старался найти подходящие мне букеты, но в Канаде их делают отвратительно. В конце концов он вручил мне секатор, чтобы я сама оформляла композиции из той огромной охапки цветов, которые он мне приносил. Ему хотелось, чтобы мне по-настоящему нравилось, чтобы все было идеально. Мы вместе ходили в зал — он тщательно следил за фигурой, старался всегда выглядеть безупречно. Выбирал лучшие рестораны, водил меня на самые интересные мероприятия. Внимательность Майкла и умение подмечать детали очень меня впечатляли.

Он — человек с математическим складом ума, видит мир сквозь цифры. Услышав однажды чью-нибудь дату рождения, мой будущий муж запоминал ее на всю жизнь. В голове у Майкла как будто работал суперкомпьютер, который сканировал данные и складывал их в памяти по папочкам. Он очень внимательно наблюдал за тем, какие блюда я заказываю, какие цвета чаще ношу, сколько времени мне нужно, чтобы уснуть, и сколько — чтобы проснуться.

Отчасти благодаря особому складу ума, отчасти из-за любви Майкл накапливал все эти данные и запоминал их. Он точно знал, какого цвета розы мне подарить и каким десертом порадовать. Заезжая на заправку, он всегда покупал мне шоколадку (мелочь, а приятно), знал наизусть мои любимые фильмы и книги. Мне не нужно было ему намекать, он обо всем догадывался заранее. Стоило мне только подумать о свидании на лодке, как мы тут же сплавлялись по Флёв Сен-Лоран. Не успевала я помечтать о завтраке в постель, как он уже был готов. Майкл прилагал все усилия, вкладывал душу во все свои действия, что я замечала и очень высоко ценила. Я тоже не оставалась в стороне — отвечала ему взаимностью.

Витать в облаках иногда полезно, но важно не заигрываться и не растворяться в этом. Не позволяй затуманивать свой разум, не размягчайся. Чувствуй почву под ногами, обращай внимание на сигналы и подсказки. Вселенная всегда поможет найти правильный путь. Главное — научиться ее понимать.

Я чувствовала, что с его стороны назревает предложение. Это ощущение витало в воздухе, как нежный сладкий аромат, предвкушение чего-то красивого и грандиозного.

В Киеве у меня оставался бизнес, который я растила более двух лет. Все бросить и уехать казалось чем-то немыслимым, на это требовалась веская причина. Майкл это хорошо понимал.

Однажды, когда я лежала у бассейна на крыше комплекса, где Майкл снял нам апартаменты, мне позвонила Настя. Обычное дело — мы созванивались каждый день. В ходе разговора она вдруг спросила:

— А ты вообще думала про обручальное кольцо? Какое ты бы хотела?

Я сразу поняла, что это Майкл ее подговорил. Он, как всегда, хотел, чтобы все было превосходно, чтобы мне точно все понравилось.

Это был особый и очень насыщенный день буквально накануне моего отъезда из Канады. Посещение цирка «Дю Солей», поездка на корабле с живой музыкой и роскошный ужин, который, правда, обернулся для меня больным животом.

Майкл расплатился, и мы вернулись в номер отеля.

— Ты пока полежи, а ко мне друг заедет, кое-что привезет, — сказал мне Майкл, пока я маялась животом.

Через полчаса я вышла на кухню и увидела удивительную картину, над которой, казалось, поработали несколько человек. На столе стояли свечи, по блюдечкам были разложены фрукты, ягоды и мои любимые пирожные. Оказалось, Майкл заказал по одному из разных заведений, которые мне когда-то понравились, — он запомнил каждый круассан, каждый эклер, который когда-то вызвал на моем лице сладкую улыбку.

Пока я соображала, в честь чего весь этот пир, он на секунду исчез. Когда я обернулась, Майкл уже стоял на одном колене. В руках у него сверкало тонкое и изящное колечко от «Тиффани». Даже дату он выбрал красивую — 07.07.16. Для него это был действительно особенный момент.

Я страшно растерялась — в эту секунду у меня буквально пропал дар речи, мысли спутались, я почувствовала, что в моей жизни чуть приоткрылась какая-то новая и очень важная дверь. Несмотря на восторг от сделанного предложения, я понимала, что стою перед серьезным выбором — случилась та самая развилка. Мне предстояло решить, готова ли я оставить бизнес в Украине и переехать на неопределенное время в Канаду, к будущему мужу. У меня была сформирована сильная команда, и я могла руководить ею удаленно. И все же это совсем не тот уровень участия. Я понимала, что разрываюсь между работой и перспективой создать семью и должна выбрать: остаться на своей стороне или перепрыгнуть на другую.

Примерно через неделю Джонатан сделал предложение Насте. Это случилось на дне рождения Майкла. Мы праздновали на берегу озера, и наша сладкая парочка ушла на пирс. Настя ничего не подозревала, и когда Джонатан опустился на колено, она чуть не упала в воду. Он подарил ей кольцо, очень похожее на мое, — тоже от «Тиффани». Мы ходили как две близняшки — довольные, счастливые, наполненные новыми впечатлениями и радостными ожиданиями. История складывалась невероятно красивая — две лучшие подруги выходят замуж за двух друзей, и все это происходит в Канаде.

Кто-то из близких однажды сказал мне:

— Бизнес ты можешь построить всегда. А семья — это вопрос очень деликатный. Предложение руки и сердца делают не каждый день.

Я не ответила Майклу «да» и не ответила «нет». Я просто сказала, что выйду за него. Потому что я любила этого мужчину и хотела быть рядом с ним. Я заявила Майклу:

— Я выйду за тебя. Но с одним условием. Ты должен обещать, что обеспечишь мне и нашим детям все необходимое и безопасность.

И он пообещал.

Мое солнце зашло за тучи

В этот же день Майклу позвонил папа, с которым они очень давно не говорили, так как тот был в заключении.

С этой минуты все перевернулось: мой будущий муж ушел глубоко в себя и свои семейные проблемы. Перед его глазами встала пелена, через которую он уже ничего не видел. Физически Майкл оставался со мной, но мысленно улетел куда-то очень далеко. После предложения последовала мертвая тишина, вопрос свадьбы был отодвинут на второй, третий или даже десятый план.

Майкл никому не рассказывал о предстоящем браке. Наше общение с его семьей было для меня очень сложным: он становился буквально другим человеком — менялось лицо, голос и даже жестикуляция.

Будущий муж постоянно предупреждал, что есть вещи, которые «не нужно говорить». В такой атмосфере я чувствовала себя скованной. Словно толстые веревки связывали по рукам и ногам, не давая лишний раз пошевелиться или сказать лишнее слово. После семейных встреч он мог заявить:

— Зачем ты это сказала? Этого не нужно было говорить.

Мы с Майклом начали думать, как и на что можем увеличить наш доход. Ему пришла в голову идея: у него была недвижимость в Украине, и ему нужна была моя помощь, чтобы ее сдать. Майкл решил, что всеми организационными вопросами займусь я, — сам он не мог тогда вернуться на родину по не зависящим от него причинам.

Я полетела в Киев — обустраивать наше с Майклом будущее. Вместо того чтобы заниматься своим бизнесом, я моталась из одной квартиры в другую, заказывала грузовики, которые вывозили старую мебель, нанимала мастеров, которые чинили трубы, и искала арендаторов.

Я временно оставила свой бизнес без внимания, потому что выбрала семью. Ради нашего с Майклом будущего я пожертвовала настоящим.

Лишь позже я осознала, как опасно заниматься одним делом в ущерб другому — это неправильно. Все должно сосуществовать в гармонии, никогда не нужно отказываться от своего потенциала. Вселенная дает нам достаточно пространства для всего — и для работы, и для личной жизни. Никогда не отказывайся от своих амбиций в пользу иллюзорных целей. Ищи эту гармонию и всегда выбирай себя.

В Киеве я встретилась с одним из членов семьи Майкла, чтобы передать документы на недвижимость. При встрече этот человек посмотрел на меня пустым взглядом и спросил:

— Я, конечно, прошу прощения, Маша, но вы тут вообще кто?

Сделанное мне предложение Майкл держал в секрете от всех родственников. Наверное, это был первый звоночек о том, что что-то идет не так.

На протяжении всего пребывания в Киеве меня сопровождал личный водитель Майкла. Он возил меня на встречи, на которых я часто пересекалась с друзьями будущего супруга. Помню, как один из них предупреждал меня:

— Маша, пожалуйста, не связывайся с этими людьми, уходи. Ты хороший человек. Тебе это все принесет столько несчастья.

Эти слова я пропускала мимо ушей. Я любила своего мужчину и решила, что буду делать все ради нашего общего будущего.

В результате наших стараний всю прибыль за сдачу недвижимости семья забрала себе. С точки зрения личной выгоды усилия были потрачены впустую. Даже банальное спасибо нам никто не сказал.

Тем временем мой магазин стал известен на всю страну. Нас приглашали спонсорами на светские мероприятия, наши букеты дарили победительницам «Мисс Украина». Я понимала, что этот огромный дворец, который я по кирпичику выкладывала несколько лет, мог за мгновение превратиться в красивое воспоминание. Но я сделала свой выбор, расставила приоритеты так, что вся энергия была перенаправлена на брак.

За лето я закрыла вопрос аренды недвижимости Майкла и в сентябре снова собралась в Канаду. Находясь в Киеве, успела переделать кучу дел, купила свадебное платье и кольца. Моя лента фотографий в телефоне пестрела свадебными коллажами с праздничными образами и интерьерами. Сначала это были пастельные нежные тона, изысканные классические фасоны. Позже мне пришло в голову, что я хочу чего-то более нестандартного, например свадьбу в горах. Я очень ждала этого момента, в голове родилась куча планов, фантазий и красивых мечтаний.

Как-то подруги позвали меня в кафе перед поездкой в Канаду, а на самом деле повезли в караоке и устроили мне девичник в Киевском пассаже. Девочки надели на меня праздничную фату, но праздника все равно не получилось. Я не ожидала сюрприза, для меня это был самый обычный день: я приехала с работы очень уставшая, в черном платье и с жуткой укладкой, утомленная мыслями о том, что все идет наперекосяк. Настроения и сил праздновать у меня не осталось — хотелось просто прийти домой и свалиться на кровать. Сейчас я понимаю: какой получился девичник — такой получился и брак.

В Монреале у нас с Майклом была маленькая квартира. Мы сделали все, чтобы она стала уютной. Прямо посреди помещения был отгорожен небольшой квадрат — санузел. Вокруг ванной комнаты располагались кухня, гостиная и спальня. Получалось так, что мы могли ходить по кругу, словно по циферблату. И часы, проведенные в этой маленькой квартире, стали самыми счастливыми за всю нашу совместную жизнь.

После предложения Майкл пытался полностью сепарироваться от своей семьи. С ее авторитарными порядками сделать это было не так-то просто. Родственники заявили, что раз он создает собственную семью, пусть выходит на вольные хлеба. Теперь ему предстояло зарабатывать деньги самому.

Я всегда выбирала только тех людей, в которых чувствовала перспективу. Тех, которые не лежат на диване и не размышляют, как им быть, а сразу переходят к действиям. В этом плане мой будущий муж показал себя с лучшей стороны. Человек, за которым всю жизнь прибирали и подносили все на тарелочке, устроился работать водителем в Uber. Золотой мальчик пошел добывать деньги для семьи — тем способом, который был для него доступен. Позднее он начал работать с другом — сдавать помещения на Airbnb. Иногда доходило до того, что он, парень из очень богатой семьи, сам красил ступеньки. В тот момент я видела перед собой настоящего мужчину. Своими поступками он продолжал доказывать, что готов отказаться от всего ради нашего счастливого союза.

Общаться с родственниками Майкла мне с каждым разом становилось все труднее. Со временем это привело к хроническому стрессу. Для них я была как бельмо на глазу — ненужным и инородным объектом. Я чувствовала к себе неприкрытую неприязнь. Мне было очень трудно, я оправдывала такое поведение тем, что передо мной люди в возрасте. Но с каждым днем общаться с ними мне становилось все сложнее.

Перед свадьбой меня спросили:

— У вас когда ребенок родится, вы его крестить будете?

Я спокойно ответила:

— Мы с мужем сами решим, будем мы крестить нашего ребенка или нет.

И хотя это были слова в пустоту, я обозначила границы — показала, что это внутренние дела нашей семьи.

Родственники Майкла очень любили цепляться за религиозные вопросы, пытались меня этим задеть. Они спрашивали, почему я — крещеная, а не хожу в церковь. У меня же на этот счет своя точка зрения. Да, я не религиозный человек, и, как и многих, крестили меня без моего ведома в детстве. Но это не наложило на меня никаких обязательств — почему я должна слепо следовать религии? Я верю, что люди — нечто большее, чем просто высокоразвитые земные существа, и что Вселенная работает по определенным правилам. Но чтобы их разгадать, надо смотреть, изучать, размышлять, разбираться, делать выводы, а не просто ходить в церковь и участвовать в каких-то обрядах.

Во время таких стычек Майкл вел себя тише воды ниже травы. Надевал железную маску, сквозь которую не мог вымолвить и звука. Я старалась его понять — мы все еще частично зависели от его родных. Одна в поле воин — вот кем я была в такие моменты. Но обороняться в одиночку долго я бы не смогла, мои силы и нервы были на исходе. Встречаясь с его родственниками, я испытывала колоссальный стресс, внутри меня всю колотило, адреналин зашкаливал, но выплеснуть эмоции я не могла. Приходилось молчать.

Упражнение для снятия напряжения «Воздушный шарик»

Представь, что в твоей груди находится воздушный шарик. Сделай через нос глубокий вдох, наполняя легкие воздухом. Выдыхай через рот, ощущая, как выходит воздух из легких. Не торопись, повтори. Представляй внутри себя шарик, который то надувается, то сдувается.

Сделай паузу, досчитай до пяти. Затем снова глубоко вдохни, сделай паузу, наполнив легкие, досчитай до трех. Представляй надувшийся шарик.

Выдохни воздух, ощущая, как он проходит через горло, рот. Повтори несколько раз с задержкой.

Остановись и почувствуй, что ты полон энергии, а твое напряжение пропало.

Свадьба все откладывалась — то до весны, то до лета, то на следующий год. О том, что Майкл сделал мне предложение, никто из членов его семьи не знал. Говорить об этом с ними он мне запретил.

Еще до моего переезда в Канаду он обещал, что поможет мне открыть цветочный магазин в этой стране. Но и эта перспектива с каждым днем все больше походила на сказку. Позже я пойму, что мой бывший муж просто не хотел брать на себя полную ответственность, не был к этому готов. Он очень красиво ухаживал: дарил самые лучшие подарки, сногсшибательные букеты, готовил для меня, работал ради обеспечения семьи и был готов на, казалось бы, геройские поступки. Ему очень нравился конфетно-букетный период —

время легкости и безмятежности, когда никто никому ничем не обязан. Но как только настало время взять на себя реальную ответственность, он дал заднюю.

Наступила осень, Майкл целыми днями работал. Это был очень депрессивный этап — почти все время мне приходилось проводить в одиночестве. Я чувствовала себя домашним животным, которое часами ждет, когда вернется хозяин. Ощущение покинутости усиливалось с каждым днем — особенно по сравнению с тем, как много времени мы с Майклом проводили вместе до того, как он сделал мне предложение. Моя жизнь снова перестала принадлежать мне, я больше не контролировала ситуацию. Погрузившись в рефлексию и самоанализ, я задала себе вопрос: кто я теперь?

Глава 6.
Вне зоны доступа

Стены моей бетонной коробки становились все толще. Одиночество и монотонность существования давили на меня все сильнее. Я будто закаменела и в этом состоянии начала терять концентрацию, растворяться в пространстве, крошиться на мелкие кусочки.

Когда Майкл сделал мне предложение, он поставил меня перед выбором. Дело в том, что он вел очень закрытый, непубличный образ жизни. А я — наоборот: мне нравилось делиться своими мыслями в соцсетях, я привыкла к постоянному общению. На тот момент у меня в Instagram* было порядка 8000 подписчиков, что считалось очень солидной цифрой по тем временам. Также я активно вела страничку во «ВКонтакте».

Майкл выдвинул мне условие: если я хочу создать с ним семью, мне нужно поменять номера украинских телефонов, номер машины и права, закрыть страницу в Instagram* и уменьшить аудиторию до самых близких людей. Сначала он хотел, чтобы я вообще удалила страницу, но мы сошлись на том, что я просто сделаю ее приватной.

Я не знала о предстоящем испытании одиночеством и довольно быстро согласилась. «В чужой монастырь со своим уставом не ходят», — подумала я, не ощущая в его просьбе ничего ужасного или разрушительного для себя. Раз уж ради нашей с ним совместной жизни требовалось отказаться от аудитории в соцсетях, я была готова и на это. На тот момент я совершенно не осознавала последствий.

Как определить абьюзера?

Чем больше пунктов — тем больше риск.

1. Склонен к зависимостям.

2. Если не получает того, чего хочет, переходит к ультиматумам, угрозам, физическому насилию.

3. Ограничивает партнера во внешних контактах, чтобы лишить поддержки близких и друзей и приобрести бóльшую значимость.

4. «Заботится», пытаясь контролировать все сферы жизни партнера и нарушая его личные границы. Постепенно это превращается в тотальный гиперконтроль.

5. Оказывает давление, принуждая к сексу.

6. Часто реагирует вспышками гнева, которые не соответствуют ситуации.

7. Обвиняет партнера в собственных ошибках и атмосфере в семье.

8. Применяет двойные стандарты: другим нельзя делать то, что можно ему.

9. Обесценивает успехи, проблемы и увлечения партнера.

10. При недовольстве или ссоре игнорирует, наказывая холодностью.

11. На людях ведет себя мило, наедине превращается в другую личность (в том числе тирана).

12. После общения с ним ты чувствуешь себя опустошенной и несчастной.

Как понять, что твой партнер надежен?

1. Он эмоционально открыт, искренен и честен с тобой и с другими людьми.

2. Он не играет, держит себя естественно, и ты с ним тоже можешь быть сама собой, а не играть какие-то роли.

3. О своих друзьях и бывших партнерах говорит уважительно. В таком же тоне он когда-нибудь будет говорить о тебе.

4. Он вкладывается в отношения своим вниманием, временем, ресурсами, показывая, что заинтересован в их развитии и улучшении.

5. Он отвечает за свои слова и поступки и доводит дело до конца.

6. Он не проецирует свой прошлый опыт на тебя, а доверяет.

7. Он соблюдает договоренности, а если что-то пошло не так — предупреждает об этом.

8. Он бережен с тобой, принимает и слышит тебя, понимает твои эмоции, потребности и ограничения. Если что-то его не устраивает, он готов находить компромисс.

9. Он ждет от тебя той же честности, искренности, естественности.

Общение, контакты с внешним миром — очень важный ресурс, который наполняет человека силами извне. Если эти контакты обрубить, образуется вакуум, ничем не за-

полненная пустота. Человек не может жить в социальном вакууме, особенно если он экстраверт. Можно ограничить круг общения до комфортного уровня, но, уничтожив его полностью, ты уничтожишь самого себя.

Майкл вручную вычистил мой профиль в Instagram*, заблокировав практически всех подписчиков. На эту работу ему потребовался месяц, поскольку в этой сети существуют лимиты. Некоторые мои знакомые до сих пор в бан-листе, потому что я по сей день не могу найти время, чтобы разблокировать такое количество людей.

Никогда не становись «удобным человеком». Это худшее, что ты можешь сделать для себя и для мира. Не надо становиться жертвой. Когда ты находишься в позиции жертвы, это означает, что глобально в ситуации что-то не так.

Жить для других — благородно, если речь о важной миссии. Как, например, в случае с Вангой или Матерью Терезой — это был путь их души, их об этом не просили. Это была миссия, которую они свято чтили и выполняли. Но если тебя просят пожертвовать собой ради чьей-то прихоти, оцени ситуацию с позиции наблюдателя, третьего лица.

Дай себе совет — как лучшему другу, как самому родному человеку, которому ты желаешь счастья. И тебе все сразу станет ясно. И помни, не из позиции эго, а из чистой любви и счастья: ты — самое ценное, что у тебя есть.

До момента, пока я окончательно не переехала в Монреаль, проблема не ощущалась так остро. Я ездила в Украину по делам, виделась с родными и друзьями — канал все еще был открыт. Меня ждало около двух лет социальной изоляции, почти полного отсутствия контактов с внешним миром, какого-либо человеческого тепла и поддержки.

В тот период на меня свалилась ужасная тоска — как толстая бетонная плита. Она давила так больно, что иногда хотелось стонать и плакать. Мир стал серым и холодным, время как будто остановилось. Каждый прожитый день ничем не отличался от предыдущего. Общаться с родными было проблематично из-за разных часовых поясов, а транслировать себя в соцсетях мне запретили. Друзья Майкла, с которыми мы периодически виделись, в основном говорили на английском. Среди них я чувствовала себя белой вороной, так как не знала языка и не могла полностью влиться в компанию. Майкл пропадал на работе, я целыми днями сидела дома совершенно одна.

Тогда я начала понимать, что отказалась от очень важного источника энергии — коммуникации. У меня уже имелся опыт жизни за границей, вдали от семьи, который я получила в Колумбии. Там я тоже чувствовала себя одиноко, но это было совсем другое одиночество — гораздо более здоровое и не такое разрушительное. На теплом латиноамериканском континенте все происходило иначе. Даже в условиях социальной изоляции я видела яркие краски вокруг себя, они преображали мою реальность и исцеляли меня от одиночества. Там все было в новинку: еда, люди, локации, климат. Колумбийское солнце, тропические леса и зеленые плантации не давали мне скатиться в уныние.

Мне было чем заняться в Колумбии — я много работала и имела возможность общаться с коллегами. В свободное время я открывала ноутбук — и передо мной расстилался целый мир: множество подписчиков, сообщений, море внимания. Выставляя видео в соцсеть, я моментально получала сотни комментариев. Я чувствовала присутствие людей в своей жизни, хотя одни находились за тысячи километров от меня, а другие говорили на непонятном мне языке.

Здесь, в Канаде, ничего этого не было. Работа и активности почти отсутствовали. Делясь фотографиями в Instagram*, в ответ я получала лишь мертвую тишину. Я не могла к этому привыкнуть, для меня это стало шоком, выходом за рамки привычной жизни. Только спустя годы я пойму, что моя естественная циркуляция энергии происходит, когда я делюсь своими знаниями и эмоциями с окружающими, получая обратную связь. В этом мой жизненный ресурс — проявляться и помогать проявляться другим людям, указывать путь и вести по нему.

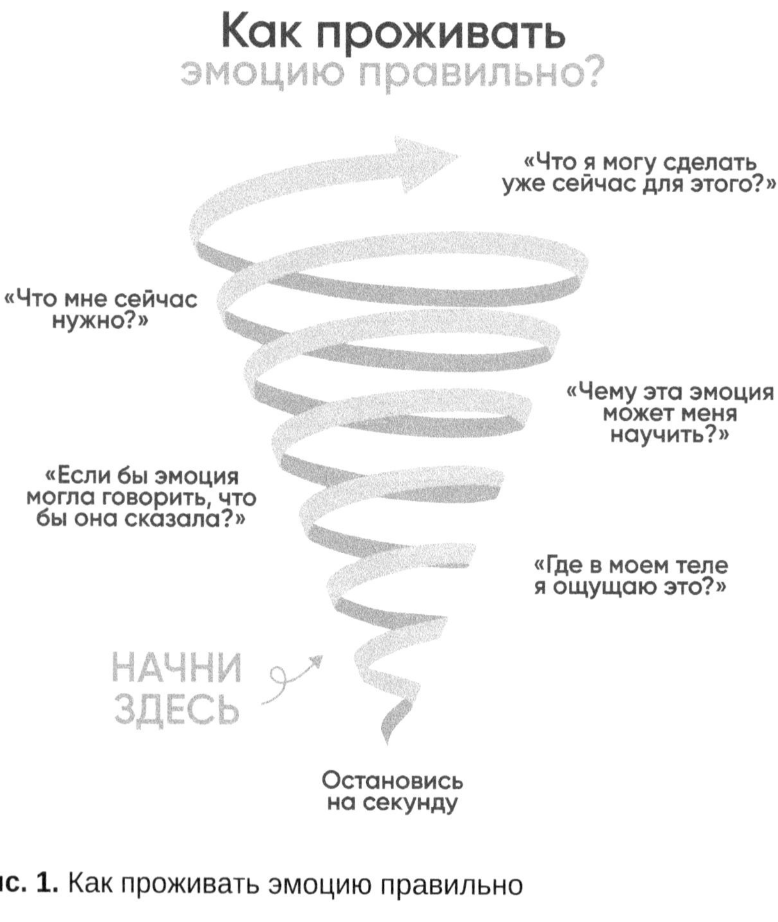

Рис. 1. Как проживать эмоцию правильно

Я осознала, насколько для людей важно комьюнити, особенно при иммиграции. **Каждый человек — это носитель энергии, а остальные люди — ее проводники. Обмен энергией, чувствами, эмоциями, теплом и любовью — базовая потребность, без которой невозможно выжить.** Меня же этого лишили, отрезали все пути, по которым можно было удовлетворить эту потребность.

Внутри меня копились переживания, которые я не могла никуда выплеснуть, не могла ни с кем поделиться. Они нарастали, как ком в горле, который я просто сглатывала и который в итоге отравлял меня изнутри.

Никогда нельзя жить по чьей-то указке. Ты — самостоятельная личность, а не дополнение к кому-то или чему-то. Никто не вправе распоряжаться твоими действиями, кроме тебя. Дай себе дедлайн, и если с тобой все же не начали считаться как с личностью, уходи оттуда, где тебя не ценят. Ты — это твое всё. Пожертвовав собой, ты рискуешь потерять весь мир.

Со временем я стала такой же холодной и безжизненной, как город, в котором жила. Мне ничего не хотелось, ничего не интересовало. Если в Колумбии я следила за фигурой, питалась рыбой и фруктами, много гуляла, то в Канаде я не могла дойти до зала, который находился на первом этаже нашего дома. И не потому, что мне было лень, а потому, что у меня не было ни сил, ни настроения.

Я выбрала одно благо в ущерб другому: пошла навстречу своему мужчине, потому что верила в нашу любовь и семью. Я пожертвовала своим комфортом, чтобы мы могли быть вместе.

Отказаться от всего ради иллюзорной цели — худшая стратегия. Нужно всегда выбирать себя и прислушиваться к своим желаниям и потребностям. Разрушенный изнутри человек не сможет сделать для мира ничего полезного.

С каждым днем я чувствовала себя все более одинокой. От скуки и тоски я начала смотреть сериалы, хотя до Монреаля никогда этого не делала. Чтобы убить время, я много готовила — как никогда в своей жизни. Наш холодильник всегда был набит под завязку, и вместо того, чтобы стать символом семейного благополучия, он стал символом моей депрессии. Из-за такого обездвиженного и монотонного образа жизни я начала набирать вес. Все катилось в глубокую темную бездну.

Контрасты

Чтобы не нарушать правила туристической визы, каждые полгода я должна была выезжать из Канады. Спустя примерно год жизни взаперти я в очередной раз ненадолго поехала в Украину. Вернуться на родину насовсем я не могла — это означало бы сдаться и не принять вызов, который мне преподнесла Вселенная. Для меня это стало бы шагом назад, я же привыкла двигаться только вперед. Тем более что я приняла твердое решение и выбрала семью. Меня не покидала уверенность в том, что передо мной открылась дверь возможностей — жизнь в развитой стране и брак с любимым человеком. А каждая открытая дверь, пусть за ней и темнота, обязательно ведет к следующей, и это путешествие не заканчивается никогда.

Режим, в котором я жила в Канаде, можно назвать режимом выживания. Конечно, физически у меня было все: деньги, крыша над головой, бизнес, которым я продолжала заниматься онлайн. Однако психологически я оказалась в трясине, которая затягивала меня медленно, но верно.

Единственным утешением для меня стала идея, что надо просто потерпеть. Майкл повторял мне:

— Потерпи еще чуть-чуть!

Он объяснял, что наша жизнь в Канаде — это временно, и мы вот-вот уедем и где-нибудь обоснуемся. Но правда состояла в том, что ничего не менялось. А я, поверив в обещания, даже не пыталась обзавестись новыми знакомствами. Зачем, если мы все равно скоро покинем Канаду? Вот только это «скоро» никак не наступало.

Коммуникация, взаимодействие с другими людьми необходимы нам как воздух. Когда человек приезжает за границу на длительное время, важно сразу выстроить круг общения. Помогут кружки, мастер-классы, мероприятия или работа. Без общения и активностей человек начинает вянуть, как цветок, который оставили в одиночестве в темной комнате.

Я это поняла слишком поздно — только когда начала ходить на уроки английского. Там я познакомилась с новыми людьми — разных национальностей и возрастов. До этого почти вся моя жизнь проходила в четырех стенах, ничего дальше серого пейзажа за окном я не видела.

До точки невозврата, этой самой темной комнаты, мне оставалось совсем немного. Казалось, еще один малейший толчок — и я упаду в яму, из которой больше не выберусь. И если бы я концентрировалась только на негативе, все случилось бы именно так.

В тот период негатив серьезно преобладал, но я все равно старалась держаться на плаву, чтобы не уйти на дно отчаяния, и верила, что все наладится. Невозможно выбраться из ямы, концентрируясь только на падениях. От депрессии меня спасло то, что я не акцентировала внимание на плохом и вопреки всему пыталась двигаться дальше.

Вторичная выгода быть жертвой:

- Тебя заметили, ты получил внимание, тебя пожалели
- Дали денег в долг
- Сделали за тебя
- Нет ожиданий
- Люди терпеливо выслушивают твои жалобы на жизнь, политику, внешние обстоятельства
- Тебе постоянно предлагают решения, а ты ищешь причины, почему они тебе не подходят

Рис. 2. Вторичная выгода быть жертвой

Чтобы вылезти из болота, нужно сфокусироваться на спасательной веревке, а не на болоте. Чтобы освободиться от негатива, нужно перестать на нем концентрироваться. Принять, проработать, забыть и навсегда оставить в прошлом. Избавься от груза и тогда сможешь спокойно двигаться вперед.

Возвращение на родину каждый раз представляло собой как будто телепортацию из одной вселенной в другую. Контраст ощущался очень остро. Канада, в которой магазины и кафе работают до шести вечера, и Киев, где жизнь бурлит 24/7. Чтобы привыкнуть к смене обстановки, мне требовалось несколько дней. Но когда я включалась, все мои жизненные процессы легко подстраивались под бешеный столичный ритм, и я снова чувствовала себя в своей среде.

Время в украинской столице течет совсем иначе — в него вмещается очень много действий и событий. 14 февраля моя мама отмечала день рождения. Накануне я со своей командой до ночи готовила букеты на День всех влюбленных, а потом пришла в магазин к шести утра, чтобы начать их отправлять. А еще ночью произошло маленькое чудо: у нас родила собака — и все эти события уместились в одни сутки.

Во время этой поездки я расширила магазин, сделала перестановку в помещении. Часто виделась с друзьями и близкими, ходила к косметологу, посещала спортзал, успела слетать к брату в Лондон. Жизнь на европейском континенте, пусть это была короткая поездка, оказалась очень насыщенной. Особенно сильно это ощущалось на контрасте с Канадой — болотной трясиной, в которой жизнь застывала в бездействии и апатии.

Марсель

Спустя два месяца Майкл начал бить копытом и требовать меня назад. Он все так же ждал меня в нашей маленькой квартире в Монреале. Все так же в статусе гражданского мужа, без каких-либо штампов в паспорте. И все так же с сюрпризами — за время моего отъезда он накупил мне кучу подарков. Его внимательность и умение проявлять заботу никуда не делись. Эти приятные моменты сглаживали наши сложные разговоры о том, что мы до сих пор не расписаны и я езжу в Канаду в статусе туриста.

Так как он обещал, что мы откроем в Канаде цветочный магазин, мы ходили по местным цветочным бутикам, чтобы я посмотрела, как они работают. Мое тогдашнее состояние можно назвать «на низком старте» — я начала составлять бизнес-план, продумывать дизайн, развивать какие-то свои задумки. Разрабатывая новый сайт, я рисовала его на листах А4, склеенных скотчем. Все иконки, картинки и надписи были начерчены карандашом. Мечта о расширении магазина стала лучом, освещающим темницу, в которую меня заточили.

Тогда же я стала потихоньку передавать управление киевским магазином моей сотруднице — той самой Даше, которую назначила главной вместо себя. Мы подписали субконтракт — Даша получила возможность вести магазин и получать прибыль. Главное, мы договорились, чтобы она сохраняла мою стилистику и концепт.

Я же пыталась сконцентрироваться на будущем — новом филиале моей маленькой компании. Но это была иллюзия, красивая подарочная коробка, заглянув в которую я обнаружила пустоту — никакого магазина в Канаде так и не открылось.

Чтобы внести в жизнь какие-то краски и компенсировать одиночество, я решила завести кота, так как очень люблю этих животных. В детстве у меня была собака, а кошек родители заводить запрещали — настало время возместить этот недостающий кусочек пазла. Майкл поддержал идею, и мы вместе выбрали подходящую нам породу. Это была британская золотая шиншилла. Когда я впервые увидела ее на фотографии, сразу влюбилась. В Канаде мы не смогли найти котенка — питомца нам доставили из-за границы.

Марсель — так мы назвали кота — оказался идеальным. Ручной, ласковый, игривый, он моментально адаптировался в квартире и очень нас полюбил. Ничто не предвещало беды. Единственное, на что я обратила внимание, — кот иногда кашлял. Мы отвезли его в ветклинику, где ему послушали легкие и с уверенностью заявили, что с котом все отлично — он здоров.

Поначалу все так и было: Марсель хорошо кушал, вел себя активно, носился по квартире, мурчал, как трактор, и выглядел очень счастливым. Но через месяц кот начал стремительно увядать — у него выпала шерсть, он отказывался от еды и почти перестал двигаться. Мы снова отправились к ветеринару. После скрининга легких выяснилось, что у Марселя пневмония. Врач сказал, что это не фатально, нужно сделать укол — и все пройдет.

К сожалению, ветеринар ошибся — Марселю становилось только хуже. Когда он начал задыхаться, мы вызвали скорую помощь для животных. На машине с мигалками его повезли в другой конец города и во время поездки пытались реанимировать. Когда мы доехали, Марселя, уже почти бездыханного, забрали в клинику. Через полчаса к нам вышел ветеринар и сказал, что Марселя больше нет.

Для меня это стало еще одним ударом по и без того расшатанному моральному состоянию. Марсель прожил с нами чуть больше месяца, но принес в нашу жизнь новый смысл и бесконечное количество любви, которой мне так не хватало. Я очень полюбила его за это время, он помог мне отвлечься от рутины и выплеснуть часть скопившихся эмоций.

Мы похоронили Марселя около реки. Соединение с водной стихией лечит душу, помогает справиться с утратой.

После ухода Марселя мы взяли другого кота — его братика из следующего выводка, — но не стали возить из одной страны в другую. Он остался с моей мамой в Украине. Его тоже назвали Марселем.

Между небом и землей

Наступила середина лета, а вместе с ней — день рождения Майкла. В честь праздника я испекла торт и сделала любимому сюрприз. Ему исполнялось 25 лет. Весь день его никто не поздравлял, из-за чего он ходил хмурый и поникший, как грозовая туча. Вечером я позвала его в ресторан. Когда мы приехали, он не поверил своим глазам: за столом сидела огромная компания его друзей. Он не ожидал, что его разом поздравят столько дорогих ему людей. Майкл был счастлив, как ребенок, день рождения и мой сюрприз удались.

В ресторане с нами сидела пара наших друзей — Катя и Филипп. Катя — девушка, с которой я познакомилась случайно, но которая оставила ярчайший след в моей жизни. Как-то раз, когда я изучала цветочный рынок Канады, мы с подругами зашли в цветочный магазин в самом престижном районе Монреаля. Неожиданно девушка-флорист начала говорить со мной на русском. У меня в голове сразу промелькнула мысль: «Отлично, я нашла себе флориста». Это был период, когда я активно работала над тем, чтобы открыть в Канаде свой магазин.

Мы обменялись контактами, я нашла Катю в соцсетях, мы сходили на обед. Тогда я еще не знала, что Катя станет для меня очень близким человеком, поддержит меня в самый непростой период жизни и будет одной из двух подруг, которые присутствовали на моих родах.

После рождения моего сына Давида наше общение с Катей почти сошло на нет, она с головой погрузилась в семейные дела. Тем не менее ее присутствие в моей жизни было очень ценно и крайне необходимо. На этом примере я поняла, **что каждый человек, встречающийся у нас на пути, играет определенную роль.** Катя сыграла свою роль — оказала мне поддержку в момент, когда рядом никого не было. Я ей за это очень благодарна. **Но люди приходят и уходят, важно научиться легко их отпускать.**

Наша с Майклом совместная жизнь стабильно дрейфовала, не меняя скорости и направления: я все еще полулегально жила в Канаде, а он кормил меня завтраками. Мы все еще не были расписаны, когда свадьба — никому не было известно.

Жизнь в Канаде по туристической визе — острая заноза, которая меня раздражала и сильно беспокоила. Я чувствовала себя некомфортно, каждые полгода мне приходилось выезжать. Я была уже не в Украине, но еще и не в Канаде, а по ощущениям зависла между небом и землей... Подвешенность и неопределенность — вот что я испытывала. Для меня, Козерога, это было просто невыносимо. Козерог — очень земной знак, для нас важно чувствовать почву под ногами. Я же витала в пространстве, без возможности где-нибудь заземлиться и пустить корни, чтобы начать расти красивым здоровым деревом.

На фоне неопределенности между мной и Майклом постоянно происходили конфликты. Я часто срывалась на него, могла нахамить, огрызнуться, с грохотом захлопнуть за собой дверь. Мне всегда было необходимо чувствовать, чего ожидать от жизни, быть уверенной в завтрашнем дне. В условиях, когда я не понимала, где мой настоящий дом, я не могла строить планы. Мне было очень тяжело это выносить. Будущее стало условностью — его невозможно было спрогнозировать. Все мои планы и проекты упирались в то, что «надо еще чуть-чуть потерпеть — и все решится». Но жизнь оставалась неопределенной, сдвигов не было — одна вязкая, туманная неизвестность.

Время текло, ничего не менялось. Менялись лишь декорации, но суть оставалась прежней. Мои немногочисленные подписчики видели фотографии из путешествий, но не видели настоящую меня. Со стороны казалось, что я счастлива: катаюсь по миру, живу в роскошном районе

Монреаля Île des Sœurs[6], получаю дорогие подарки... Но это лишь красивая обертка, под которой скрывалось очень неприятное содержимое.

Предпочитая не делиться своей личной болью с публикой, я не искала сочувствия; я была уверена, что могу справиться со всем сама. Сложные моменты я переживала в гордом уединении, не желая привлекать внимание к своим проблемам. Вместо того чтобы делиться с подписчиками переживаниями и деликатными подробностями своей личной жизни, я предпочитала сохранять их в тайне — только для себя. Мне казалось, что зрелый человек не должен втягивать в свои проблемы посторонних людей, которых эти проблемы не касаются. Каждый находит свой способ справляться с болезненными моментами. Я, в свою очередь, предпочитала не выставлять их напоказ. Но как же я ошибалась!..

Даже когда кажется, что с человеком все в порядке, внутри могут скрываться тяжелые чувства и эмоции. **Научно доказано, что подавленные эмоции могут привести к еще большей депрессии и проблемам с физическим здоровьем. Замалчивание своих чувств и переживаний на первый взгляд может казаться подходящим решением, но на самом деле это принесет лишь временное облегчение, которое в долгосрочной перспективе может усугубить ситуацию.**

Сдерживание эмоций может привести к выраженной депрессии и более серьезным заболеваниям. Важно находить способы высвобождать свои чувства, дабы они не стали триггером к возникновению проблем не только с психическим здоровьем, но и с физическим.

6 Находящийся всего в нескольких километрах от центра города и известный своими парками и живописными видами, Иль-де-Сёр считается одним из престижных пригородов Большого Монреаля.

Можно оставаться счастливым, живя в деревянной хижине, и быть несчастным в королевском дворце. Я бросила все ради потенциала, который увидела в предстоящем браке. Мне казалось, что мое одиночество, ощущение себя чужой, насмешки родственников моего избранника, неопределенность в отношениях и отделение себя от бизнеса обязательно эмоционально компенсируются. Я верила, что, преодолев этот барьер, совершив квантовый скачок, я добьюсь своего и моя жизнь станет лучше. Спустя много времени я пойму, что во многом оказалась права: терпение и выдержка всегда приносят результат.

Когда наступают трудные времена, многие люди сдаются, даже не начав бороться за свое будущее. Постигшие меня сложности длились очень долго, не все сумели бы пройти этот путь до конца. Но это единственный способ перейти на новый уровень — совершить усилие над собой, не сдаться, когда ситуация кажется безнадежной.

Жизнь состоит из взлетов и падений. Чем ниже человек падает, тем выше он потом сможет взлететь. Трудности и препятствия становятся трамплином, ведущим на новый уровень. Важно не сдаваться и выстрадать каждое такое падение до конца.

Каждый жизненный этап — это история, которую нужно прожить. Все хорошее остается лишь воспоминанием, а вот все плохое трансформируется в опыт. НЕТ СОБЫТИЙ, КОТОРЫЕ ПРОИСХОДЯТ ПРОСТО ТАК. Вселенная посылает нам лишь те препятствия, которые мы в силах прсодолеть. Чтобы открыть новую главу своей жизни, нужно осилить предыдущую до конца. И это только твой выбор — сдаться или доползти до финиша, чего бы тебе это ни стоило.

Глава 7.
Я выбираю жизнь

Когда я в очередной раз приехала в Украину, оттуда мы с мамой отправились на отдых в Испанию — это стало для меня глотком свежего воздуха после жизни в четырех стенах в Канаде. По возвращении за несколько дней до отъезда из Киева в Монреаль я пошла на плановый осмотр к врачу. Поход к доктору — обычное для меня дело, каждый раз такие визиты лишь подтверждали, что со мной все в порядке. Но в этот раз все пошло по крайне неожиданному сценарию.

Знаком свыше для меня стало ухудшение самочувствия папы. Накануне я начала активно заниматься его здоровьем, водить по врачам. Это была словно весточка из будущего, намекнувшая мне, что скоро по врачам ходить придется уже мне.

И вот уже после моего осмотра врач задумчиво положила на стол медицинские приборы и несколько секунд просидела в молчаливом раздумье.

— У вас киста. Ее нужно срочно удалять. Немедленно, — нахмурив брови, подчеркнула доктор.

По ее словам, болезнь развивалась стремительно, ведь всего шесть месяцев назад я была на осмотре — и все было прекрасно. Никаких предпосылок для операции не было: по сути, кисту заметили случайно. И если бы не эта случайность, кто знает, может, перед вами не лежала бы эта книга — я бы попросту не успела ее написать.

Через пару дней я оказалась на операционном столе. Из-за обнаруженных осложнений мне пришлось поменять билеты. Я рассчитывала, что проведу в Киеве пару дней и сразу вернусь в Канаду, но пришлось остаться дольше ради срочной операции.

Диагноз меня очень удивил — у меня ничего не болело, и физически я чувствовала себя хорошо. Лишь спустя годы, благодаря глубокому самоанализу, я поняла, что он был логичным итогом того, что происходило со мной последний год. Мое душевное состояние отразилось на моем теле. Подавленные чувства и эмоции нашли материальное воплощение. Меня заставили изменить привычный образ жизни, поместили в неподходящие условия — как дикую степную лошадь в крошечный загон. Мой организм чувствовал, что что-то идет не так, и подал мне сигнал бедствия. Моральные тяжести, которые я тащила на себе на протяжении последних лет, не могли не отразиться на моем здоровье. Я серьезно заболела и даже не заметила, как это произошло.

На меня давили одинокая жизнь в чужой стране, бесперспективные отношения, семья, бизнес — и все это на плечах 25-летней девушки. Мне казалось, что раз я молодая, то точно все смогу и ни за что не сломаюсь, а трудности будут преодолены без каких-либо последствий. Конечно, это был очень наивный взгляд. Никто из нас не железный. В вечной гонке с самой собой я перестала слышать свой внутренний голос. Я двигалась на больших скоростях, стараясь все везде успеть, и мое шестое чувство в этом забеге притупилось. Я перестала его использовать, концентрируясь на других вещах: силе, выдержке, стойкости и сопротивлении всем свалившимся на меня проблемам.

Что со мной на самом деле происходит, я не знала до последнего момента. Врачи сказали, что нужно просто удалить небольшое образование. Меня направили в государственную больницу в центре столицы, но оперировали в частном порядке. Доктора уверяли, что хирургическое вмешательство нужно проводить, не теряя ни секунды.

— Две маленькие дырочки — все, что останется после операции, — сказали мне специалисты с непроницаемыми лицами.

То, как события развивались дальше, можно назвать не иначе как кошмаром.

Человек может выдержать многое, но все имеет последствия. Накопленные стресс и негатив обязательно найдут свой выход. У кого-то через панические атаки, а у кого-то — через онкологию. Слушай не только душу, но и тело. Обращай внимание на знаки, которое оно подает.

Перед операцией я была в хорошем настроении: улыбалась, смеялась, общалась с мамой, делала фотографии. Я и представить себе не могла, что на операционном столе проведу целых 11 часов.

Когда доктора вскрыли нужную область, они обнаружили то, чего так сильно опасались. Чтобы подтвердить свои догадки, прямо во время операции врач-гинеколог позвонила в Институт онкологии. На другом конце провода именитый профессор сказал, что нужно сделать пункцию[7] и отправить ткань на экспресс-анализ. Пока я лежала под наркозом, мама с водителем повезли образец моей опухоли на другой конец города. В лаборатории маме сказали фразу, которую до смерти боится услышать любой родитель:

— У вашей дочери вторая стадия рака.

---

7 Пункция — прокол ткани, органа или опухолевого образования с целью получения материала для исследования.

То, что творили с моим телом после полученного диагноза, — информация не для слабонервных. Вывернув мое тело чуть ли не наизнанку, искромсав всю брюшную полость, врачи удалили пораженную часть. После завершения операции меня, накачанную препаратами, отправили в реанимацию, где я провела три дня. Кроме масочного наркоза я получила лошадиную дозу внутривенной анестезии. Меня просто выключили на 11 часов. Пропитанный медикаментами организм долго не мог прийти в себя, мне было ужасно плохо. Когда я проснулась, мне казалось, что я нахожусь где-то между жизнью и смертью.

Все это время рядом со мной находилась мама. Трое суток после операции она не отходила от больничной койки. Ей было намного тяжелее, чем мне. От пережитого шока мама как будто мгновенно постарела — не могла спать, есть, нормально разговаривать. В такие тяжелые моменты труднее всего приходится нашим близким. Мама, как и я, прошла через очень сложное испытание.

Так получилось, что я легла на одну операцию, а проснулась после совершенно другой. Когда я очнулась, я долго не могла понять, что на самом деле произошло. Даже когда наркоз полностью перестал действовать, я все еще находилась в полусне. Мне показалось, что мое нахождение в реанимации — это нормально, якобы так было запланировано. Реальность медленно проявлялась вокруг меня, словно возникала из тающего тумана — по мере того, как я приходила в чувство.

В итоге я узнала шокирующую правду: хирург-гинеколог вместо кисты вырезала мне половину женских органов. Это было незаконно, потому что такими операциями имеет право заниматься только врач-онколог. Более того, меня никто не предупредил, удаление органов провели без моего разрешения. И операция, и моя раковая опухоль стали для меня пугающим сюрпризом. Я пришла удалить кисту, а очнулась после 11-часовой операции, реанимации, с диагностированной онкологией и искромсанным животом. Вместо обещанных «двух крошечных дырочек» у меня остался огроменный вертикальный шрам. Нормально ходить после хирургического вмешательства я смогла только через три недели. Все это время я терпела боль и мечтала поскорее сбежать из больничной палаты, чтобы никогда в нее больше не возвращаться.

Но мой кошмар еще не закончился. Как только я более или менее окрепла, начала мотаться по киевским онкологическим клиникам, чтобы понимать, как жить дальше со своим диагнозом. В одном из самых дорогих медцентров, в районе Конча-Заспа, где живут украинские депутаты, с меня взяли 300 долларов только за консультацию. Для Украины это баснословная цифра. Впервые в жизни я увидела, что прямо внутри клиники расположено отделение банка. Неудивительно, ведь люди заносили туда деньги пачками.

Мой внутренний голос, моя интуиция говорили мне, что надо уходить. «Живой я отсюда не выйду», — тревожно звенело внутри меня.

Теперь я точно знала, что не могу игнорировать свои ощущения, свои предчувствия. На кону стояла моя жизнь, ситуация была критической.

Клиника, куда я обратилась, тянула деньги из людей, которые доживали свои последние дни. Родственникам давали надежду, прося с них суммы, равные стоимости жилья. Я поняла, что это не мой вариант, что меня здесь точно не спасут, а лишь высосут из меня все деньги, а вместе с ними и жизнь.

Меня очень тяготило, что операцию провели без моего согласия, не дали мне никакого выбора. **Отныне я была на-**

строена действовать, принимая решения только самостоятельно и обязательно полагаясь на свои внутренние ощущения.

Обратившись в другую клинику, я сдала анализы. Врачи обнаружили что-то, похожее на метастазы, и сказали, что необходима повторная операция. С последнего назначенного анализа я буквально сбежала — в условиях опасности мои чувства обострились до предела. Я знала, что нужно решать проблему другим путем, в другом месте. В Украине мне поставили несколько разных диагнозов. То есть даже после операции я не понимала, что со мной происходит на самом деле.

Борьба продолжается

Мой двоюродный брат жил тогда в Германии. Он и мои близкие уговорили меня отправить результаты анализов в немецкую клинику. Вскоре немецкие врачи сказали, что не подтверждают диагнозы украинских коллег, и предложили приехать на обследование. Сдав повторные анализы и отправив их в Германию, я получила заключение немецких специалистов: необходима еще одна операция.

Тем временем моему бизнесу в Киеве грозили неприятности. Пока я бегала по врачам и пыталась спасти свою жизнь, мой цветочный магазин шел под снос. Бизнес-центр, в котором он располагался, решил провести реконструкцию. Из-за этого моему магазину нужно было срочно куда-то переезжать. Мой бизнес потихоньку разрушался — одновременно с тем, как разрушалось мое здоровье.

Сказать, что проблема возникла не вовремя, — ничего не сказать. Но беда не приходит одна. В жизни так происходит всегда: либо полная тишина и спокойствие, либо сходит сразу несколько снежных лавин. И каждая накрывает так, что кажется, будто уже не выберешься.

При всех этих бедах внешне я выглядела абсолютно спокойной. Ничто не выдавало того, что со мной на самом деле приключилось. Я, как и прежде, выкладывала фотографии в социальные сети, следила за своим внешним видом, встречалась с друзьями и улыбалась. Многие даже не догадывались, что за моей улыбкой скрывается смертельно опасный диагноз. О моей болезни знали только родственники и самые близкие друзья. Все остальные оставались в неведении.

В Германии меня встретили двоюродный брат и его девушка Кристина. Она занималась моими документами, писала в клиники на немецком и сопровождала меня на приемы к врачам. Я бесконечно благодарна Кристине за спасение моей жизни — на тот момент она стала для меня настоящим ангелом.

В Германию прилетел Майкл, причем это был первый раз за наши отношения, когда он выехал из Канады. Для него это стало выходом из всех возможных зон комфорта — он с детства боялся летать. Тем не менее Майкл сделал над собой усилие, и мы все вместе отпраздновали в Нюрнберге Новый год.

Клиника, в которой я обследовалась, находилась в небольшом университетском городке Эрланген в 20 километрах от Нюрнберга. Мною занимался очень уважаемый профессор, специалист международного уровня.

Выбирай лучших специалистов, доверяй свое тело только настоящим профессионалам. Здоровье — это ресурс, который очень трудно восполнить. Всегда заботься о своем здоровье — как о моральном, так и о физическом.

Начав обследоваться, я почувствовала себя гораздо легче и спокойнее, хотя иногда это спокойствие серьезно нарушалось. В Германию приехала мама. Впервые в жизни я почувствовала с ее стороны гиперопеку. И... эти чувства оказались крайне разрушительными. Услышав мой диагноз, мама больше не могла выкинуть его из головы. Ее панические настроения, будучи ужасно заразными, передавались всем остальным. Находясь с ней в одном помещении, я чувствовала, что воздух становится тяжелым, атмосфера накаляется. Вместо поддержки и позитивного настроя в ее голове проигрывались худшие сценарии, и я получала лишь расстройство нервной системы. Для успешного выздоровления нам нужно было дистанцироваться друг от друга. Я запретила маме говорить на тему моей болезни и постоянно повторяла, что со мной все хорошо.

Мысли материальны. Строй планы и никогда не падай духом. Даже в ситуациях, когда будущее может не наступить, необходимо в него верить. Без веры и надежды точно ничего не получится.

Мне не нравилось говорить о своей болезни, потому что мне не нужна была жалость. С самого начала, только услышав свой диагноз, я отказалась становиться в позицию жертвы, страдать и впадать в уныние. Мне хотелось продолжать жить нормальной жизнью. Да, у меня обнаружили рак, но я не намерена была сдаваться и чувствовала, что это точно не конец. Вместо того чтобы чахнуть над своим диагнозом, я старалась абстрагироваться. Даже если мне суждено было умереть, я бы хотела провести свои последние дни или годы с пользой и удовольствием. Поэтому я развлекалась как могла — загрузила себя активностями по максимуму. Ходила в кино, театр, на выставки, много гуляла и наслаждалась пребыванием в Германии. Каждый лучик солнца, каждая росинка приносили мне радость и удовольствие. Все эти развлечения помогали мне оставаться в хорошем настроении и не опускать руки.

Позиция жертвы приводит лишь к тому, что человек действительно становится жертвой. Это путь в никуда. Не жалей себя и не давай другим испытывать к тебе жалость.

Воспитай в себе уверенность в том, что у Вселенной есть для тебя лучший план. И даже если сейчас тяжело и сложно, этот этап боли дан как урок. Но исход дела и то, как урок будет усвоен, зависит исключительно от тебя. Ты посмотришь на все с позиции жертвы и будешь ждать, пока мир пожалеет тебя, или же возьмешь ответственность за свою жизнь и выйдешь из игры победителем? От твоего настроения зависит, проиграешь ты или победишь.

Настроение — это ключ: важно, как ты сам себя настроишь. Перед пробуждением ты находишься в состоянии поверхностного сна, на границе между сном и явью. Тебе это знакомо? Так вот, именно в это время твой мозг как бы включает операционную систему и начинает вспоминать все задачи, которые необходимо совершить в течение дня. Примерно так: сейчас ты откроешь глаза, зевнешь, вспомнишь свой распорядок, почистишь зубы, выпьешь кофе и т. д. В том числе мозг включает и программы «проблем». И если тебе вчера вечером испортили настроение, то это будет твоим решением — брать ли его с собой в новый день.

Каждое утро у тебя есть шанс начать все с чистого листа, с новой страницы, с твоего хорошего настроения. Это залог всего.

Рак — это серьезный диагноз, но даже с ним я продолжала свою деловую жизнь. Параллельно с обследованиями и подготовкой ко второй операции я занималась куплей-продажей недвижимости. Это была осень 2017 года. Во-первых, я продала мамину квартиру в Дорогожичах и купила две новые — одну в готовом виде, другую недостроенную. Во-вторых, мне нужно было закрыть вопрос с имуществом Майкла и досдать все оставшиеся объекты в аренду. В-третьих, мой брат искал в Киеве дом для родителей, мы вместе выбирали подходящий вариант, я ему помогала.

Жизнь вокруг меня кипела. Времени не оставалось даже на то, чтобы перевести дух. Так было задумано: я завалила себя делами, чтобы ни на секунду не оставаться один на один со своей болезнью. Я смогла переключиться и даже моментами забывала про весь ужас, который мне пришлось пережить. Моя жизнь искрила событиями, энтузиазмом и энергией — многочисленные сюжетные линии переплетались в большую яркую историю.

Старайся отвлечься от проблемы всеми доступными способами. Сделай так, чтобы у тебя не было ни одной свободной секунды, чтобы думать о плохом. Если есть возможность — общайся с друзьями, гуляй, продолжай жить своей жизнью. Ищи радость в мелочах. Концентрируясь только на негативе, рано или поздно можно скатиться в депрессию, из которой выбраться будет очень сложно.

Я ездила с места на место, ходила по магазинам, выбирала мебель, встречалась с арендаторами, риелторами, потенциальными покупателями. Я смотрела в будущее и строила масштабные планы — меня переполняла уверенность в том, что все будет хорошо.

Замечать негатив вокруг очень просто, всегда найдется повод пожаловаться, и это первый признак духовной ЛЕНИ и распущенности. Концентрация на позитивных вещах, поиск хорошего даже в самых критических и, казалось бы, ужасных условиях — это большая работа над собой. СЧАСТЬЕ — ЭТО ТРУД.

Давай проведем тест

Насколько твоя ситуация с уровнем счастья запущена? Встречались ли тебе в жизни всегда счастливые, всем довольные люди, которые всегда находят повод улыбаться? Как ты на них реагируешь:

- Осуждаешь: мол, дурачок какой-то?
- Или тебе тоже становится радостно на душе?

Если первый вариант, то спешу тебя огорчить: ситуация запущенная. И только ты сам можешь принять решение выйти из нее. В противном случае это будет отравлять и разрушать тебя изнутри. В том числе и твое физическое тело.

Если ты предпочитаешь второй вариант, для тебя и таких, как ты, счастье — это привычка, радость — образ жизни. Это и есть высокий уровень вибраций, о котором сегодня часто говорят. Чтобы перейти на него, необходимо изменить свой способ и структуру мышления — переключиться на позитивный исход ситуации. Проигрывай в сознании лучший сценарий, но при этом расслабленно доверяй Вселенной, чтобы оставалась энергия для реализации задуманного.

Упражнение «Банка счастья»

В конце каждого дня на стикере я записываю один счастливый момент, который произошел со мной за этот день. Стикер отправляю в мою банку со счастьем. Даже в самом плохом дне есть какие-то счастливые мгновения или по крайней мере то, что было наименее плохим.

Ты можешь не собирать стикеры, а записывать хронику счастливых мгновений в блокноте.

Так у тебя накопится целая банка или книга счастья! Ты сможешь перелистывать свои записи в трудные времена. Когда тебе особенно грустно и одиноко. В конце года, когда хочется подвести итоги. В день рождения, когда хочется вспомнить ушедший год.

Тогда ты увидишь, что после каждой грозы возвращается солнце, а в самом черном дне обязательно найдется проблеск света.

Одна лавина за другой

Предстоящая операция стоила очень больших денег. Чтобы ее оплатить, пришлось взять часть средств от проданной маминой квартиры. Денег на то, чтобы обустроить две новые квартиры, у меня не осталось. Еще какую-то часть на лечение выделил Майкл.

В конце декабря я снова отправилась в Германию. Вторую операцию мне назначили на начало января. Немецкие врачи сказали, что вкрапления, которые украинские врачи приняли за метастазы, — это пограничная опухоль. Бомба замедленного действия, которая может долго оставаться в спящем состоянии, а может в любой момент рвануть, поразив все близлежащие органы. Чтобы понять, насколько все серьезно, нужно было хирургическое вмешательство.

Перед операцией мы с Майклом успели попутешествовать по Европе. Съездили на машине в Италию, посетили Австрию и Чехию. Поездка в Прагу стала его подарком мне на день рождения. Он очень старался помочь мне морально — поддерживал мой энтузиазм и желание жить, следил за тем, чтобы я не унывала.

Я не хотела снова ложиться под нож, не хотела снова окунаться в атмосферу тревоги, чувствовать физическую боль и даже просто вспоминать о своем диагнозе. Майкл, мама и мои близкие буквально умоляли меня сделать вторую операцию. Я упиралась, потому что хотела услышать, что говорит мой внутренний голос, но у меня не получалось. Я не понимала, правильное это решение или нет. Но в итоге, проанализировав все факты, я все же согласилась и поехала в клинику.

Мы вернулись в Германию, и на следующий день я легла на операционный стол. В конце концов я поняла, что мне нужна помощь, и я готова была эту помощь принять. Всю свою жизнь я оказывала подмогу другим, а тут все оказалось наоборот. Мне было сложно смириться со своей новой ролью. **Но реальность нужно принимать такой, какая она есть. Научись принятию и смирению. И конечно же, позволяй людям помогать тебе, когда помощь необходима.**

Я чувствовала, что нахожусь в надежных руках — со мной работали специалисты высочайшего уровня. Я наконец приняла свою болезнь и действительность, в которой очутилась. Я осознала, что операцию необходимо делать очень срочно.

Мои опасения оказались напрасными: все прошло быстро, аккуратно, в десятки раз спокойнее и проще, чем в украинской клинике. По сравнению с прошлой операцией я осталась почти нетронутой — немецкие врачи сделали всю работу через микроскопические отверстия.

Когда я отошла от наркоза, они сказали, что их украинские коллеги «забыли» внутри меня вату и бинты. Если бы не повторная операция, неизвестно, смогла бы я выжить, будучи напичканной инородными предметами. По-хорошему я должна была подать на украинских врачей в суд, но прошло слишком много времени — все сроки истекли. Но я уверена: если бы я осталась в Украине, меня бы залечили до смерти.

Ситуация складывалась очень неоднозначная. С одной стороны, вторая операция прошла успешно, рак был остановлен. С другой — врачи сказали, что в целях безопасности надо удалить все остальные органы в пределах одной системы. В случае с раком всегда лучше действовать на опережение. Так было и с Анджелиной Джоли — она приняла сложное решение удалить молочные железы, чтобы не допустить развития онкологии.

Так как моя болезнь проходила по женской линии, немецкие доктора заявили, что, если я хочу иметь детей, рожать нужно прямо сейчас. Потом, после удаления всех органов, которое может понадобиться в любое время, выносить ребенка у меня не получится. Таким образом, в 25 лет у меня могла наступить менопауза[8].

8 Менопауза — этап жизненного цикла женщины, означающий окончание репродуктивного периода.

Все время, что я провела в немецкой больнице, за мной ухаживал Майкл. Он был очень чутким и внимательным — его любовь и забота достигли невиданных размеров. Он дарил цветы, надевал мне чулки, часами ждал, когда я усну и проснусь, потом гулял со мной по парку, выполнял все мои просьбы и капризы.

Как-то раз, уже после выписки, мы поехали в Мюнхен. Там мы пошли в музей BMW — это любимая марка Майкла. Музей был великолепный, я наделала кучу фотографий, не могла насмотреться на сверкающие автомобили. Делая очередное фото, через экран телефона я заметила, что Майкл сильно изменился в лице, как будто его ударила молния. Открыв новости, я поняла, в чем дело. Заголовки всех новостей пестрили сообщениями о том, что произошло с его отцом...

Их семейная ситуация вышла из всех берегов. И это было во всех СМИ. Нужно было срочно принимать решение. Дело могло затронуть и самого Майкла. Оставаться в Германии было небезопасно. Он взял билеты на ближайший рейс в Канаду и улетел. Я же поехала в Киев, чтобы завершить все нерешенные вопросы.

После операций мне требовалось постоянное наблюдение врачей и регулярные обследования. Так как мы с Майклом до сих пор не были женаты, из-за некоторых формальностей получить нужный уход в Канаде я не могла. Вопрос о нашем браке встал ребром: либо Майкл немедленно предпринимает какие-то действия, либо я остаюсь на европейском континенте. Тянуть больше было нельзя, на кону стояло мое здоровье и жизнь.

В итоге весной я снова полетела в Канаду. В июле 2018 года мы с Майклом расписались.

Идти только своей дорогой

Смертельно опасные болезни — то, чего мы ожидаем меньше всего. Всегда кажется, что это может случиться с кем угодно, но точно не с нами. И когда это происходит, в такую реальность очень трудно поверить, к ней трудно привыкнуть и трудно с ней смириться.

Я дала себе четкую установку: я абсолютно здорова. То, что со мной произошло, навсегда останется в моем прошлом. Мне нужно было пройти через принятие себя и своего диагноза, проработать эту проблему и полностью ее ликвидировать. Да, у меня случился рак, но я его победила и не хотела хранить внутри себя моральный осадок от болезни. Я знала, что мое будущее — это счастье, энергия, любовь и жизнь, а не больничные палаты и вечная депрессия.

Конечно, болезнь меня шокировала, но в глубине души я понимала ее истоки. Я всю жизнь проходила регулярные обследования, сдавала анализы и всегда получала хорошие результаты. На моем здоровье трагично сказался последний год, который я провела в социальной изоляции. Причина моей онкологии — это задавленные действия и эмоции. Я постоянно подавляла свои чувства, и рано или поздно они должны были где-то взорваться — как шар, наполненный жидкостью, на который наступили тяжелым ботинком. Вышло так, что нереализованный ресурс приобрел форму раковой опухоли.

Сейчас я понимаю, что моя 17-я энергия, которая циркулирует по моей матрице[9], означает *публичное проявление*. В канадский период жизни, когда я прервала почти все

9 Полную расширенную трактовку всех энергий матрицы и ее правильный расчет я покажу в своей второй книге.

социальные связи, меня этого проявления лишили. То есть попросту отняли возможность исполнять мое жизненное предназначение. Вместо того чтобы раскрываться и проявляться, я замкнулась глубоко в себе, закрылась от внешнего мира и начала гаснуть. «Я же будущая жена, я должна жертвовать ради своего мужчины, раз он оказался в сложной ситуации», — думала я, лежа в постели в полном одиночестве. И вот какой результат из этого получился — онкологическое заболевание.

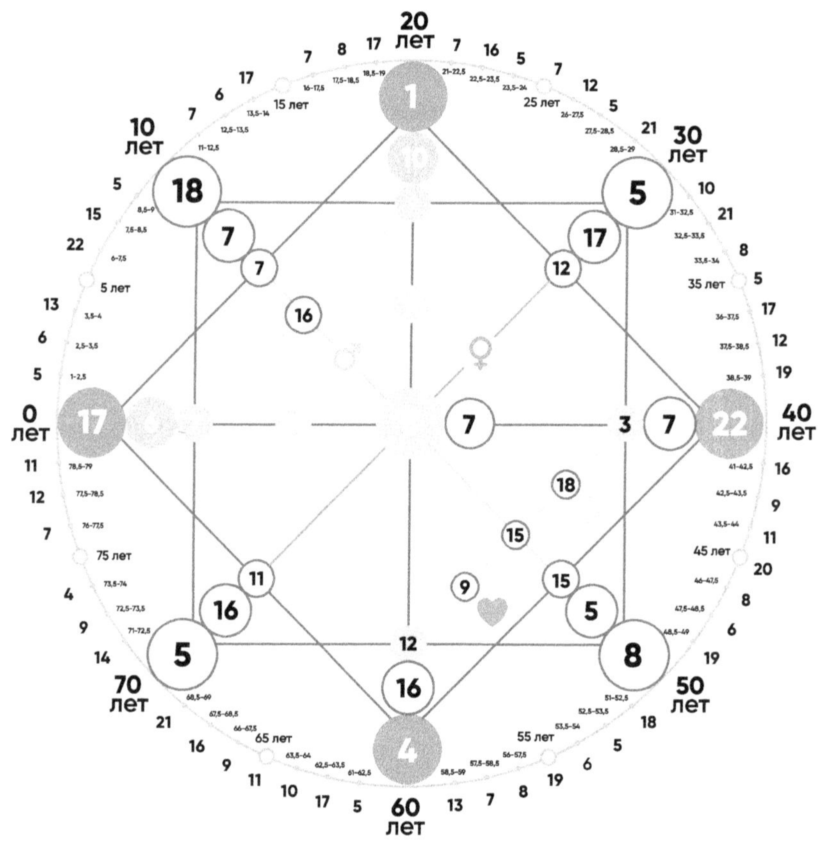

Рис. 3. Моя матрица

Уехав в Канаду, я начала жить не своей жизнью, пошла не по своей дороге и пожертвовала собой ради мнимого счастья, социальных норм и кем-то установленных стандартов.

Я готова повторять это тысячу раз: всегда нужно слушать себя и свои потребности. Всегда нужно в первую очередь выбирать себя. Не стоит стремиться быть похожим на кого-то, не надо искать кумиров и жить установками других людей. Иди своей уникальной дорогой. Слушай себя и свою душу. Ты — индивидуальность, ты — твоя собственная сила и мудрость.

Быть собой — вот одна из главных ценностей в жизни. И даже если в тебе есть какие-то изъяны, ты все равно прекрасен.

Если ты уже знаешь, в чем твое предназначение, исполняй его и никуда не сворачивай. Следуй зову внутреннего голоса — он никогда не обманывает. Доверяй своей интуиции. Сегодня твоя миссия может заключаться в помощи детям, а завтра — в выступлениях на сцене и рассказах о своем опыте и чувствах. Сегодня ты парикмахер по зову сердца, а завтра — художник. И в том и в другом случае есть своя миссия, роль.

За всю жизнь таких ролей может быть множество — или только одна. Все зависит от задачи твоей души. Когда другие говорят, что менять работу так часто — это ненормально и надо уже остепениться, скорее всего, они просто не углублялись в твои индивидуальные особенности личности. Так вот, дорогой мой друг, я тебя обрадую. Возможно, задача твоей души — именно заниматься проектной работой, а не утопать в скучной рутине. Главное в этом случае — ПОНЯТЬ СЕБЯ.

Глава 8.
Букет невесты и люди в черном

Весь мой восстановительный период после операции мы с Майклом провели в Германии. На очередном приеме врач вдруг сказал нам:

— Ну что, пора заниматься репродуктивными вопросами, если вообще хотите когда-нибудь иметь детей.

Конечно, мы и до этого знали, что однажды у нас будет ребенок, но чтобы вот так, по срочной необходимости...

— Даю вам один год на попытки. Если не получится, приезжайте к нам, — улыбнулся он, протянув брошюру, на которой сияла фотография счастливой матери с младенцем на руках. Я уже знала, что в этой клинике есть направление репродуктивной медицины.

Только вернувшись в Канаду, мы с Майклом решились поговорить об этом. Я попыталась еще раз объяснить, что при моих проблемах со здоровьем, если я завтра забеременею, он рискует остаться с ребенком один. Майкл кивал, и мне казалось, что он готов и понимает всю серьезность ситуации.

Разговаривать с партнером о своих страхах очень важно. Если замалчивать их, они не исчезнут, а рано или поздно сыграют свою роль в происходящем. Не стоит молча соглашаться друг с другом только потому, что вы не можете поговорить. Жертвенности не место в отношениях.

Я видела, что Майкла пугает финансовая сторона, и твердила, что мы вместе разберемся с этим и нужно решать вопросы по мере их поступления, как привыкла делать я. Но это не помогало ему справиться с диким страхом, что сейчас мы не потянем малыша, особенно так, как ему бы хотелось, — с нянями и прочими удобствами. Наверное, он представлял это лучше меня, потому что у него уже был ребенок. На нас мог свалиться груз серьезной ответственности, но я верила, что, разделив его напополам, мы справимся.

Мама, подруги и все мои близкие в один голос твердили:

— Все будет хорошо, у тебя замечательный мужчина рядом. Есть от кого рожать.

Никто не возражал против моей беременности, и это меня ободряло. Если бы только хоть кто-то тогда сказал мне, насколько это будет сложно... Если бы все те, кто поддержал словом, поддержали меня в дальнейшем и делом... Потом, сидя одна в этой лодке, которую мотало штормом из стороны в сторону, я часто вспоминала тех, кто говорил: «Все будет хорошо!» — а в итоге оставил меня, даже не попытавшись кинуть мне спасательный круг. Это взгляд матери, которая уже прошла через все, осознав, что всю ответственность принимаешь на себя ты сама. Ребенка ты рожаешь ТОЛЬКО ДЛЯ СЕБЯ. И если ты хочешь родить больше одного ребенка, ты должна осознавать, как ты будешь ОДНА с ними справляться. Потому что в любой момент обстоятельства жизни могут измениться, но дети от тебя не денутся никуда.

Поддержка на словах не всегда означает поддержку на деле, а фраза «все будет хорошо» порой не значит вообще ничего.

В периоды между овуляциями я разбиралась с делами: предстояло закрыть магазин и искать новую квартиру —

в нашей негде было повернуться. Найти что-то попросторнее с нашим бюджетом казалось попыткой разжечь костер во время ливня, но я не переставала надеяться.

Возобновились разговоры о свадьбе. Я не знала не только когда и где она будет, но и вообще — женимся мы или нет. Это был уже седьмой раз, когда мы назначали дату. Однажды Майкл даже оплатил услуги выездного регистратора, но мы поссорились — и все отменилось. На этот раз мы обратились к тому же человеку, но дату я не знала до последнего. Свадьба-сюрприз.

Я сразу сказала Майклу, что от меня только букет невесты, а всем остальным заниматься я не буду. Вскоре он сообщил, что удалось забронировать тот самый ресторан, где мы праздновали нашу годовщину. Это место мне нравилось, а главное — кажется, мы наконец определились с датой... Свадьба — завтра!

Утром я погрузила в машину все необходимые вещи, свадебное платье, которое два года ждало своего часа, — минималистичное, по фигуре, с декольте, расшитым тонким кружевом, оно все так же сияло роскошной белизной — и помчалась к подруге, флористу Кате. Майклу удалось забронировать место только на утро, мне оставался всего час на сборы. Катя две недели назад родила и сидела одна дома с сыном Лео. Вряд ли она в тот день думала, что я появлюсь на ее пороге с такой просьбой.

— Кать, вот такой букет нужен, — я показала ей картинку на телефоне. — Сейчас поеду в соседний магазин, если там будут для него цветы, то куплю — и сделаем. А если нет — придумаем что-нибудь другое. Ты пока собирайся, ты же моя свидетельница.

Цветов для букета мечты я не нашла. Все, что было, — унылые гвоздики и одинокая орхидея в горшке. Этот горшок-то я и купила, и мы с Катей за пять минут обрезали цветы и составили композицию. В оставшееся время мы пытались нарядиться и сделать прически, параллельно собирая сонного Лео, который только строго морщился и перебирал крохотными ручками. Катино платье я помогала застегнуть уже в машине. И вот наконец мы втроем поехали в ресторан, где ждал Майкл.

В жизни не забуду, какая напряженная атмосфера царила в зале, где нас должны были расписать, когда я туда вошла... Я опоздала на пять минут и почувствовала острое осуждение в свою сторону: мол, что, на собственную свадьбу поторопиться не могла? Некоторые из гостей были в черном — как будто пришли не на свадьбу, а на похороны. Всю церемонию я находилась в стрессовом состоянии, такое же липкое ощущение, казалось, повисло между гостями. Я ощущала такое напряжение, что мне казалось, что вот-вот зазвенят оконные стекла или перегорит все освещение в зале. Я видела, что Майкл тоже нервничает и переживает и ему очень некомфортно. Эта свадьба была совсем не похожа на ту, что я представляла себе два года назад. Такое ощущение, что передо мной разыграли театральный спектакль, на который по ошибке пришли не те актеры.

Пока регистратор произносил все положенные фразы, я искоса поглядывала на Майкла. Он держался отчужденно и даже не смотрел в мою сторону. Его предупредили о том, чтобы не было никаких фотографий в соцсетях и прочих «улик».

Праздновать мы отправились узким кругом друзей. С нами был Лео — малыш, который неожиданно вывел Майкла из состояния транса. Муж начал носиться с ним как с писаной торбой, предложил погулять с коляской по городу и постоянно проверял, не надо ли вытереть Лео носик или поправить кофточку.

— А он будет суперпапой, — шепнула мне Лена. — Если у вас еще и девочка родится, то он вообще с нее пылинки сдувать будет.

Для меня было дико даже просто взять Лео на руки. Ведь до этого нянчить мне было некого, так, пару раз повозила коляску с племянником. Дети казались мне маленькими инопланетянами, я видела их издалека и не представляла, как с ними обращаться.

— Маш, смотри как надо, учись, — Майкл со смехом показывал мне, как правильно держать Лео. А мне оставалось только надеяться, что с нашим ребенком я как-нибудь справлюсь.

Найти себя

Через неделю после свадьбы был день рождения Майкла, и мне захотелось подарить ему символичную картину. Я даже знала какую: со львом и львицей — две благородные большие кошки, чья шерсть переливается золотом, преданно смотрят друг на друга блестящими глазами. Мне нужна была только такая картина и никакая больше, но я нигде не могла найти ничего похожего.

Тогда я отправилась в магазин «все за 1 доллар» и набрала красок. Придя домой, разложила перед собой и напряженно уставилась на них. А дальше-то что? Я ведь никогда в жизни не рисовала картин, ни руки, ни глаза не понимали, с чего начать. Мне пришла в голову идея позвонить Артему, потому что никого более творческого я на тот момент не знала. Артем с охотой согласился мне помочь. Мы нашли в интернете подходящую картинку, и он объяснил мне, как можно легко и быстро ее срисовать, расчертив холст на квадратики.

Всю оставшуюся неделю я тайком от Майкла рисовала львов, отдавшись вдохновению и провалившись в него, как в бездонный океан. Дело осложняли жара в +46 °С и кошечка Буня, которую мы купили сразу после свадьбы. Совсем крошка, она очень переживала, если вдруг теряла меня из виду. Стоило мне зайти за угол, как Буня начинала громко мяукать, к тому же надо было постоянно следить, чтобы она сходила в лоток, а не мимо. В итоге бо́льшую часть картины я нарисовала в туалете, сидя на закрытом унитазе, пока Буня увлеченно копала свой наполнитель.

Если по-настоящему стремиться к результату и внимательно смотреть, как это делают другие, можно многому научиться по пути, даже рисовать львов.

Результатом своих трудов я осталась довольна и торжественно вручила картину Майклу. В то время у нас еще все было хорошо...

Сразу после того, как мы расписались, я подала документы на получение вида на жительство, и начался иммиграционный процесс длиной в два с половиной года.

Мы тогда подружились с Лили и ее мужем — она армянка, а он из Питера. Жили они этажом выше, и Лили, будучи иммиграционным адвокатом, взялась мне помогать. Она говорила, что это займет от 4 до 12 месяцев, и никто тогда не мог знать, что все пойдет совсем не так. Но зато я быстро получила медицинские документы и разрешение на работу.

Постепенно я привыкала к своей новой роли и к мысли, что Майкл теперь не просто мой парень, а муж — тот самый храбрый лев с картины, ответственный за свою семью. По крайней мере, мне так казалось. Гештальт насчет замужества был закрыт, и настала пора подумать, а чего же я хочу еще.

Оказалось, что хочется мне собственного развития, потому что быть домохозяйкой — не моя история, я слишком деятельна для этого. К тому же я всегда хотела быть полезной людям, даже если мне за это не будут платить. И я решила хвататься за любую соломинку, которая может вывести меня в социум.

Прожив полтора года в Канаде, я уже начала понимать, как и что здесь функционирует и как мне привести себя в чувство. В целом этого времени обычно бывает достаточно, чтобы адаптироваться в новой стране. Конечно, очень влияет окружение — оно как жидкость, от которой зависит, в какой цвет окрасится лакмусовая бумажка.

Если вокруг достаточно людей, с которыми комфортно, которые говорят на твоем языке, то нужно намеренно выходить из этого круга, выталкивать себя из зоны комфорта, иначе не удастся адаптироваться в чужой стране.

У нас к тому моменту появилась вторая машина, и я начала водить. Это давало мне определенную степень свободы: можно было в любой момент уехать куда-нибудь, побыть одной. Машина — мой дом на колесах, мое пространство, в котором я до сих пор провожу много времени. Панцирь, в который можно спрятаться в минуты сомнения и глубокого раздумья и из которого никто меня не достанет. Поэтому для меня важнее, как она выглядит внутри, а не снаружи. Это обязательно должен быть светлый салон, который не давит на меня морально, а наоборот — дает простор для размышлений.

После того как нарисовала свою первую картину, я стала часто посещать выставки и рассматривать технику живописи: как художник накладывает мазки, какие выбирает тона, как размещает предметы на разных планах. Я фотографировала картины, искала новые идеи и рисовала, рисовала... Больше всего меня вдохновляли животные, ведь природа — лучший художник. Ее создания идеальны, невероятно красивы в мельчайших деталях. Мне казалось, я смогу создавать неплохую живопись.

Вскоре мне на глаза случайно попалось объявление о том, что популярная монреальская русскоязычная газета набирает желающих на летние курсы по журналистике. Привлекло то, что там будут русскоговорящие люди и у меня появятся не только новые знакомые, но, может быть, и целое комьюнити. Курсы оказались простенькие, но нам дали неплохую базу, и вскоре вышла моя первая статья «Отправимся в настоящее интеллектуальное путешествие» — репортаж об IQ-батле. Когда видишь в газете свой материал — это приятно, но потом я поняла, что нас используют как бесплатную рабочую силу. И мой энтузиазм начал угасать.

С живописью дела шли не очень гладко, хотя одну из первых своих картин я все-таки продала за неплохие деньги. Чем больше я рисовала, тем сильнее разочаровывалась. Оказалось, не все люди видят искусство и красоту так, как ее вижу я. Да и рынок был перенасыщен, и я не получала той обратной связи, которой мне хотелось. Ведь я вкладывала в свои картины столько сил и времени, но не могла их продать. Дома тоже все не повесишь, поэтому мое творчество отправлялось на склад, что, с моей точки зрения, было неуважением к собственному времени. Это демотивировало.

Даже на самом большом энтузиазме невозможно тащить свое дело, если в него никто не верит и нет обратной связи.

Вскоре мы снова съездили в Германию. Доктор осмотрел меня, подтвердил, что все хорошо, и посоветовал сосредоточиться на беременности. Поскольку год попыток прошел впустую, мы все-таки решили обратиться к репродуктологам.

В машине на парковке у клиники я еще раз попробовала завести серьезный разговор:

— Послушай, мы сейчас идем на серьезный шаг. Ты должен это понимать.

Майкл ответил:

— Ты моя жена, и у тебя такие вопросы по здоровью... Разве я могу поступить иначе?

Его слова не добавили мне уверенности. Они звучали так, будто Майкла только что распяли на кресте, без возможности выбора, без шанса сказать «нет». Справедливости ради скажу, что и мне выбора не оставили. Поставили перед фактом, как пилота космического корабля, который уже взлетел и обратно больше не вернется.

Репродуктолог, ознакомившись с моими медицинскими документами и узнав, что мы пытаемся уже год, нахмурился и задумчиво сказал:

— Это уже длительный период, будем принимать меры.

А дальше были четыре спермограммы, миллион исследований, бесконечные походы по врачам и уколы гормонов в живот — ставить их Майкл научился еще после моей операции. Он максимально включился в процесс, и я чувствовала, что у меня есть партнер и его поддержка, а значит, все действительно будет хорошо.

Тест, поделивший жизнь на до и после

Прошло почти 10 месяцев, я начала набирать вес на гормонах — жидкость застаивалась в организме. Но другого выхода врачи не видели.

Поскольку мы с Майклом теперь были женаты, то могли делать внутриматочную инсеминацию (IUI) в рамках бесплатных государственных программ. После третьей бесплодной попытки я сказала, что колоть гормоны больше не стану, будь что будет. Если не судьба забеременеть, то пусть так и будет, а наносить вред своему здоровью такими серьезными препаратами я не хочу.

На очередном УЗИ в июле мне сказали, что на этот раз, наверное, не получится, потому что яйцеклетка не до конца созрела. Я понимала, что теперь, когда я отказалась от гормонов, чаще всего так и будет. Подсадку все-таки сделали, но я уже ни на что не рассчитывала и перестала себя жалеть и беречь. Начала активно заниматься спортом, ходить в зал.

Через какое-то время, как раз перед днем рождения Майкла, в гости приехали мои подружки из Нью-Йорка, мы повели их гулять, несмотря на то, что у меня начался новый цикл. В 40-градусную влажную жару мы героически взобрались на гору Мон-Рояль, которая находится в самом центре города, получившего от нее свое имя. С меня сошло семь потов, но вид на Монреаль того стоил. У наших ног раскинулось зеленое море густого парка, за ним, поблескивая стеклами, вставали небоскребы, а дальше переливалась на солнце широкая река с перекинутыми через нее мостами. На самом горизонте призрачно синели далекие горы.

До вечера мы исколесили почти весь город и напоследок присели в ресторанчике. Мне, почти никогда не пьющей, почему-то невероятно захотелось заказать коктейль, и я выбрала «Кир Рояль». Когда принесли бокал, достаточно было лишь взглянуть на него, чтобы понять, что я не смогу сделать и глотка. В итоге я так и не притронулась к напитку.

Придя домой и мельком глянув на себя в зеркало, я горько вздохнула. Ну какая же пышка! Нос опух, веки потяжелели, а ноги! Ноги-то как отекли, и ведь я уже не колю гормоны, сколько это будет еще продолжаться? С другой стороны, как еще можно выглядеть после бесконечной прогулки в такую жару?

В день рождения Майкла, перед поездкой в ресторан, у меня были странные ощущения. И я попросила заехать в аптеку по дороге — за тестом на беременность.

В ресторане все было как обычно: все ели в напряженном молчании. Я уже привыкла и больше не переживала по этому поводу. Майклу же было вообще не до этого, потому что жену лучшего друга недавно увезли в больницу и она вот-вот должна была родить. Он сидел рядом со мной как на иголках и поминутно поглядывал на дисплей телефона.

— Выйдем? — шепотом предложила я. Мы разошлись по разным уборным, я достала тест, по-прежнему считая, что это бред какой-то, а Майкл за соседней дверью звонил другу.

— Ну что? — спросил он, когда мы встретились в коридоре. А я не знала, что ответить: тест показал одну четкую полоску и еще одну настолько бледную, что ее и за полоску-то с трудом можно было принять.

«Твой хваленый тест оказался какой-то бракованный», — написала я подруге Кате и скинула фотографию. «Ну не знаю, я вижу две полоски», — ответила она. Вот и я не знала и до понедельника узнать не могла. Была пятница, и анализы сдать я уже не успевала.

«Если бы сегодня я узнала о своей беременности, это был бы джекпот в день рождения мужа», — подумала я. Мы вернулись домой, но я не могла найти себе места. Дотерпеть до понедельника казалось нереальным, и я отправила Майкла в аптеку за тестом подороже — иначе вообще не сумела бы уснуть в эти выходные.

Прекрасно помню этот момент. Я стояла на кухне нашей квартиры-студии с тестом в руках и не понимала, как это вообще возможно. Майкл сидел на диване и заматывал скотчем какую-то коробку. Наконец я пришла в себя и показала ему положительный результат.

— Так я и знал, — сказал Майкл, не отвлекаясь от коробки, и я никогда не забуду эти слова.

И это все?!

Кажется, секунду назад передо мной сидел один человек, с которым мы вместе и у нас все хорошо. А теперь я видела совсем другого... совершенно чужого и незнакомого. Лицо Майкла осталось каменным и равнодушным, он думал о чем-то своем.

Тест на беременность показывает не только то, что должен показывать, но и как на самом деле пара относится друг к другу.

С этого момента все полетело в пропасть.

Глава 9. Новые семейные тайны

С той минуты, когда я увидела две заветные полоски на тесте, моя жизнь поделилась на до и после. Майкл стал холодным, полностью ушел в себя и закрылся в своей раковине. Я пыталась вытащить его оттуда, предлагала то съездить в магазин и посмотреть детские коляски, то подумать над именем для малыша, то прогуляться вместе. Но стенки его раковины с каждым днем становились все толще и прочнее — пробиться к нему было просто невозможно.

Если он соглашался на прогулку, я снова старалась вызвать его на диалог по поводу моей беременности и будущего ребенка, но муж только просил:

— Пожалуйста, можно поговорить о чем-то другом? Я сейчас не хочу обсуждать это, времени еще много.

А когда, если не сейчас! Видимо, чтобы избежать неприятных разговоров, Майкл стал часто уходить из дома, чтобы побродить в одиночестве по парку.

Но это были еще не все странности. Муж начал пугать меня в прямом смысле слова. Он мог внезапно выскочить из-за угла с ребяческим воплем «бу», от чего у меня подгибались колени и я хваталась за мебель, чтобы не упасть от неожиданности. Раньше Майкл никогда так не делал, и я надеялась, это он не специально для того, чтобы я потеряла ребенка. Нет, такого точно не могло быть.

Мы никому не говорили о моей беременности, муж прятал меня ото всех. Если нам нужно было появиться вместе в семейном кругу, он шипел мне в ухо:

— У тебя живот видно. Ты что, не можешь его втянуть?

Конечно, видно и, конечно, не могу — третий месяц пошел.

Родственники, несмотря на все ухищрения Майкла, начали что-то подозревать. Дело было в моих изменившихся вкусовых предпочтениях, и они всегда интересовались, почему я не ем вот это, почему не попробую то. Майкла раза три спросили, не беременна ли я, но он категорически все отрицал. Это был театр двух актеров, в котором я очень не хотела участвовать, но мне приходилось.

Честно говоря, я не понимала, к чему все эти секреты, мы все равно не сможем скрывать мою беременность вечно. Или когда ребенок родится, мы и его прятать будем? Когда я задавала закономерные вопросы, муж отвечал, что его мама не должна узнать, иначе лишит наследства. Тогда это казалось мне полной ерундой, а сейчас я понимаю, что первый ребенок у Майкла получился случайно и ему за это прилетело, поэтому рассказать маме о моей беременности значило для него снова испытать стресс.

Тем более что мама Майкла до сих пор не знала даже о том, что мы женаты. Он отговаривался тем, что у нее много своих проблем и ей не до этого. Но разве наш брак — проблема?

Как-то раз, через полгода после свадьбы, мы провели вместе неделю в шале в горах. Я постоянно просила мужа рассказать все маме, и он обещал, что сделает это, но так и не нашел повода и подходящего времени. Из-за этого во время поездки я не чувствовала себя членом семьи, женой — просто случайная девочка, которую взяли с собой на отдых. Предмет декора, который не обладает абсолютно никакими правами. Когда мама Майкла улетала, он якобы все рассказал ей в аэропорту, но вряд ли это было правдой.

На пятой неделе беременности я полетела в Киев — билеты у меня были уже давно, и я не стала отменять поездку. Там я наконец-то получила ту реакцию, которой безуспешно ждала от мужа. Мама, услышав о том, что скоро станет бабушкой, уронила на пол ложку, которой собиралась помешать дымящийся на плите суп.

— Да ты что! Какая радость! — воскликнула она и бросилась от души обнимать меня — так, что я чуть не задохнулась.

Едва приехав, я сразу записалась на первое УЗИ — в Канаде беременным не назначают никаких обследований и не наблюдают до 12 недель. Если что-то идет не так, беременность спасти не пытаются, считая это естественным отбором. Мне повезло, что я была в Украине…

После УЗИ я решила сходить на премьеру фильма «Король Лев», где прорыдала от начала до самых титров — хотя сюжет знаком с детства, невозможно не сопереживать Симбе и его отцу. Выйдя из кинотеатра, я почувствовала: что-то не то, странная тяжесть внизу живота заставила поторопиться.

Из кинотеатра меня забрала скорая помощь — в результате положили в больницу на сохранение.

Майкл присылал огромные букеты роз — впервые за эти три месяца я снова чувствовала от него то же внимание, что и раньше. Так хотелось надеяться, что теперь он все осознал и наши отношения вернутся на круги своя — он снова будет окутывать меня своей львиной любовью и лаской. Но я старалась об этом не думать, максимально сконцентрировавшись на своем здоровье и состоянии.

Кроме мамы, о беременности я больше пока никому не говорила, даже подружке, с которой мы пошли на пляж вскоре после того, как меня выписали из больницы. Я, конечно, не купалась, только поглядывала из-под пляжного зонтика на солнечные блики на водах Днепра.

— Маш, у тебя такая грудь, как будто бы троих откормила, — с подозрением отметила подружка, внимательно меня разглядывая.

— Ну, я же приехала домой к родителям, отъедаюсь, как положено, — отшутилась я.

В Монреаль я возвращалась с крошечной надеждой на то, что Майкл будет вести себя по-другому теперь, когда я едва не потеряла нашего ребенка. Но дома (если это можно было назвать домом) меня ждало все то же самое.

Есть мужчины, которые не готовы принять на себя сполна ответственность за семью. Они красиво ухаживают, и конфетно-букетный период будет просто потрясающим. Но когда женятся, все равно остаются в состоянии максимальной внутренней свободы. Таких мужчин нужно проверять действиями и задавать им прямые вопросы, не стесняться вести диалог, чтобы потом ни для кого не было неприятных сюрпризов. Внутри у каждого может быть своя «красивая история».

Майкл уезжает

Спустя какое-то время муж поставил меня перед фактом, что его ситуация в Украине понемногу разрешается и появилась возможность вернуться. Честно говоря, эта возможность у него была всегда: риски оставались, но они не были прямыми, очевидными. И тут вдруг он решился, словно перспектива вернуться пугала его меньше, чем жизнь со мной и ребенком под одной крышей. Видимо, ситуация так давила на него, что он готов был бежать куда угодно, на любых условиях. Кажется, в тот момент даже тюрьма показалась бы ему более комфортным вариантом, чем компания меня и малыша.

— Пойми, мне нужно думать, как вас обеспечить, потому что у нас с тобой не хватит денег нормально содержать ребенка, — убеждал меня Майкл. — Я поеду, встану в Киеве на ноги, обустрою наш быт, сделаю все, чтобы вы с ребенком чувствовали себя комфортно. А потом приедешь ты.

Он напоминал, что у него там мама и три сестры и о них некому позаботиться.

Он говорил так честно, так искренне, что я верила — да и что мне оставалось? Иногда пробовала возразить, спрашивала, как же муж оставит меня здесь одну, в положении, но Майкл быстро придумал выход: я должна была отправиться в гости в Америку — к Веронике, с которой мы когда-то начинали вместе цветочный бизнес.

— И пожалуйста, по-прежнему не сообщай ничего моим родственникам, — добавлял он.

Пока Майкл готовился к поездке в Киев, я окончательно убедилась, что наши отношения никогда не будут прежними. Мне было интересно, понимает ли это он? И понимает ли, что и Киев уже не тот, из которого он уехал в 18 лет? Тогда

Майкл жил в атмосфере вседозволенности и вседоступности, а сейчас возвращается совсем на других позициях, без тех возможностей, что были тогда. Жизнь с чистого листа, белое нетронутое полотно.

На нервах от всей этой ситуации я умудрилась заболеть, и Майкл повел меня к врачу. Я раздражала его.

— Не сопи, пожалуйста! Ты можешь не кашлять? — без конца ворчал он. Может, мне еще и не дышать? В том, что он пошел со мной, больше не было заботы — только необходимость, обязанность.

В наш последний вечер перед отъездом Майкла я решилась сказать вслух:

— Хочу запомнить наши отношения сейчас, потому что такими они больше не будут никогда.

Он отмахнулся:

— Да что ты придумываешь? Не начинай, а! — и наклонился, чтобы ласково проститься… с кошкой. Гладил ее, говорил что-то нежное и забавное. Мне больше не сказал ни слова, подхватил чемодан за ручку и пошел вниз, где его уже ждали родственники на машине, чтобы отвезти в аэропорт.

Мне, с моим уже слишком заметным животом, показываться было запрещено. Я даже не могла проводить в аэропорт мужа, с которым расставалась на неизвестное время. Мы попрощались у выхода из подъезда. Хлопнула входная дверь, я нажала кнопку лифта, который тут же приветливо открылся. С тихим гулом поехала наверх, в пустую, безмолвную квартиру — некогда нашу с Майклом, а теперь совершенно чужую.

И в этот момент осознала: в ту самую секунду, как я узнала о беременности, на меня с огромной скоростью понеслась разрушительная снежная лавина, собирающая за собой камни, валящая с ног деревья. Это оказалось страшнее и сложнее, чем пережить онкозаболевание. Тогда шла речь только о моей жизни, а сейчас я была ответственна не только за себя.

Я стояла на пороге квартиры и думала: теперь это моя реальность — ком в горле, эхо в комнате и радостно трущаяся о мои ноги кошка. И никого больше. Мир стал тяжелым, воздух — сухим и горьким. Все разом потемнело и поблекло, реальность сдавила виски и подкосила ослабевшие ноги. Я была совершенно истощена — обессиленная морально, я села на диван и почувствовала, какими влажными стали глаза. В районе солнечного сплетения органы скрутило нервным спазмом. Я поняла, что осталась абсолютно одна.

Я, малыш и кошка

Майкла не было третий день. Я была в полном одиночестве, словно заперта в этих четырех стенах на непонятный срок. Где-то на другом континенте мой муж общался с друзьями и находил всего 10 минут в день, чтобы поговорить со мной по телефону. Да и можно ли это назвать разговором? Сухой формальный отчет о событиях за день, а мне даже рассказать в ответ было нечего, потому что в моей жизни ничего ровным счетом не происходило. Не так я хотела жить: одна с кошкой и толкающимся в животе малышом. Не так я представляла себе отношения с Майклом и свою беременность.

«Тот, кто любит, должен разделять участь того, кого он любит», — писал Булгаков в романе «Мастер и Маргарита».

Поговорить о том, что я чувствую, было совершенно не с кем. Маму расстраивать не хотелось, друзья ничем помочь не могли, да и никто не мог. Я не знала, что делать дальше и зачем мне это все нужно. Выхода не было, только ждать, пока все как-нибудь решится, пока ситуация накалится до такой степени, что сама пробьет себе выход.

Поездка в Америку меня немного утешила. Наконец можно было отвлечься, посмотреть что-нибудь интересное, получить новые приятные эмоции, оставив все проблемы в тесной монреальской квартире и на пару дней про них забыв. Но, к сожалению, проблемы были такими всеобъемлющими, что и в другой стране спрятаться от них не получилось. Мы с Вероникой гуляли, любовались достопримечательностями, а по ночам я плакала, потому что Майкл теперь лишил меня даже этих 10 минут в день и мог вообще не позвонить.

Не получить сообщение от человека — тоже сообщение. Если мужчина не звонит, значит, он не хочет с тобой разговаривать. Все остальное — отговорки.

Зато он поделился со мной тем, что проводит много времени с лучшим другом. Майкл даже покупал его детям подарки — и это человек, который не хотел выбрать со мной коляску для собственного ребенка! Когда он не звонил, я мысленно перебирала варианты, где он может быть: сидит с друзьями в бане, или играет с чужими детьми, или…

Когда мы с Вероникой гуляли по городу, я просила фотографировать меня так, чтобы в кадр не попадал живот, поэтому у меня так мало красивых снимков, где видна моя беременность. «Маш, ты губы накачала? Грудь сделала?» — писали в комментариях, а меня все раздувало и раздувало.

Обратно в Канаду Вероника поехала со мной и очень помогла. Даже коляску мы выбирали вместе — Майкл оставил мне денег, но я все равно не чувствовала себя в безопасности. Спасала моя сдержанность, благодаря которой я проживала все то, что со мной происходит, не впадая в истерику. Мне приходилось держать все чувства в кулаке, который хоть и распух и посинел, но продолжал сжимать содержимое очень крепко.

В то время я начала разговаривать со своим малышом. Майкл же по-прежнему проводил время с друзьями, занимался бизнесом, не понимая, насколько несправедливо поступает по отношению ко мне. А ходить со мной на приемы к врачу он поручил своему другу...

Люди вокруг постепенно начали понимать, что у нас происходит, и были в шоке. Особенно те, кто видел наши отношения с самого начала. У меня даже иногда спрашивали:

— Что с тобой не так? Почему Майкл так себя ведет? Это на него совсем не похоже.

Ответа я не знала.

В такие времена важно создать позитивный фон, который не даст стагнировать и упасть в яму безвозвратно. Очень важна музыка, которую ты слушаешь, фильмы, которые смотришь, — все, во что погружаешься. Велика вероятность не отвлечься, а еще сильнее загнать себя в депрессию и раскиснуть окончательно. Это тот рецепт, который я рекомендую своим клиентам, и это то, что помогало мне оставаться на плаву в сложной ситуации. Вместо грустных песен и слезливых мелодрам в обнимку с подушкой нужно что-то мотивирующее. Что-то такое, что принесет пользу, а не просто отвлечет на пару часов.

Нейронные связи, которые формируются в такие периоды жизни, очень важны. Можно либо поверить, что ты сильнее всего этого, либо продолжать себя жалеть, еще глубже застревая в ловушке. Ни из-за чего не нужно убиваться — за это тебе никто не заплатит.

Тогда я часто вспоминала брата, который долго и тщательно готовился к соревнованиям, но в сборную не попал. Спортсмены умеют вытягивать себя из такого, падать и подниматься — Never give up. Если не помочь себе самостоятельно, то не поможет никто.

Если надеяться только на себя, перестанешь разочаровываться в людях, а настроение будет гораздо лучше. Когда

тебе плохо, представь, что ты тонешь. Утопающие не ждут, когда их спасут, а пытаются выплыть сами. Не жди помощи, поддержки, спасения. Спасай себя сам.

Все это вылилось у меня в юмор, переходящий в сарказм. Я частенько повторяла фразу: «Настроение — уехать с котом в Простоквашино». Мы обитали в собственном Простоквашине: я, мой малыш и Буня. Порой чувство юмора — единственное, что помогает держаться на плаву. Как лодка, которая тебя слегка раскачивает, и от каждого толчка и летящих в лицо брызг становится чуть повеселее.

Бесконечный анализ ситуации привел меня к мысли о том, что Майкл не просто так сорвался и уехал. Скорее всего, повторяется то же самое, что и с беременностью его первой девушки. Может быть, у него даже появился кто-то на стороне.

Хотелось закатить ему скандал, но рациональная часть меня брала верх. Если мы поссоримся так, что перестанем общаться, Майкл окончательно перестанет мне помогать. Кому в таком случае я сделаю хуже? Разумеется, я говорила ему, что мне все это не нравится, даже плакала в трубку, но никогда не доводила ситуацию до разрыва.

Это значило бы облегчить ему жизнь. Тогда Майкл мог бы всем говорить: «Маша перестала со мной общаться, потому что я уехал зарабатывать для нас деньги. Это она виновата». Мне же хотелось сделать так, чтобы он сам увидел, что натворил. Чтобы ему прилетел бумеранг от жизни!

Я заранее знала последствия: когда ребенок вырастет, не стану скрывать от него всех подробностей. Он обязательно узнает, как вел себя с нами его отец. У меня к тому моменту все будет хорошо, я смогу сама прекрасно обеспечивать нас двоих. Появится замечательный мужчина, которого мой ребенок будет принимать как отца. А Майклу останется только заново завоевывать доверие, которое он потерял.

Такие мысли на перспективу мотивируют. Я думала так: глупо запрещать родному отцу видеться с ребенком. Пусть сын выбирает сам, проанализировав прошлое. И когда выбор будет не в пользу биологического отца — это не я накажу его, а сама жизнь.

Предугадывая, как будут развиваться события, я не раз говорила Майклу:

— Зря ты так себя ведешь. Ведь потом ты будешь сильно сожалеть об этом.

Я старалась не поддаваться эмоциям, а переключаться на себя, потому что хотела, чтобы малыш внутри меня был здоров. Нет ничего важнее физического и ментального состояния будущей матери — она несет в себе жизнь, и от нее во многом зависит, будет эта жизнь здоровой и счастливой или нет.

Baby shower

Вероника помогла мне организовать вечеринку, на которой я и мои близкие должны были узнать пол ребенка. Все вышло так мило! Мы собрались в кафе небольшой компанией подружек, стол украшали воздушные шарики и специально испеченный торт, девочки принесли подарки. Я чувствовала себя розовым облачком, вокруг которого все сияет, летает и кружится: за меня радовались подруги, обнимали меня, мы вместе смеялись — это то, чего мне так давно не хватало.

Я была счастлива ровно до того момента, как мне доставили букет от будущего отца. Девять полумертвых роз грязно-белого цвета с зеленоватым оттенком, завернутые в целлофан. Увидев этот букет, с которого опадали лепестки, я за секунду переменилась в лице и расплакалась: мне никогда не дарили таких ужасных цветов. Расплакалась, а потом взорвалась.

«Это похоронный букет нашим отношениям, — написала я Майклу. — Это худшие моменты моей жизни». Он извинился, ответил, что других не было и на завтра он уже заказал красивый букет. «Оставь его для своей будущей девушки. Может, в следующий раз для тебя этот момент будет более счастливым. Со мной у тебя все закончено».

Я действительно чувствовала, что это конец. Слезы лились ручьем, и я не могла остановиться — наружу выходило все, что до этого я пыталась подавить. Негативной энергии скопилось так много, что она повалила через край. Я мысленно уговаривала себя, что надо перестать плакать: хотелось сделать красивые фотографии на память об этом дне. Отвлеклась только на торт, который нужно было разрезать, чтобы посмотреть, какого он внутри цвета... И вот у меня на тарелке лежит кусочек голубого бисквита! Я была искренне удивлена — ведь последние несколько месяцев я разговаривала с девочкой...

На следующий день я решилась рассказать родственникам Майкла о том, что у меня будет малыш. Майкл, конечно, хотел, чтобы я вообще перестала с ними общаться, но как он себе это представлял? Я подарила им кота и регулярно приходила стричь ему когти. Мы с родственниками общались, пили вместе чай, поэтому невозможно было вот так взять и обрубить концы. Каким человеком я бы стала тогда в их глазах? Тем, кто сразу начал от них нос воротить, стоило только мужу шагнуть за порог?

Скажу честно, было тяжело открыть правду тем людям, которые до этого максимально осуждали наши отношения. Я знала, что они не примут этот факт, и шла как на каторгу. Они ведь понятия не имели ни о чем: ни о словах доктора в Германии, ни о том, как долго мы с Майклом планировали беременность. Тот трудный путь, который я прошла, оставался для них за кулисами.

Первым, что мне сказали в ответ, было:

— Назад же не засунешь. В добрый путь тогда. Наверное, вы с Майклом вместе приняли это решение, и он скоро вернется.

А я не знала: ни когда он вернется, ни где он и с кем, ни зачем мне вообще все это. Тогда я рассказала, как мы пытались зачать ребенка целый год.

— То есть Майкл еще и платил за все? — изумленно поинтересовались у меня. Но даже выслушивать такое было гораздо легче, чем скрывать очевидное.

Потом в Канаду впервые приехала моя мама, которая знала о нашей с Майклом ситуации. Мне стало полегче: со мной были мама, Вероника и мои друзья, и все меня поддерживали. Но я все равно понимала, что одним только своим присутствием они мне помочь не могут и рано или поздно разъедутся. Малыш все время толкался, а я уговаривала себя, что нужно дотерпеть до родов, чтобы у него было канадское гражданство, а потом можно и уехать отсюда — оставить этот одинокий мрачный мир позади и постараться все забыть.

Мама иногда спрашивала:

— Ну что там Майкл, звонил тебе?

А я порой даже не помнила, когда мы с ним разговаривали в последний раз. Сама уже привыкла не акцентировать на этом внимание, но мамины вопросы заставляли снова обо всем задуматься. Каждый раз, обсуждая ситуацию, я только больше накручивала себя. Действия Майкла расходились с его словами о том, что мы семья. Я понимала, что эта страница в моей жизни сложилась пополам, и сгиб на бумаге разгладить невозможно — он навсегда.

Я пошла ради мужа на такие изменения в своей жизни, а он вонзил мне нож в спину — это было самое настоящее предательство.

Время принимать решение

Я ходила по магазинам и понимала, что денег у меня почти не осталось. Кроме того, еще немного, и я не смогу никуда выехать. Поэтому, если хочу сделать последнюю попытку восстановить свой брак, пора принимать решение. Нужно ехать в Киев, иначе потом я буду винить себя всю жизнь — что не пошла на этот хоть и рискованный, но необходимый шаг. Мне требовались или доказательства того, что между нами все кончено, или опровержение этого.

На оставшиеся сбережения я купила билеты на самолет себе, маме и Буне, которую не с кем было оставить. Майклу написала об этом в последний момент, перед самым вылетом.

Рейс был с пересадкой в Германии, прилетал в Киев рано утром. Я — с кошкой и огромным животом — думаю, такие пассажиры встречаются нечасто. Наверное, моим попутчикам это могло напомнить сцену из комедийного фильма, хотя на самом деле это была драма. Я до последнего надеялась, что Майкл встретит нас в аэропорту, но там ждал даже не его водитель, а таксист с табличкой.

Муж заявился под вечер, когда мы уже отдыхали дома.

— Ты больная на голову? — шептал он мне, уведя в комнату, чтобы никто не услышал. — Зачем приехала? Тебе тут опасно, ребенку опасно!

Он, конечно, нагнетал ситуацию, и меня обидело, что он не оценил мой подвиг: я пересекла океан, беременная, с кошкой, чтобы быть рядом с ним. А в итоге на меня вылили ведро упреков.

Мы не расстались, но и виделись не особо часто. Когда собирались где-то посидеть, Майкл выбирал места, где нас не увидит никто из знакомых. Мы прятались по загородным кофейням, и он отказывался со мной фотографироваться. А еще говорил, что у него нет средств отправить меня обратно в Канаду, что его мама не должна ни о чем узнать. Доводил до истерик, делая меня виноватой во всем на свете, потому что я потратила на билеты в Киев последние деньги, которые он мне оставил на ребенка. Каждый раз, когда мы встречались, я рыдала.

Неожиданно масла в огонь подлила Вероника которая в то время тоже была в Киеве. Как-то мы ели суши в ресторане: она, я, Майкл и его водитель.

— Майкл, какие планы на Новый год? — неожиданно весело поинтересовалась моя подруга.

— Дома буду, с мамой и сестрами, — пожал он плечами. Брови Вероники удивленно взлетели, да и я сидела в шоке, причем больше от ее вопроса, чем от его ответа.

— Может, придешь к нам? — продолжила Вероника. — Там такая модная тусовка собирается, уверена, ты многих знаешь. Весело будет.

Тут я не выдержала:

— Ник, а ты меня не хочешь пригласить? Я, вообще-то, тоже тут сижу.

У нее округлились глаза.

— Там же будет громкая музыка до утра. А ты беременная.

Уже потом я узнала, что и до этого Вероника флиртовала с Майклом и постоянно провоцировала, несмотря на то, что она тоже была в тот момент замужем. Несмотря на то что приезжала ко мне, поддерживала и знала всю ситуацию изнутри... Подруга, человек, от которого я подобного не ожидала... Мой мир медленно переворачивался внутри меня: я начала осознавать горькую правду — что предать могут даже самые близкие люди.

Отвлечься от ситуации помогло очередное УЗИ, где мне сделали слепок малыша — я увидела его в первый раз. А потом близкие друзья подарили фотосессию, и это единственные снимки, где моя беременность красиво запечатлена.

Майкл фотографироваться не пришел, хотя я очень этого хотела.

— Может быть. Не знаю. Постараюсь, — ответил он, но так и не явился.

Новый год я праздновала со своими родителями. Муж откололся от меня окончательно, и приклеивать этот кусочек обратно не имело никакого смысла. Хотя я все равно пыталась.

Очередной год хотелось начать обновленной, и я перестала быть блондинкой, покрасив волосы в русый.

— Цвет какой-то селедочный, — усмехнулся при встрече Майкл. Я постаралась не реагировать на эту дурацкую шутку и перевела тему на курсы для беременных. Мне очень хотелось, чтобы Майкл ходил туда со мной, — я уже не знала, как включить его в процесс.

Пару раз он действительно составил мне компанию, но сидел с таким лицом, что лучше бы вообще не приходил. Все его раздражало: неуютно, некомфортно, долго сидеть, запахи не нравятся... Не все девчонки были с мужьями, но те несколько мужчин, которые посещали курсы, вели себя совершенно иначе. Это еще раз подтверждало, что мы с Майклом стали чужими людьми.

На нервной почве у меня начался сахарный диабет беременности, и пришлось колоть инсулин. Было понятно, что остается только уехать: шансов помириться с Майклом нет, да мне уже и не хотелось. У меня был билет назад, вот только денег на жизнь не осталось.

— На твое обеспечение в Канаде денег нет, на роды тоже, — говорил Майкл. — Могу предложить только государственный роддом в Киеве.

Это прозвучало для меня ужасающе, потому что условия там уж очень спартанские.

Понимая, что наши отношения подходят к концу, я пошла на консультацию к адвокату, который занимался бракоразводными процессами. Он бывший следователь из Донецка. Во время разговора выяснилось, что он проводит исследования политической ситуации в нашей стране и знает многие тонкости: как формируется иерархия верхушки власти, как работает политическая система изнутри, какие в ней существуют теневые потоки.

А потом я назвала имя и фамилию моего мужа. Адвокат нахмурился, посмотрел на меня долгим взглядом и честно сказал:

— Ты влипла максимально, как только можно было влипнуть в нашей стране.

Я не понимала, о чем он. Конечно, я читала множество гадостей про семью Майкла в интернете, но он всегда нежно брал меня за руки, заглядывал в глаза и объяснял, что все это неправда, происки конкурентов и информацию, которую я найду, нужно делить на 20.

Теперь же мне стало очень страшно, но почему-то адвокат вызывал у меня доверие, и я попросила рассказать, что он имеет в виду. Все, что я услышала, не было похоже на сплетни из Сети. Четкие факты с детальными подробностями, надежно скрытыми от социума и доступными только тем людям, которые погружены во внутренние процессы. Черный ящик, который вскрыли после крушения.

Я, находясь на восьмом месяце беременности, слушала и обливалась холодным потом, а перед глазами все плыло и растекалось цветными пятнами. Оказывается, я понятия не имела, с кем связалась и за кого вышла замуж. Попасть в итальянскую мафию и то было бы безопаснее. Когда адвокат закончил, я, схватившись за живот, коротко поблагодарила его и выскочила из кабинета, забыв, что пришла сюда говорить о разводе. Но можно ли теперь выпутаться из всего этого — я не знала…

Отпраздновав с девочками день рождения и заняв у папы денег на три месяца аренды квартиры, я вернулась в Монреаль. Меня, в инвалидной коляске, с огромным животом и кошкой на руках, в аэропорту встретили друзья. Впереди была полная неизвестность.

Я тогда и я сейчас

Когда все это происходило, я была человеком, который не знает ни себя, ни своего потенциала. Считала, что на мне можно ездить, у меня достаточно энергии, достаточно ресурсов и я могу все это вынести. Я позволяла с собой так обращаться и была уверена, что не сломаюсь.

Сегодня я направила свой потенциал в другое русло и понимаю, что со мной так больше нельзя. Нельзя не говорить своим родным о моей беременности. Нельзя прятать меня и просить не выкладывать в социальных сетях совместные фото. Нельзя пропадать, не писать мне, сбегать в другую страну. Сейчас у меня выстроены определенные рамки того, что я не допускаю по отношению к себе.

Я сильная личность и делаю так, как считаю нужным в первую очередь для себя, потом для моего ребенка и только в третью очередь уже для кого-то другого. Сейчас я иначе выстраиваю иерархию, не пытаюсь быть для всех хорошей. Меня могут называть как угодно, но в глаза этого никто сказать не может. Я больше не удобная. Я больше не пластилиновая фигурка, которая легко приобретает любую подходящую форму от малейшего нажатия, — у меня есть свой твердый внутренний стержень.

Если бы тогда на моем пути встретился такой человек, каким я стала сейчас! Если бы кто-то объяснил мне, как со мной можно вести себя, а как нельзя. Если бы я послушала интуицию, которая громко предупреждала меня, еще когда Майкл только сделал мне предложение. Тогда в моей голове откуда-то взялась фраза: «Он хорош для меня как первый муж».

Значит, я уже тогда не могла представить, что мы состаримся вместе. Он тоже чувствовал это, потому что, когда мечтал вслух о машине или доме, всегда говорил не «у нас», а «у меня». У Майкла никогда не было мечты о *нашей* семье, о *нашем* доме, о том, как он будет воспитывать *нашего* ребенка. Он показывал одно, а внутри все время жил другой человек, другая личность, которую я, видимо, не хотела замечать. Тогда мое внимание можно было купить подарками. Сейчас для меня первостепенно отношение человека ко мне и к моему сыну.

Но я ни на кого не перекладываю ответственность за все, что мне пришлось пережить, — даже на Майкла. То, что случилось, было последствиями МОИХ решений. Я виновата, потому что допустила такое отношение к себе и доверяла, когда не нужно было.

Чтобы избежать такого, нужно начать с познания себя и своего потенциала: внутренних качеств, сильных и слабых сторон, личных границ. Этому должны обучать в школе, прививать с самого раннего детства!

Теперь я поняла свой путь, поняла себя, протестировала свою реальность и четко знаю, где мои границы, что мне по силам, а что можно делегировать. И как же я благодарна, что пришла к этому в свои 30, а не в 60.

На консультациях я часто вижу клиентов с задавленным потенциалом. Люди, которые должны стать публичными личностями, но работают в найме и даже не смотрят в другую сторону. Талантливые женщины, посвятившие всю жизнь дому и тянущие на себе мужа-алкоголика, — их жизнь проходит мимо, они не слышат ни себя, ни своих желаний. Например, недавно я встретила девушку, которая находилась в декрете, была прикована к ребенку, выполняла все прихоти мужа, не развивалась. У нее было ужасное состояние, депрессия, а в матрице читался такой мощный потенциал — словно породистого сильного скакуна заперли в стойле.

Многие люди не могут составить карту желаний, и я прекрасно их понимаю, потому что мне, потерянной девочке, поначалу тоже это казалось невозможным. Я клеила на карту все подряд, лишь бы что-то добавить, не понимая, правда ли этого хочет моя душа.

Рис. 4. Карта желаний

Сейчас я четко понимаю, что у Вселенной есть стол заказов: чем четче ты сформулируешь свое желание и опишешь его, тем точнее будет результат.

— Какая красивая у тебя история, идеальная просто! — говорят мне иногда. Нет, моя история не красивая и не идеальная. Мало кто представляет, как страшно мне было поделиться ею и распаковать свою личность. Приходилось каждый раз наступать себе на горло, публикуя новые подробности.

Написать об этой боли и дать прочитать другим для меня — выход за рамки, болезненное рождение новой меня, но я знаю, что этим принесу пользу людям. Только из-за этого переступаю через себя, снова вспоминаю все и записываю. **Только для того, чтобы человек, читающий это, знал, что он не один.**

Меня часто спрашивают, как я умудряюсь все успевать, откуда беру идеи и энергию для их реализации, особенно учитывая, что у меня маленький ребенок и столько обязанностей.

Ответ прост: эффективно управлять своими делами, находить вдохновение и энергию для достижения целей, несмотря на занятость и лежащую на мне ответственность, помогает метод «Подумал — сделал».

То есть как только возникла мысль или импульс сделать что-то конкретное, важно действовать немедленно. Это помогает выстроить связь между мыслями и действиями, а также позволяет использовать настоящий момент для достижения успеха. Ведь каждая мгновенная реакция на свои мысли и желания приближает нас к нашим целям и помогает стать успешными в том, чего мы желаем.

Глава 10.
Нет шанса быть беспомощной

— Итак, что мы имеем? — спросила я себя, снова оказавшись в съемной канадской квартире. Крыша над головой у меня оплачена на ближайшие три месяца, деньги на продукты есть, но придется экономить. Остается взять себя в руки и понять, что я могу дать ребенку.

Будь что будет — такого принципа я решила придерживаться в этой ситуации. Ради ребенка мне нужно сделать этот рывок, скачок в будущее, собраться с силами. Тогда я еще не знала, что бывает и хуже, но через несколько месяцев в этом убедился весь мир.

А пока я занималась насущными делами, и первой задачей стало найти того, кто будет присутствовать на родах. Пойти было некому — у всех подруг маленькие дети, которых нельзя оставить.

Понимая, что поддержки ни от кого не будет, я сама собрала детскую кроватку, коляску, приготовила все вещи для сына. Женщина может все, а брошенная женщина, ждущая ребенка, — еще больше. Это было физически тяжело, и чтобы хоть как-то привести себя в форму, я начала ходить в спортзал в цокольном этаже нашего дома. Мне казалось, что иначе в моем раздувшемся теле с отекшими ногами перестанет циркулировать кровь, а ведь нужно будет еще восстановиться после родов, и малыш потребует много физических сил, которых у меня сейчас нет. С огромным животом я потихоньку тренировалась.

Вскоре стала много общаться с девочкой, с которой познакомилась в компании друзей прямо перед своей беременностью. Удивительно, что мы были на одинаковом сроке. Стали ходить везде вместе, иногда она помогала мне с переводом. Зайдя пообедать в кафе, мы брали одно блюдо на двоих, потому что я берегла каждый доллар.

Ситуация была критическая. Я ни на кого не могла положиться и осталась совсем одна. Друзья, родственники — хотелось бы, чтобы кто-то сказал:

— Маш, хочешь, я тебе одолжу 5000 долларов? Вернешь, когда сможешь.

Всё, что они говорили:

— Нам очень жаль.

Одним из самых тяжелых дней для меня оказался День святого Валентина. Давно я не проводила этот праздник одна дома, без цветов, подарков и мужского внимания. Оказывается, надо было просто выйти замуж. Я сидела на кухне, смотрела в окно и думала, что до встречи с моим сынулей всего полтора месяца, а его отец придумал для нас блестящий выход — продать мою машину, которую я покупала на свои деньги. Оставался только один вопрос: а муж тогда зачем? Какую роль он играет в нашей судьбе?

Постепенно я приходила к мысли, что жизнь в Канаде слишком дорогая и сейчас мне ее не потянуть. Даже если устроиться на работу, денег не хватит, к тому же тогда придется перевозить сюда маму или нанимать няню — а это снова расходы. Да и сколько я могу заработать, не зная языка? Только минимальные деньги на аренду квартиры. Смысла в такой работе я не видела.

Вот бы найти стабильный доход и получать помощь от государства! Даже 500 долларов в моем случае сделали бы погоду, на памперсы бы хватило. Майкл, насколько я поняла, в нашей жизни участвовать не собирался. Я могла бы подать на развод и заставить его платить алименты, но для этого нужен хороший юрист, которому мне нечем платить. Это был какой-то замкнутый круг.

Стратегия

Вариантов оставалось несколько. Самый очевидный — вернуться в Украину, но мне хотелось, чтобы ребенок рос там, где стабильнее политическая, экономическая и экологическая обстановка.

Вдруг в моей голове возник магический остров Бали — я почувствовала, что это место сможет меня спасти. Я стала изучать информацию об этом интересном острове. Люди в блогах делились подробностями жизни на Бали. Как-то же они там живут, значит, и я смогу. Но что я буду делать там с новорожденным малышом? Денег хватит только на билет туда, а жить на что? Никогда бы не подумала, что на восьмом месяце беременности мне придется принимать такие судьбоносные решения в одиночку.

Я почувствовала себя совершенно беспомощной, но раскисать было некогда. Вместо того чтобы окончательно опустить руки, я приняла ситуацию. Отодвинув на задний план переживания и сожаления, я сосредоточилась на поиске выхода.

Для начала достала бумагу и ручку, расписала за и против всех трех вариантов: Канада, Украина, Бали. Что угодно, только бы двигаться вперед, иначе дорога мне — в шелтер. Самым подходящим местом пока что оказалась все-таки Канада, теперь нужно было решать вопрос с заработком.

Из любой ситуации есть выход, и даже не один. Если ситуация все-таки кажется безвыходной, значит, тебя

просто не устраивает ни одно из доступных решений. В таком случае остается выбрать только вариант, наиболее близкий к желаемому. Что, если там и лежит твой потенциал?

И я придумала. Чтобы себя обеспечить, нужно обратиться к своим сильным сторонам, опыту и навыкам. На девятом месяце беременности я снова начала продавать цветы. Развивала страницу в социальных сетях, которая у меня давно была, предлагала услуги доставки букетов на дом. Покупать цветы на оптовых базах не могла — все они находились далеко, а я экономила деньги на бензине.

Выход нашелся и тут: в крупных супермаркетах продавались цветы, я покупала их, составляла букеты, сама доставляла покупателям, зарабатывая долларов по двадцать. Кому-то такой тип бизнеса мог показаться смешным, но для меня это была еще пара пакетов молока. И это было важно. В этом заключались мои попытки выжить и подготовить себя к рождению ребенка, ведь пока мы живы, всегда можно что-то изменить.

Мой сын выбирает сам

К концу беременности из-за гормонов я набрала 22 килограмма сверх своего привычного веса. Учитывая мой невысокий рост, это сделало меня совершенно квадратной. Приехала мама, чтобы помогать после родов, и хорошо, что она поторопилась, потому что все пошло не по плану.

На очередном осмотре мне сказали, что плод очень крупный, к тому же я колю инсулин, поэтому лучше искусственно вызвать роды на неделю раньше. Мне ужасно не хотелось такого исхода, тем более что первая планируемая дата родов совпадала с днем рождения моей подруги Лили — мне это понравилось, да и ее бы тоже порадовало.

Дела у Лили обстояли совершенно не радужно. В прошлом году, еще когда я была в Киеве, она ночевала у родителей, а утром, вернувшись домой, обнаружила мужа мертвым на кровати в их спальне — сердечный приступ. Она очень любила его. Осталась с восьмимесячным малышом на руках...

Иногда мне казалось, что я теряю подругу, — Лили провалилась в такую депрессию, что буквально ходила по краю. «Как бы мне хотелось оставить все это в прошлом году», — написала она мне в конце декабря, и я нарисовала для нее в подарок картину-талисман. Мы обе потеряли мужей, обе остались с сыновьями, но большое счастье, что у Лили была дружная армянская семья, и она сразу же переехала к родителям.

Врачи поставили меня перед фактом: если ребенок не родится раньше, роды придется вызывать. Несмотря на внешние обстоятельства, я была уверена, что могу запрограммировать и свое тело, и своего ребенка иначе. Когда в проблемах с малышом винят сложную беременность, я считаю, что огромное значение имеет состояние матери — именно оно влияет на развитие плода.

Женщине невероятно важно понимать, что она сама закладывает, кого вынашивает внутри себя, как и когда будет рожать. В этот момент она — как инженер-конструктор, который программирует базовые настройки растущего внутри человека.

У знакомой моей подруги произошла интересная история. Когда она носила первого ребенка, часто думала и говорила вслух:

— Вот бы он был особенным.

Сын родился действительно особенным — с синдромом дефицита внимания: он не может ни на чем сконцентрироваться и разрушает все вокруг. Хорошо, что женщина уловила взаимосвязь. Когда она забеременела во второй раз, то программировала себя на то, что хочет самого обычного ребенка. Так и вышло.

Мне же хотелось смышленого мальчика, ребенка-лидера, который справится с любыми жизненными ситуациями и сможет выстоять перед лицом всех бед в этом сложном и жестоком мире. Если бы не нынешние обстоятельства, возможно, я представляла бы себе сына как-то иначе, но с моим состоянием здоровья он в любой момент может остаться один, а отец вряд ли поможет. Нет, у него определенно должны быть лидерские качества, способность выживать в любых условиях, двигаться вперед и ни от кого не зависеть.

В воскресенье, 16 марта, за два дня до даты, когда мне собирались вызывать роды, во всех новостях объявили о том, что в связи с пандемией с завтрашнего дня в Канаде вводится полный локдаун на неизвестный срок. Еще толком не понимая, что все это значит, люди кинулись сметать продукты с полок магазинов, словно грядет Апокалипсис. Тревога разрасталась по городу, как дождевая лужа, — очень быстро и стремительно.

Вечером, ошалевшая от новостей, я стояла под струями теплой воды в душе и тихонько говорила малышу, поглаживая живот:

— Сынок, я тебя очень прошу. Если хочешь появиться на свет естественным образом, у тебя остался только один шанс — завтра. Ты сильный, ты справишься, а я тебе помогу. Пожалуйста, поторопись.

Я даже не концентрировала внимание на том, какое завтра число.

В пять утра у меня отошли воды, и я позвонила Кате, чтобы она отвезла меня в роддом.

— Ну ты, конечно, нашла время, — вздохнула в трубку разбуженная подруга. — Не знаю, как мы с тобой туда доберемся, с помощью телепорта разве что, но я попробую.

Было совершенно непонятно, можно ли передвигаться по городу хотя бы на личном автомобиле.

В то утро мне дико захотелось сырников, и я попросила маму приготовить их мне на завтрак до того, как отправиться в роддом. Пока мама жарила сырники, у меня уже началась активная фаза родов. Так и не съев ни единого сырника, я поехала в больницу.

Магия чисел

На дорогах не было ни одной машины. Абсолютную тишину города, застывшего в страхе неизвестности и словно бы вымершего, разрезали только сирены машин скорой помощи и полиции. Наверное, в другой день мне было бы не по себе от такой атмосферы, но сейчас я концентрировалась на другом.

На роды со мной должна была ехать Настя, но в режиме пандемии это было невозможно. Вообще-то, был риск оказаться остановленным на дороге. Но, к счастью, вопреки нашим с Катей опасениям, полиция нас не остановила и не заставила вернуться в свои квартиры. Я чувствовала себя героиней постапокалиптического фильма — кинореалии с экрана перенеслись в настоящую жизнь.

Когда мы добрались до роддома, нам ответили, что все закрыто. Я показала им живот, и они поняли, что я могу родить у них на пороге. Только юмор меня и спасал. Сильные люди способны шутить в самых сложных ситуациях. В итоге нас все-таки впустили, да еще и предоставили симпатичную одноместную палату с собственной ванной комнатой. Как раз из ванной-то я и вышла, когда ощутила такую боль, что потемнело в глазах. Я охнула и согнулась, придерживая живот рукой.

— На всякий случай попроси поставить эпидуральную анестезию, — сказала подскочившей ко мне Кате.

Анестезию поставили, но на самом пике схваток я не чувствовала от нее никакого эффекта. Боль была на 10 из 10, она сводила с ума, и я перестала что-либо соображать.

— Ребята, я спать! — сообщила я всему персоналу, который в тот момент активно работал над моими родами, несмотря на сильнейшие схватки. Мне поставили вторую анестезию.

Тяжелые веки закрылись сами собой, и я провалилась в глубокий сон. Тогда в моем сознании развернулась удивительная картина. Во сне мы с подросшим сыном бежали по пляжу, весело смеясь. Вокруг были скалистые горы, пальмы, голубой океан. Я играючи убегала от него, а он меня догонял. Ноги утопали в теплом белоснежном песке, а бирюзовые волны накатывали на берег, обдавая нас солеными брызгами. Так хорошо мне не было никогда в жизни.

И как же не хотелось возвращаться в родильную палату, но меня словно кто-то выдернул из моей мечты. Я только и успела подумать: «Это, наверное, Бали?» Показалось, что прошло часа три, к тому же, когда я открыла глаза, Катю уже сменила Лили.

— Долго спала? — спросила я, наконец чувствуя действие обезболивающих препаратов. Оказалось, не больше 15 минут.

И тут я вдруг подумала: сегодня же 17 марта, какое необычное совпадение… У нас с Майклом тоже дни рождения 17 числа, а 17 июля прошлого года я узнала о беременности. Даже адрес той больницы в Киеве, куда я попала с угрозой выкидыша, — бульвар Тараса Шевченко, дом 17!

Во время интенсивных схваток я повернула голову на часы: оказалось, 17:11. Я только успела понять, что до красивого числа 17:17 не дотяну, как после очередных потуг и секундного промедления услышала громкий детский плач.

Все случается в нужное время, потому что миром управляет магия чисел.

Мой замечательный мальчик Давид родился 17 марта 2020 года. Оказалось, никакой он не крупный, как меня пугали. Я бы даже сказала, худенький, но зато высокий, а вес мой был связан с большим количеством вод.

Когда Давида положили на меня, телом к телу, я сначала не поняла, что мне с ним делать. На мне словно лежала рыбка: невесомая и мягкая. Первой мыслью было: это что, мой сын? Теперь он будет со мной всегда?

Если женщина не интересуется детьми и не умеет с ними обращаться — это совсем не значит, что она не полюбит своего ребенка и не отыщет к нему подход. Мы с Давидом нашли общий язык тем же вечером, но меня не оставляло необычное ощущение: я больше не одна и теперь ответственна за еще одну жизнь, помимо своей. Оказалось, это совсем не похоже на жертву. Я — мама Давида, я — его помощь в новом для него мире. Материнская роль — быть главным помощником своего ребенка. Роль проводника, учителя, покровителя и защитника — самая важная роль.

Сквозь радостные мысли стучалось несколько неприятных: интересно, чем сейчас занят Майкл? Почувствовал ли он что-то необычное сегодня?

Так закончился день, в который весь мир ушел со мной в декрет на долгих два года. А на свет появилась новая уникальная жизнь — мой сын Давид.

Глава 11. Добро пожаловать домой

И вот я одна с только что родившимся младенцем на руках в чужой стране стою на краю пропасти, которая полна проблемами и нерешенными вопросами.

В день моих родов в Канаде закрыли все кафе и остальные общественные места. Монреаль оказался в полной изоляции, а я — в бетонной ловушке, практически лишенная общения с другими. Я понимала, что будет очень непросто и стараться придется во сто крат сильнее, потому что теперь я не одна, а с ребенком.

Наша с Давидом выписка из роддома происходила как в фильме ужасов. Никаких букетов и шариков — только перчатки, маски, антисептики, ребенка замотали чуть ли не в клеенку. Врачи расхаживали по больнице в инфекционных костюмах. Это была пугающая картина. Запретили буквально все — нельзя было дотронуться даже до кнопки лифта. Из-за пандемии город опустел: пропали люди, машины, звуки, огни — абсолютно всё. Из запахов остались только бьющие в нос спиртовые санитайзеры. Повсеместно действовали ковидные ограничения.

И снова ситуация казалась безвыходной. Но это лишь иллюзия, потому что у любой проблемы есть решение. Просто оно может нас не устраивать. Ошибка многих людей: вместо того, чтобы пытаться выбраться из депрессии, они закапываются в нее еще глубже. Гонять в голове мысли о том, как все ужасно, — бесполезная трата времени и ресурсов.

Несмотря на весь этот кошмар, я старалась не вешать нос, во многом ради ребенка. Встречать меня приехал друг — на моей машине. Путь домой стал для нас настоящим челленджем. Опустевшие дороги патрулировала полиция, где-то вдалеке выли сирены. На улице не было ни души, люди оказались заперты по домам. Если в нормальных условиях выписка из роддома — это праздник, то нас с Давидом выпустили из госпиталя в какой-то Сайлент Хилл[10].

Когда мы приехали из больницы, у порога нас встретила кошка. Увидев малыша, она округлила спину, в ее глазах блеснули ужас и непонимание. Обнюхивая его с опаской, еле касаясь кожи влажным носом, она не могла понять, что это за существо. Присутствие новой жизни в квартире свело ее с ума — после знакомства с младенцем кошка носилась по дому как бешеная. Позже она привыкла, а спустя несколько дней поняла, что ребенок не представляет опасности, даже наоборот — наполняет дом новой светлой энергией.

С момента, как я открыла дверь своей маленькой канадской квартиры, я попала в клетку. Позади меня защел-

10 Сайлент Хилл — вымышленный город в одноименном канадском хорроре.

кнулся железный затвор. Я была заперта не физически, а морально — наедине с обязательствами, трудностями и накопившимися проблемами.

Главным надсмотрщиком моей маленькой темницы оказалась... мама. С момента появления на свет малыша она стала сама не своя. Сразу после нашего приезда мама буквально выхватила из моих рук Давида. Я думала, что после больницы смогу наконец немного выдохнуть, но очень сильно ошибалась.

Мама ввела в доме очень строгие правила и порядки. Ей казалось, что я слишком неопытная, чтобы ухаживать за младенцем, поэтому сразу установила над ним свой патронаж. Не давая мне даже прикоснуться к ребенку, она отвела мне роль старшей сестры. Я чувствовала, что мама мешает мне полноценно реализовывать себя как мать — она постоянно меня попрекала и обвиняла в невежестве.

Все это давление и вечные упреки в том, что я все делаю не так, происходили в замкнутом пространстве. Квартира у нас была очень маленькая. Провести время наедине с собой или с сыном я не могла — мама, как суровый надсмотрщик, всегда сверлила меня взглядом.

Свобода — одна из главных ценностей. Свобода выбора, действий и своего проявления. Иногда нашу свободу ограничивают, и с такими ситуациями нужно бороться. Человек не создан для того, чтобы жить в клетке. Человек создан, чтобы быть свободным и делать то, что он хочет.

Мне было очень трудно терпеть ее диктаторские замашки, но я понимала их природу. Мама не смогла полностью реализоваться как мать мальчика, поскольку мой старший брат родился с особенностями. Ей постоянно казалось, что она чего-то ему недодала, где-то недоработала, что-то упустила. И теперь пыталась компенсировать все это за счет внука.

Со стороны может показаться, что, если с ребенком помогает мама, это облегчает жизнь. Однако в нашей ситуации все происходило ровно наоборот. Мама постоянно меня дергала, во всем находила ошибки и не давала мне и минуты перевести дух. С ее точки зрения, раз я мать — я должна заниматься материнскими делами 24 часа в сутки.

Я же была подчинена материнскому инстинкту. Уровень тревожности пробил потолок, я ощущала постоянное волнение за малыша, все чувства обострились. Как мамы-кошки, которые бросаются на больших собак, я была готова накинуться на любого, кто скажет мне что-то поперек. Выходя в магазин, я шагала по дороге как по иголкам, думая только об одном — как там мой ребенок.

Я хотела всегда находиться рядом с сыном, чувствовать его дыхание, пульс, считывать его эмоции и потребности. Для малыша очень важна тактильная связь с мамой — так называемый метод кенгуру, предполагающий контакт «кожа к коже». Третий человек в этой цепочке лишний, он нужен, лишь когда необходима помощь. Между мамой и малышом должна сформироваться особая связь, и происходит это в первые месяцы жизни младенца. Наша с ним связь была очень прочной, но в нее вмешалось третье лицо. Это мешало — как стекло, не дающее птице попасть к своему гнезду, свитому на чьем-то балконе.

Так проходили дни нашей совместной жизни в малогабаритном жилище. Мама поучала меня, как *правильно* купать, одевать и заботиться о сыне. А я, ужасно измотанная, постоянно задавала себе вопрос, как я вообще умудрилась оказаться в такой ситуации. Казалось, я погружалась на дно.

Помимо домашнего тоталитаризма, на меня давил экономический фактор. Денег впритык хватало на закрытие базовых потребностей — еду, уходовые средства для ребенка, бензин. Первое время ни сам Майкл, ни его родные нам не помогали. Впоследствии Майкл все же начал закрывать наши базовые потребности — за мое молчание и хранение в секрете рождения нашего ребенка.

Сдаться я не могла — слишком многое было пережито, слишком большая на мне лежала ответственность. Несмотря на все страдания — одиночество, уход мужа, финансовые проблемы, отсутствие помощи и полную опустошенность, — я знала, что выберусь.

Это осознание жило глубоко во мне. Настрой у меня был, скорее, пессимистичный. Я безумно устала и не понимала, как мне действовать дальше. Света в конце тоннеля я не видела.

Бежать и не оглядываться

Первым важным шагом к нормальной жизни стало изучение английского. Освоение нового навыка помогло отвлечься и хорошо освежило голову. Ребенку нужно было оформлять документы. Всем этим, естественно, занималась я. На тот момент мой словарный запас ограничивался дюжиной самых простых, базовых слов. При этом мне приходилось общаться на сложные темы, учиться строить предложения, понимать собеседников.

Звоня в страховую компанию, я набирала текст в гугл-переводчике, проговаривала его сотруднику и с волнением ждала ответ. Услышанное приводило меня в ступор — вбивая слова, которые сумела разобрать, в переводчик, я пыталась что-то ответить. Так, шаг за шагом, я постепенно запоминала новые языковые конструкции, училась понимать английский на слух.

Только испытав огромный стресс и выйдя из зоны комфорта, я смогла решить все поставленные задачи. Чтобы чему-то научиться, приходится жертвовать нервными клетками, без этого никак.

И все же одного английского оказалось недостаточно. Дни проходили в состоянии усталости, раздражения и невроза. Общение с мамой было как натянутая струна, которая вот-вот лопнет. На меня сыпались придирки и замечания, прессинг порождал ужасный стресс. На фоне разыгравшихся гормонов такая враждебная обстановка била по мне в 10 раз больнее.

Серьезно подорвал моральное состояние и мой внешний вид: глядя на себя в зеркало, я не понимала, мое ли это отражение. За период беременности у меня отросли мои натуральные русые волосы, сияющий блонд исчез. Передо мной стоял другой человек: девушка с усталыми глазами, угрюмо сложенными бровями и опущенными уголками губ. Огни в этих глазах давно погасли, человек в отражении остался в полной темноте.

Я была разбита, подавлена, моя жизнь превратилась в день сурка. Ежедневно я просыпалась в ужасающем моральном состоянии. Вечный недосып, психологическое давление от мамы, гибнущий брак, нехватка денег, непринятие своего тела, пандемия — я оказалась на грани срыва. Рухнувшие на меня проблемы были такими тяжелыми, что от боли хотелось кричать и плакать. Но было просто негде.

Иногда трудности сваливаются на нас огромной лавиной. В эти моменты важно сохранять веру в лучшее будущее и понимать, что это — лишь черная полоса. Жизнь обязательно наладится, главное — что-то ради этого делать.

Поддаться депрессии — самый легкий вариант. Жалость к себе ни к чему хорошему не приводит. Чем глубже ты скатишься, тем труднее тебе будет выбираться. Это состояние затягивает, как болото. А чтобы начать карабкаться наверх, хватаясь за каждую возможность, нужно приложить много усилий.

Очень важно сохранять настрой. Как ты себя запрограммируешь, так и будет работать твой внутренний механизм.

Настроиться на лучшее мне было очень сложно. Когда я смотрела на себя в зеркало, мне хотелось закрыть глаза руками. Я знала, что это была не я. Я не хотела принимать этот образ и пыталась хоть что-то в себе изменить. Из-за пандемии в Монреале закрыли абсолютно всё, в том числе парикмахерские. Неудобство и дискомфорт от самой себя побуждали меня к экспериментам. Однажды я не выдержала и сама отрезала себе челку — канцелярскими ножницами. Думаю, ты можешь понять уровень безысходности, в котором я находилась.

Если ты не принимаешь свой внешний вид, значит, нужно искать адекватные варианты, как исправить ситуацию. Жалобы и вздохи не помогут — чтобы полюбить себя, нужно делать то, что не привык делать. Если тебя не устраивает своя внешность, комплекция или состояние кожи, стоит поменять питанис, заняться спортом или обратиться к врачу, главнос не бездействовать. Если не нравится прическа, можно поэкспериментировать и сменить ее. Если надоел прежний имидж, надо попробовать сменить гардероб. Само по себе ничего не поменяется, изменения — это всегда работа над собой, эксперименты, фантазия, выход из зоны комфорта.

В процессе изменений какие-то шаги могут сработать, а какие-то нет. Зато когда получится хороший результат, он будет драйвить и мотивировать тебя на то, чтобы продолжать меняться. Это что-то вроде эффекта домино: стоит одной детальке пошевелиться, как движение всей конструкции уже не остановить.

После условной стадии принятия наступила следующая — стадия поиска решений. Но как заставить себя действовать, когда кажется, что ты на дне? У меня не было ресурсов ни на действия, ни даже на размышления. Но я понимала, что скоро денег совсем не останется, а мне нужно на что-то жить.

Изменить свою жизнь можно, лишь делая то, чего никогда раньше не делал. Все начинается с внутреннего состояния и самых простых привычек.

Рис. 5. Десять шагов: как полюбить себя

Вот небольшое упражнение: если ты чистишь зубы правой рукой, попробуй делать это левой. Дай себе установку: «Хочу быть счастливой, здоровой, успешной и уверенной в себе». Каждый раз, когда чистишь зубы левой рукой, прорабатывай это состояние, старайся с ним слиться. Меняя условия, ты меняешь чувства, мышление, открываешь новые ощущения, а затем и новые решения. Сначала будет некомфортно, но потом ты привыкнешь, и возникшее состояние станет для тебя нормой. Новые нейронные связи освежают мозг, заставляют его работать иначе. Мир становится шире, меняется взгляд на вещи — с другого ракурса они приобретают новый смысл. Так тренироваться нужно в течение месяца, а по истечении этого срока оценить: как изменилась твоя жизнь?

Движущей силой, которая запустила процесс перемен, стал для меня регулярный бег. Пробежки были в той ситуации единственным решением: спортзалы не работали, выбирать было особо не из чего.

Я считала дни до того момента, когда врач разрешит мне выйти на пробежку. Чтобы восстановиться после родов, потребовалось примерно два месяца. Все происходило поэтапно — я начала с обычной ходьбы, медленно переходя на бег. Я была такой тяжелой и неповоротливой, как шарик, наполненный водой, который не может оторваться от земли. Максимум мне удалась тогда быстрая ходьба — и то с одышкой. И все равно это было невероятно — в первый день, когда я вышла потренироваться, я почувствовала себя другим человеком.

Постепенно бег стал для меня чем-то особенным — источником энергии, мотивацией, толчком к предстоящей трансформации. Я бежала не просто бездумно, физически, но и морально: мое сознание устремилось далеко вперед. Бег пробудил не только тело, но и дух, стал моим местом, а вернее, действием силы, вдохновением и озарением. Также этому способствовала мотивирующая музыка, которую я слушала, а еще подкасты и аудиокниги.

Спорт и физическая активность — важнейшие драйверы нашей жизни. Если у тебя есть возможность, обязательно занимайся спортом. Он влияет не только на физическую форму, но и на внутреннее состояние. Главное — не концентрироваться на боли, а проживать все свои эмоции.

Новые нейронные связи, возникшие благодаря бегу, побудили к дальнейшему развитию. Со временем я добавила к пробежкам отжимания и приседания. К тому моменту я чувствовала себя уже намного лучше — и телом, и душой. Ко мне начали возвращаться силы. Они наполняли меня изнутри, разливались по организму, как топливо. Я бежала и больше уже не останавливалась. Именно во время бега я пришла к гораздо более твердому осознанию, что моя жизнь изменится, что я обязательно справлюсь.

Развивайся даже в самых неподходящих для этого условиях. Все начинается с простого бега, а заканчивается идеальной формой и новым духовным наполнением.

Я знала, что обычная работа не покроет все мои базовые потребности. Мыслить нужно масштабно, чтобы каждая последующая цель превосходила по величине предыдущую. Я чувствовала, что обладаю достаточным опытом, чтобы запустить стартап. В тот момент меня безумно вдохновляла Кремниевая долина. Сама идея, что любую задумку можно развить до таких колоссальных размеров, пробирала меня до мурашек.

Мечты — это то, что заставляет нас действовать. Мечтай, прописывай свои желания и четко формулируй цели. Тогда ты наглядно увидишь, на что конкретно придется потратить силы и энергию.

Упражнение «Чего я хочу на самом деле?»

Составь список своих желаний, которые тебе когда-либо приходили в голову. Не задумывайся сильно. Пиши то, что первым приходит в голову.

Когда желания закончатся, перечитай список, проставляя напротив каждого пункта количество лет, которое ты отводишь на его достижение.

Найди цели, которых ты хочешь достигнуть за год. Выбери из них четыре самые главные.

Распиши для каждой из этих четырех целей шаги, которые необходимо сделать для их достижения.

Теперь выбери свою самую желанную цель. Сконцентрируй на ней свои усилия в течение года.

Разбей большую цель на шаги и распиши цели на каждый месяц.

«Что я могу сделать для своего бизнеса?» — думала я, оценивая пути его развития. Я возвратилась к идее вывести доставку цветов на международный уровень. Но не просто открыть новую точку в новой стране, а создать сеть наподобие Starbucks или McDonald's. Концепция заключалась в том, что в любом уголке земли клиент получает продукт, созданный по единому стандарту. Где бы мы ни находились, карамельный фраппучино остается карамельным фраппучино, так же как букет «Мелания» остается «Меланией».

Идея была очень выигрышной, особенно в условиях пандемии. В этот период людям очень помогала доставка. Я начала активно продвигать свой магазин, всё было готово к масштабированию. Всё, кроме одного, — мне просто не хватало сил. Энергия закончилась, физическое состояние все еще тянуло меня на дно. Чтобы выбраться, нужно было смотреть дальше и глубже: сконцентрироваться на себе, поменять мышление, перезагрузиться.

Конечно, условия и обстоятельства мне не благоволили. Никакого попутного ветра не было. Когда я хотела заняться спортом, мама, как надзиратель, вырастала надо мной и говорила, что я никуда не пойду, пока не уложу сына. Я могла позволить себе выйти максимум на 40 минут, пока Давид спал. Как только он просыпался, мама звонила мне со словами:

— Давид проснулся. Ты там закругляйся и возвращайся домой.

Да, идеальных условий не бывает. Если тебе кажется, что ты плывешь против течения, возможно, это твоя точка роста.

У меня не было няни, которая могла бы смотреть за ребенком и не просить, чтобы я вернулась, когда я занимаюсь своим развитием. У меня не было домработницы, которая делала бы за меня домашнюю работу. У меня не было переводчика, юриста, водителя, личного помощника, спонсора. Я осталась практически одна, и даже муж существовал в моей жизни только лишь на бумаге.

Смена внутренних настроек

Пока я занималась ребенком и еле закрывала счета, Майкл отлично проводил время в Украине. Предательство близкого человека — это больно, и боль эта не проходит очень долго. У некоторых, возможно, никогда. До того как принять и простить, нужно пройти через шок, отрицание, гнев и грусть-печаль.

Я знала, что у него появилась другая. Несложно было догадаться — Майкл создал новый аккаунт в соцсетях, куда добавлял девушек. При этом меня в друзья он не приглашал.

— Скажи как есть, давай расстанемся, — говорила я мужу, когда мы созванивались.

— Зачем ты все это начинаешь? Мы же семья. Все будет хорошо, — отвечал мне Майкл как ни в чем не бывало.

Но ничего хорошего не происходило, муж лишь все сильнее отдалялся. Давид его практически не интересовал, за все время Майкл лишь пару раз посмотрел на него по видеозвонку. Дополнительных денег на уход за малышом он даже не предлагал и всегда оправдывался тем, что у него их нет.

Однако факты говорили обратное. Так получилось, что мне на почту приходили выписки со счета его кредитной карты. То, что я там видела, легко бы сломало любую женщину: каждую неделю — магазины цветов и женского нижнего белья, оплата отелей в Одессе и на Ибице, счета в ресторанах на тысячи долларов. В Сеть иногда попадали (или мне присылали друзья) фото с его тусовок, а я в это время покупала памперсы нашему сыну чуть ли не на последние деньги.

Конечно, мне было очень тяжело. Предательство мужа сильно меня ранило, но я держалась как могла. Я не закатывала истерики и старалась не тратить свои силы на переживания. Наоборот — я накапливала информацию, чтобы потом использовать ее в суде во время развода. Сдержанно, спокойно и с холодной головой. Иначе я бы просто утонула в своих эмоциях и больше не выплыла.

Пока мой муж развлекался, я проводила бессонные ночи с малышом, приводила себя в форму и продолжала работать над духовным развитием. Я не жалела себя, ведь позиция жертвы обстоятельств — это самое губительное человеческое чувство. Такое ощущение себя делает нас ничтожными и беспомощными. А главная помощь всегда приходит только от нас самих. Я не ждала, что кто-то придет, пожалеет меня и решит все мои проблемы. Я пыталась вытащить себя собственными руками.

Я находилась в глубокой депрессии и дошла до состояния, когда хотела выйти в окно. Но у меня был ребенок, так что жертвой я стать просто не могла, не имела права. Да, мне нужна была помощь, и я это хорошо понимала. Но помощь не жалостью и сочувствием, а скорее наставничеством.

В этот момент я вспомнила, что когда-то давно одна моя подруга успешно поработала с психологом и получила положительный результат. Я спросила у нее контакт. Чтобы попасть к этому специалисту, мне пришлось ждать две недели, поскольку она была в отпуске. Ожидание стало настоящей пыткой: ощущение сложилось такое, что срочно нужен был глоток воздуха, а меня просили подождать, когда я уже просто задыхалась.

Рис. 6. Контроль

Все мы оказываемся в ситуациях, когда нам необходима помощь извне. Не бойся говорить о своей слабости, признавать свои ошибки.

Первое время ради сессий с психологом мне приходилось выходить на улицу — мама не давала мне возможности уединиться. Она чувствовала конкуренцию: «Кто может дать совет лучше, чем мама?» Но работа с психологом мне действительно помогала. Сначала было непривычно — специалист только слушала и почти ничего не говорила в ответ. Она позволяла мне выговориться, делала паузы, давала наставления и одновременно с этим внимательно фиксировала информацию. Спустя три года работы с ней я поняла, насколько это было важно и эффективно. В будущем психолог не раз возвращалась ко мне прошлой и говорила:

— Маша, а помните, у вас был такой момент?..

Работа с психологом — это всегда работа на долгосрочную перспективу. Это не скорая помощь, которая за пару минут вернет тебя с того света на этот. Это поэтапная и последовательная работа над собой, которая требует концентрации, усилий и желания что-то изменить.

Постепенно я начала прорабатывать свои проблемы. Если бы не психолог, мне было бы сложнее с этим справиться. Конечно, главное — это наша собственная сила. Но когда она на исходе, важно, чтобы кто-нибудь подсказал, как можно себя починить и подзарядить.

Не нужно бояться просить о помощи, когда она необходима.

Психолог помогла мне наладить общение с Майклом, правильно выстроить с ним диалог. Когда у меня совсем закончились деньги, он начал помогать оплачивать аренду квартиры и лизинг машины. Мой муж понял, что в критической ситуации я вернусь в Украину. Там жила его мама, от которой он все еще скрывал, что у него появился сын. Майкл испугался и поэтому начал предпринимать хоть какие-то действия.

Возрождение

Имея на руках грудного ребенка, я начала потихоньку двигаться к своей мечте и заниматься доставкой цветов. Как и во время беременности, цветы я доставляла сама. Средства от их продажи шли на покупку еды.

Далее я начала собирать команду. Мне хотелось создать новую платформу, а для этого требовались программисты. Гуляя с коляской, в какую-то секунду я передавала ее маме и подключалась к Zoom-конференции. Приходилось все успевать на ходу.

В этот период я серьезно сконцентрировалась на своей мечте. Идея о создании международной сети цветочных магазинов меня очень вдохновляла и поддерживала. Я делала то, что хорошо умела, и была уверена, что все получится.

Саморазвитие продолжалось: я читала книги, слушала подкасты, смотрела мотивирующих менторов. Мой английский с каждым месяцем становился все лучше, я постепенно приходила в форму.

Для любой женщины крайне важно внимание мужчин. Немного окрепнув морально и физически, я начала регистрироваться на сайтах знакомств. Это тоже была своего рода терапия. Сайты знакомств хороши тем, что девушкам делают много комплиментов. А это порция энергии, веры в себя и повышение самооценки. Ко мне начала возвращаться уверенность, я стала чувствовать себя намного лучше и потихоньку пробивалась сквозь лед, словно подснежник. А еще на сайтах знакомств я могла искать себе программистов. Убивала нескольких зайцев одновременно.

Женская энергия подпитывается мужским вниманием. Люби себя и позволяй другим восхищаться собой. Не бойся новых знакомств и обязательно ходи на свидания.

Так я строила свой путь — снова одна, только своими силами и снова будучи уверенной в том, что все мечты сбудутся. Родственники Майкла фактически отвернулись от нас с Давидом. Я пыталась выйти с ними на контакт, но они были как холодные скалы, биться о которые казалось совершенно бесполезным занятием. Наша маленькая лодка уходила от них все дальше в море. В этом мире мы остались совсем одни — я и мое сокровище, мой ребенок.

В очередной раз я убедилась, что, кроме меня самой, мне никто не поможет. Мои проблемы я могла решить только сама, и полагаться мне следовало лишь на себя. Кроме меня, у меня никого больше не осталось.

После рождения Давида родственники Майкла навестили внука только два раза. В какой-то момент они сказали, что больше не хотят общаться со мной и ребенком, и наша связь почти полностью оборвалась.

Они не принимали меня и в нашем прошлом воплощении, которое я видела в регрессии, история повторилась: тогда сын встал между мной, моим мужем и его семьей. Но зато теперь я отчетливо понимала, какие кармические отработки должна пройти, чтобы изменить ход событий и не повторять эти уроки снова и снова.

Глава 12.
Волшебное число 17

Работа с психологом стала глотком воды в пустыне. Каждую встречу я ждала с безумной жаждой, они были мне жизненно необходимы. Мы проводили две сессии в неделю, когда денег не хватало — одну. Некоторые говорят, что нет лучше психолога, чем близкий друг или родственник. Это не так: психолог — это увеличительное стекло, позволяющее разглядеть в самом себе все трещинки, все крошечные детальки и расставить их по местам. Никакие откровенные разговоры с подругами не сравнятся с профессиональной помощью.

Я продолжала искать ответы на свои вопросы. Помимо психолога, я подключила другие методы самопознания. Мне нужно было докопаться до правды: где произошел сбой, в каком месте я свернула не туда? Мне хотелось понимать, почему последние несколько лет прошли именно в таком ключе и чего ожидать впереди. Постепенно картинка складывалась, зрение восстанавливалось. Но детальки все равно оставались еще очень расплывчатыми. Чтобы отрегулировать это увеличительное стекло, мне нужно было отрегулировать саму себя. Самопознанию предшествует этап саморазвития; накопление знаний — это первые шаги на пути к нему.

Я начала потихоньку разбираться в том, что произошло между мной и Майклом. Мы с ним — два противоположных знака: я — Козерог, а он — Рак. Так вышло, что процесс создания нашей семьи пришелся на коридор затмений[11]. Это очень энергетически сильный период. Именно в коридоры затмений происходит перерасчет энергии, и крайне важно правильно ею распорядиться. Некоторые астрологи считают, что в это время закладывается фундамент судьбы на следующие 12 лет.

Мы с Майклом стояли друг напротив друга — полные антиподы, крайние точки двух противоположных осей. Копая глубже, я обратила внимание на магию цифр, связан-

11 Коридор затмений — период между лунным и солнечным затмениями. Обычно длится около двух недель.

ных с нашими личностями. Это был знак, который намекнул, что нужно идти дальше, и привел меня к «Матрице судьбы».

В состоянии стабильности человек думает, что все идет своим чередом, что такова его судьба. Общаясь с психологом, я объясняла, что чувствую себя кошкой, которая недавно родила котят. Меня как будто загнали в угол, закрыли в замкнутом пространстве. И вот я как ошпаренная скачу из стороны в сторону — внутри меня кипят инстинкты. Я готова вскарабкаться на любую стену, чтобы выбраться, но не знаю, на какую. Личная трагедия, страх и растерянность побудили меня к поиску, пробудили во мне кучу вопросов и заставили действовать.

Все мы начинаем шевелиться, когда чувствуем, что дела совсем плохи. Нелегко это признавать, но переродиться можно только через муки. Мы либо их терпим — и выходим из ситуации новым человеком, либо ломаемся. Выбор только за нами.

Если бы не боль, через которую я прошла, я бы вряд ли обратилась к «Матрице». Мне повезло: со мной рядом всегда были люди, которые проживали эту боль вместе со мной, — мои подруги. Часть из них появились, когда я оказалась в беде, и плавно растворились в пространстве и времени, когда беда ушла.

Одна из подруг прислала мне из Киева одежду своего малыша, который был постарше Давида. Помимо материальной помощи, она оказывала мне помощь моральную. Мы много общались на духовные темы, обсуждали хиромантию, астрологию, нумерологию — она рассказывала про разных специалистов и их курсы. Часть я пропускала мимо ушей, но как-то раз подруга упомянула «Матрицу» — сказала, что нашла интересную и недорогую консультацию.

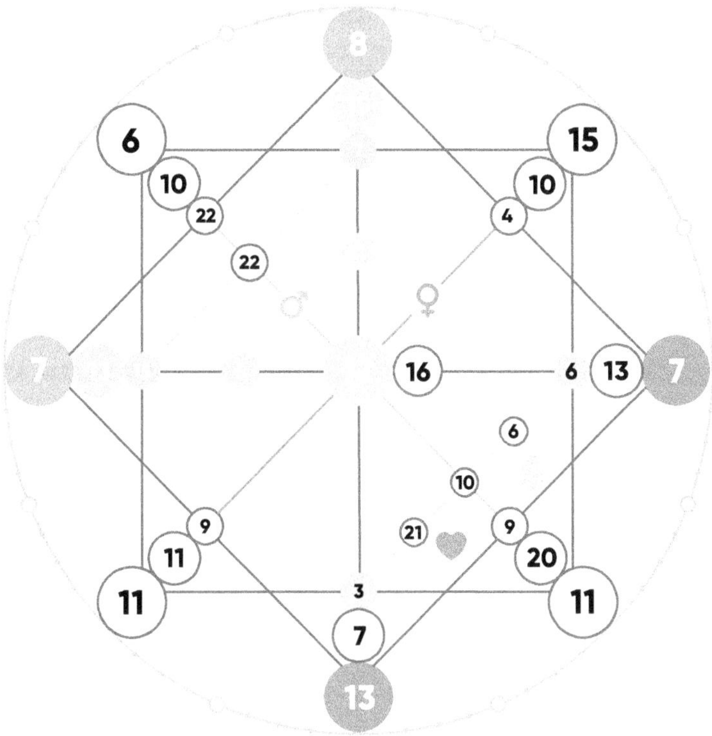

Рис. 7. Матрица совместимости

Из любопытства я решила ее пройти. Консультация оказалась крайне неудачной — ее автор прошлась по «Матрице» очень поверхностно, собрала одни вершки, оставив корни глубоко под землей. Однако меня зацепил сам метод исследования: цифры содержали в себе гораздо больше информации, чем казалось на первый взгляд. Я захотела пойти дальше и начала изучать «Матрицу» самостоятельно.

Разбирая нашу с Майклом матрицу совместимости, я поразилась тому, насколько точно мы проживали наши судьбы — то, что было нам предначертано. Лишь взглянув за пределы видимого — посмотрев не на образы, а на цифры, — я наконец прозрела. Раскладывая наши матрицы, я поняла, что нам суждено было разойтись. Между нами встало число 16 — «Башня», то есть падение, энергия разрушения. Именно число 16 перечеркнуло наши с Майклом отношения.

Большое значение для нашей пары имело число 13, с которым мы проявлялись в мир. Оно указывает на нашу совместную задачу проживания в этом воплощении и говорит о смерти, перерождении, глобальной трансформации. Эти отношения неизбежно должны были кардинально изменить обоих.

Также повсюду в наших отношениях между мной и мужем возникало магическое число 17 («Звезда»). И я, и Майкл родились 17 числа, 17 июля 2019 года я узнала о беременности. Как я упоминала ранее, наш сын тоже родился 17-го — в 17 часов 11 минут. Если соединить наши с Майклом энергии, в комплексе тоже получается 17. 17-я энергия — это всегда яркая творческая натура, звездность, стремление проявляться и реализовывать свои таланты. Наша семья — это, по сути, огромный вихрь, гигантский сгусток энергии проявленности, умноженной во сто крат. Однако из-за энергии разрушения, то есть числа 16, которое стояло рядом с 17, этой хрупкой хрустальной вазе суждено было разбиться.

Миссией нашего союза стало рождение Давида. Как только я забеременела, цель оказалась достигнута — и наш брак начал рассыпаться. Мы оба вложили в зачатие ребенка много сил, прожили этот момент вместе: я победила серьезную болезнь, Майкл все это время находился рядом. Но когда малыш появился на свет, его энергия разделила наш с Майклом поток пополам, и каждый пошел своей дорогой. Наш общий путь завершился. А я наконец нашла ответы на свои вопросы и смогла успокоиться.

Когда мы начинаем понимать причинно-следственные связи, мы наводим порядок внутри себя. Почему это происходит? Почему это произошло именно со мной? Чего ждать от будущего? Разложив все по полочкам, человек находит решение. Наводишь порядок внутри — порядок устанавливается и снаружи.

Чего только я не перепробовала в поиске своих истин! Я просвещалась и саморазвивалась: читала, смотрела, изучала, искала информацию, пробовала разных специалистов. Мне нужно было понять, как работает Вселенная. Каждый специалист, к которому я обращалась, будь то нумеролог или гипнолог, огранял меня, как алмаз. Но каждый — со своей стороны. Чтобы получился полноценный бриллиант, нужно было обойти десятки мастеров.

Не пренебрегай нестандартными инструментами. Истина лежит на глубине. Чтобы до нее докопаться, нужно обратиться к самым истокам. Цифры, планеты, энергетические потоки — все это может рассказать тебе больше, чем ты думаешь.

Я — хозяйка своей жизни

Продолжая заниматься спортом и общаться с психологом, я погрузилась в бизнес. Я не хотела больше ни от кого зависеть, не хотела быть жертвой, которой можно манипулировать. Свобода во многом заключается в достатке. Я хотела вернуться к себе прежней — независимой и самодостаточной. Той, что сама решает, как поступать и где и с кем быть.

Последние несколько лет я жила не ради себя, а ради других. Я отказалась от своего дела во имя семьи, выполняла все просьбы мужа, переехала к нему в другую страну. Невозможность принимать решения за себя практически разрушила мою личность.

Теперь я была настроена жестко и бескомпромиссно: я буду заниматься тем, что мне нравится, и обеспечивать себя самостоятельно.

Из прошлой жизни я принесла в эту какие-то скилы. Размышляя рационально, я понимала — поэт из меня так себе, музыкант и певец — тоже. Что я умею лучше всего? Конечно же, строить бизнес.

Серьезным шагом к реабилитации меня как бизнесвумен стало открытие импортно-экспортной компании, через которую я начала заниматься поставками продовольственных товаров. Деньги на открытие я взяла из последних ресурсов. Если до этого я занималась доставкой цветов как индивидуальный предприниматель, то теперь у меня появилась корпорация. На это потребовалась сумма, которая на тот момент казалась заоблачной, — 1000 долларов. Плюс это был конец года — я должна была сдать налоговую декларацию. А это еще 300–400 долларов сверху. Для сравнения — 1400 долларов стоила месячная аренда моего жилья.

Астрологи называли тот временной промежуток «аспектом миллионеров» — очень удачным для открытия бизнеса периодом, который случается раз в 200 лет. По их словам, любое дело, запущенное в тот момент, гарантировало успех. В период отчаяния я была готова поверить во что угодно. В итоге с корпорацией действительно все получилось. Спустя годы я захотела закрыть компанию, но в самый последний момент бухгалтер меня отговорила. Я переоформила на нее свой действующий бизнес, и сейчас эта компания является мультимиллионной.

С тех пор как я открыла корпорацию, общаясь с мужчинами, я начала позиционировать себя как CEO[12]. Ко мне стали тянуться иждивенцы, но я не обращала на них никакого внимания. Мужская энергия меня подзаряжала и очень выгодно конвертировалась в уверенность в себе.

После долгого перерыва я снова пошла в спортзал. Одновременно с этим я развивала бизнес, связанный с поставками товаров, и продолжала доставлять букеты. В перерывах между кормлениями Давида я проводила встречи в Zoom, строила платформу для нового цветочного маркетплейса и писала бизнес-план.

Через свою компанию я начала поставлять в Украину санитайзеры — они были очень актуальны в пандемию. У меня наладились хорошие отношения с хозяином крупной сети европейских продовольственных товаров. Ему было интересно сотрудничество в области закупки хлеба, масла, круп — все это я могла привезти из Украины в Канаду.

Очень важный момент: как только бизнес начал оживать, я делегировала свои обязанности. У меня все еще были сложности с деньгами, но я, живя скромно, без излишеств, наняла себе помощницу из Украины. Она работала по европейскому времени, пока я спала по канадскому: делала презентации, занималась подписанием контрактов, продажами, отправкой товаров. Я же взяла на себя работу с логистикой — разбиралась, как отправить контейнеры, оплачивала счета. Так у нас получалось работать 24/5.

Контакты и знакомства на тот момент сыграли для моего бизнеса решающую роль. Так как мир находился в состоянии локдауна, все общение происходило через интернет. Романтика меня не сильно интересовала — я назначала встречи только с теми людьми, которые были полезны

12 CEO (Chief Executive Officer) — главный управляющий в компании.

в деловом плане. С помощью новых знакомств я расширяла круг общения, искала выходы на новых специалистов.

В итоге у меня появилось достаточно контактов, и я запустила проекты с Costco — компанией, управляющей международной сетью оптовых гипермаркетов. Она располагала огромными объемами товаров, на которых можно было хорошо заработать. Меня интересовали только масштабные проекты, вся «мелочь» навсегда осталась позади.

Энергии уже хватало и на какие-то сторонние идеи. Например, я начала заливать видео на YouTube-канал, даже купила блогерскую лампу. Меня тянуло к творчеству: я хотела запустить курс «Как стать флористом» и начала записывать видео на эту тему. Также одной из идей для канала были интервью с людьми, получающими удовольствие от своих профессий. Я успела сделать подводки, но сами интервью остались в формате задумки.

Со временем у меня появились многочисленные поклонники, но с высоты своей круглосуточной занятости я их попросту не замечала. Я сходила на первую после рождения сына фотосессию. Она оживила меня, как глоток свежего воздуха, стала лекарством для повышения самооценки.

Я установила себе определенную планку и ниже нее уже не опускалась. Я знала себе цену и придерживалась своего уровня. Были поставлены цели, и ничто меня не останавливало. Я не собиралась разменивать себя на мелкие задачи или на мелочных мужчин.

«What are you doing for living?» — спрашивали меня молодые люди в Сети. С английского это переводится как «чем ты зарабатываешь себе на жизнь?» или «чем ты вообще занимаешься?». От этого вопроса у меня буквально дергался глаз.

Но к тому времени нужда в знакомствах полностью отпала — все контакты я уже наладила, экспорт и импорт товаров приносил доход, мое моральное состояние начало потихоньку выравниваться.

Фокус только на себя

Как я выяснила потом, мой муж к тому моменту нашел себе новую девушку, и вся его семья уже была с ней знакома. Я об этом даже не знала, а если бы и знала, меня бы это не задело. Я полностью сконцентрировалась на себе, на своей жизни, на своей личности и своем бизнесе.

Невозможно помочь другим, пока не поможешь себе самому. Чтобы спасти себя, необходимо сконцентрироваться на спасении и не распыляться на действия, которые не приносят пользы и не имеют смысла.

Разборки с Майклом стали бы именно таким действием — бесполезной и бессмысленной тратой времени и сил.

Я пошла по другому пути — занималась собой, ходила на фотосессии, развивала компанию, проводила многочисленные созвоны и одновременно с этим ухаживала за ребенком.

В какой-то момент я почувствовала, что идея с онлайн-платформой для цветочного магазина застопорилась, работа шла очень туго.

Путь максимального сопротивления не всегда приводит к успеху. Нужно различать объективные сложности, которые возникают в любом деле, и стоп-сигналы, которые посылает

Вселенная. Не нужно ломиться в закрытую дверь — лучше потратить силы на то, чтобы отыскать открытую.

Мне всегда было сложно вести бизнес, по большей части потому, что я — женщина. Если в обычных ситуациях хорошие внешние данные девушкам только помогают, то в бизнесе все наоборот. По крайней мере, так было в Украине. «Почему я не родилась мужчиной?» — спрашивала я себя миллиарды раз. Будь я мужчиной, процессы, на которые я тратила уйму времени и сил, я бы решала щелчком пальцев. В Украине в мире бизнеса меня не принимали. Приходилось лбом биться об стену, чтобы получился хоть какой-то результат.

В Канаде все оказалось иначе. В этой части мира господствует равноправие — как в бизнесе, так и в обычной жизни. Счета в ресторанах парочки оплачивают напополам. Но чтобы быть наравне с мужчинами, нужно им соответствовать. Поблажек здесь никто не делает. Поэтому мне приходилось лавировать и быстро переключаться с украинских партнеров на канадских.

В итоге я все-таки закрыла платформу, которая не приносила прибыли и на которую я только тратила свое драгоценное время. Рассталась со своим бизнес-партнером, от которого не было никакого толка. Мы разошлись на негативной ноте, но я закрыла этот вопрос железным заслоном. Истерики и разборки — это совершенно не моя история. Когда это необходимо, я прощаюсь с человеком быстро, решительно и навсегда.

В целом я стала действовать куда более категорично. Если раньше я пыталась всем угодить, старалась быть хорошей и удобной, то теперь поступала гораздо более осознанно и хладнокровно. Я не намеревалась тратить время на людей, которые посягали на мое время и ресурсы, и легко отсекала лишнее.

Что означает быть осознанным?

Осознанность — это присутствие здесь и сейчас, в настоящем моменте. Это помогает адекватно реагировать на события, поддерживать иммунитет и психическое здоровье, снизить риск сердечно-сосудистых заболеваний, эффективно управлять своими эмоциями.

Проверь, насколько ты осознанный человек. Чем больше плюсиков — тем ты ближе к цели.

1. Ты соблюдаешь гигиену своего тела, ума и пространства вокруг себя.

2. Ты не убиваешь и не разрушаешь свое тело.

3. Тщательно фильтруешь свое окружение (людей и информацию).

4. Ты не отвечаешь на бессмысленные вопросы.

5. Ты прекращаешь общение, когда оно переходит в конфликт.

6. Не идешь виноватых. Понимаешь, что только ты несешь ответственность за собственные действия (и бездействие).

7. Не навязываешь свою точку зрения и мировоззрение другим людям. Не споришь с теми, кто думает иначе. Позволяешь другим идти их дорогой.

8. Любишь безусловно, ничего не требуя взамен.

9. На любые жизненные ситуации умеешь смотреть со стороны, включая взгляд «наблюдателя».

10. Любую проблему воспринимаешь как задачу, которую нужно решить, без паники.

11. Не хватаешься решать проблемы других людей, но готов прийти на выручку, если тебя попросят.

12. Если твой внутренний ребенок заигрался, ты умеешь вовремя включить внутреннего родителя.

13. С уважением относишься ко всему, что приходит в твою жизнь и уходит из нее.

Важнейший секрет успеха: Вселенная начала ценить меня и мой новый подход к жизни. Сначала она меня испытывала, сбрасывала мне на голову кучу ненужного хлама. Эти подачки я не принимала, потому что четко сформулировала в своей голове: я буду делать только то, что хочу. Все ненужное я легко оставлю позади.

Сейчас я сконцентрировалась на важных и перспективных задачах. Думала над тем, чтобы поставить в европейском магазине холодильник и запустить продажу цветов. Находясь в процессе переговоров, я продолжала заниматься экспортом и импортом, брала бартер — например, рекламировала продукты.

Однажды мне пришло предложение: мне моют машину, а я провожу съемку и делаю рекламу. Я нарастила ресницы, и, как назло, на нервной почве у меня появился ячмень. С опухшими, как у заплаканной принцессы, глазами я отправилась в салон Rolls-Royce.

Милый друг

Такого ячменя, как тогда, у меня не выскакивало еще никогда. Благо я шла не на свидание, поэтому беспокоиться было не о чем. Принцесса хоть и выглядела заплаканной, но внутри чувствовала себя очень уверенно — у нее куча дел, и обращать внимание на какой-то там ячмень времени попросту нет.

Автомойка находилась внутри салона, но отношения к нему не имела — это была компания-подрядчик, которая заведовала всем отделом автоэстстики и дтсйлинга. Сотрудник мойки забрал у меня ключи и предложил провести экскурсию по салону, пока мою машину моют. Я, жутко замотанная и забеганная, с интересом смотрела на роскошные автомобили, сделала кучу фотографий, наснимала видео и, вполне довольная визитом и чистой машиной, поехала домой.

На следующий день мне позвонили из салона и заявили, что забыли наклеить пленку на стекло. Я снова приехала, думая, что вряд ли вернусь туда еще раз. Однако я ошибалась.

На тот момент моя жизнь уже кипела новой деятельностью и новыми событиями. Я полностью ушла в дела: занималась бизнесом, ребенком и собой. Я разрабатывала сайт для моей продовольственной компании, сделала себе карту желаний, которую составляю и по сей день. Фокус моего внимания был устремлен лишь на меня и собственную жизнь. А главное — я чувствовала себя абсолютно полноценной. Не было больше надобности вцепиться в кого-нибудь, словно пиявка, чтобы этот кто-то меня обеспечивал, дарил мне подарки и цветы. Все это я могла делать сама.

Спустя какое-то время я купила детское сиденье в машину. Несмотря на то что я сама собирала и кроватки, и коляски, здесь моих навыков не хватило. Может, это был знак судьбы. Я вспомнила про ребят, которые мыли мне машину, и решила обратиться к ним за помощью.

На подмогу мне пришел тот самый хозяин автомойки — частный предприниматель из Мексики, в подчинении которого находилось всего четверо сотрудников. Установка кресла оказалась делом крайне нелегким — владельцу мойки пришлось позвать сотрудников салона. Несколько взрослых мужчин, среди которых — топ-менеджер по продажам Rolls-Royce, — окружили мою машину, пытаясь решить эту головоломку. Пока они корячились над креслом, я фотографировалась, не подозревая, что владелец автомойки уже положил на меня глаз.

Антонио стал одним из десятков мужчин, которые мне писали. Это был тот самый парень, который забрал у меня ключи, — он оказался не рядовым сотрудником, как мне сначала показалось, а предпринимателем. Брюнет среднего роста с очень приятной наружностью, на которую я, признаться, не обратила никакого внимания. В гуще событий я его даже не замечала — мне не нужна была любовь и романтика, я устраивала свою жизнь. Он же смотрел на меня как на ослепительную звезду. Для Канады моя внешность, мой жгучий блонд все еще оставался чем-то крайне непривычным, поэтому от недостатка внимания я не страдала.

Со временем тон нашего общения перешел на теплый дружеский — Антонио мог попросить обработать ему фотографию или дать совет по бизнесу. Он стал чем-то вроде зацепки — на тот момент меня интересовало все, что связано с предпринимательством. Как-то раз мой новый приятель очень осторожно и мило позвал меня выпить кофе. Все кафе оставались закрытыми — заказать горячие напитки можно было только навынос и выпить их, например, в машине.

Антонио подъехал к моему дому на своем стареньком Audi. Мы общались на английском: обсуждали его маленький бизнес, я давала советы, как его улучшить. Я обладаю отличным предпринимательским чутьем, ясно вижу перспективы и слабые места любой компании. Как было когда-то с фабрикой, я сразу просканировала все недостатки и предложила владельцу возможные решения.

Антонио стал первым мужчиной в моей жизни, который прислушивался к тому, что я говорю. Для меня это было бесконечно важно и ценно. Это именно то, чего мне сильно не хватало в Майкле.

Через неделю после очередной встречи Антонио мне заявил:

— Я опробовал твой совет, и получилось очень классно.

Я видела, что идет прогресс. Он завел каналы на YouTube и в TikTok, занялся маркетингом. Когда я приезжала к нему на работу, он меня фотографировал — у нас был взаимовыгодный симбиоз. Антонио пытался звать меня на свидания, но я, как кошка, которую хотят взять на руки, умело ускользала. Я держала его на большой дистанции, мне казалось, что он — совсем не мой формат.

Как-то раз Антонио сообщил, что переезжает. Он поделился, что в его доме много свободного места и все стены — голые. У меня в квартире как раз стояла большая картина, которую я написала и которая занимала очень много места. Я предложила Антонио принять ее в качестве подарка. Он не согласился и вместо этого захотел ее купить. Так написанная мною картина обрела свое место в его доме. Мне было ужасно приятно.

Однажды после Нового года я нашла очень красивое зеркало. Приехав за новым предметом декора, я поняла, что оно ни в какую не влезает мне в машину. Тогда я вспомнила, что в этот день Антонио как раз перевозит вещи в новую квартиру и арендовал для этого грузовой автомобиль. Он помог мне без промедления: после моего звонка прибыл на место в считаные минуты, а позже помог установить зеркало.

— Если тебе нужна какая-то помощь, например сделать что-то физически, я с удовольствием помогу. Пожалуйста, обращайся, — заявил мне приятель.

Меня трогала отзывчивость Антонио, его доброта, искренность и достойное поведение. Но на тот момент я, можно сказать, была занята. У меня завязались отношения с другим мужчиной. Антонио был не в моем вкусе и даже не входил в мой круг друзей. Я относилась к нему с благодарностью, но достаточно равнодушно. Как в той песне Аллегровой: «Не мой фасон, не мой размер».

Между тем Антонио оказался очень ревнивым и настойчивым и иногда перегибал палку. С каждым днем его чувства ко мне нарастали. Он не давал мне проходу: часами караулил рядом с нашим лобби. Меня это серьезно напрягало. Иногда я не могла спокойно вернуться домой, потому что знала, что там меня ждет западня.

Как-то раз Антонио позвонил со словами:

— Выходи, попьем кофе.

Я отказалась, потому что мы ведь уже все решили, все расставили по своим местам.

— Ну пожалуйста, это очень-очень важно, — настаивал Антонио и добавил: — У меня для тебя кое-что есть.

Он знал, что просто на кофе я уже не ведусь.

Вздыхая и закатывая глаза, я надела пуховик, натянула шапку, спустилась в снежный вечер и села в его машину. Он же встретил меня со словами:

— Ты будешь моей женой.

Эта фраза отозвалась во мне смесью изумления и смеха. Но как говорится, хорошо смеется тот, кто смеется последним.

— Спасибо за информацию. Это все, что ты хотел мне сказать? — теряя терпение, поинтересовалась я.

— Да, все. Но ты не думай, это не просто так, это мне Хроники Акаши сказали.

А, ну теперь-то все понятно! Так бы сразу и сказал. Вот только я представления не имела, о чем речь. Зато стало ясно, что парень совсем отлетел, а мне надо почитать про эти Хроники — не люблю ощущение, когда чего-то не знаешь. Тогда я еще не представляла, что скоро мне придется убавить скептицизма.

Чуть позже в Монреале открыли загородные рестораны. Я согласилась сходить с Антонио на свидание. Я понимала, что его чувства ко мне выросли до неконтролируемых размеров, мне не хотелось делать ему больно.

— Давай мы просто не будем больше общаться? Потому что для тебя это болезненно. И вообще, зачем тебе все это надо? — сказала я Антонио. После этой встречи он ненадолго пропал, на какое-то время наше общение прекратилось.

На тот момент мужчины не представляли для меня большого интереса, они были чем-то вроде бонуса. Я установила определенные стандарты — например, «хочу огромный дом с садом». На меньшее я бы не согласилась. Либо так, либо вообще никак. Я всего добьюсь сама, а если рядом будет мужчина — отлично, приятное дополнение.

Глава 13. Мой светлый ангел и балетки Chanel

В марте, когда Давиду исполнялся годик, у меня умерла бабушка. Это был очень сложный и депрессивный период. Бабушка была очень важным человеком для меня: примером, образцом, ролевой моделью. Я была ее самой младшей внучкой, поэтому между нами сложились особенные отношения. Каждое лето я приезжала к ней на дачу, гуляла по саду, засеянному цветами, ловила ящериц, каталась на качелях, которые построил для меня дедушка. Мое пребывание в их доме — радостное и безмятежное время, осколок из прошлого, в котором отражается самое искреннее и настоящее счастье. Этот дом и его обитатели часто приходят ко мне во снах и медитациях.

И я совсем не удивилась, поняв, что и в прошлой жизни, которую я видела в практике регрессии, бабушка была рядом — добрая нянечка с теплыми руками, которая заменила мне рано ушедшую мать. В этой жизни она выбрала родиться моей бабушкой, чтобы научить свою дочь быть мне хорошей мамой. Я думаю, ей многое удалось, но вот уже вторую жизнь у нас с мамой нет того контакта, который мог бы быть. Верю, что однажды мы обе все-таки научимся. Бабушка нам в этом снова поможет, ведь она никогда не оставляет меня одну и продолжает оберегать.

Однажды мне приснился очень тревожный сон, в котором ко мне пришла бабушка. На следующий день мы с Давидом и Антонио поехали в парк. Шагая по дорожке, ребенок отвлекся на деревья — нам пришлось остановиться, чтобы его позвать. И тут раздался оглушительный треск — откуда ни возьмись на дорогу рухнула огромная ветка. Сделай мы 10 шагов вперед, и эта ветка упала бы прямо на нас. И в этот момент я вспомнила про предупреждение бабушки во сне. Я чувствую, что она всегда меня защищает, подает мне знаки.

Бабушка — это белый ангел, ее света и тепла хватало на всю семью. Она была твердой, но очень доброй, под ее руководством дом содержался в любви, но в строжайшем порядке. Дедушка — тоже с характером, но перед бабушкой от его строгости не оставалось и следа. Он ее безумно любил и всю жизнь боготворил. Благодаря им я поняла, как правильно вести себя с родными, как строить отношения с партнером.

Мы с бабушкой договорились, что когда она нас покинет, то придет ко мне во сне и расскажет, как там — по ту сторону жизни. Она мечтала подержать на руках своего младшего правнука и прождала его ровно один год и один день. К сожалению, из-за ковида приехать с ребенком я так и не смогла. Бабушка ушла на следующие сутки после дня рождения Давида — 18 марта. Мне ее очень не хватает.

Из-за семейной утраты и ковидных ограничений нормально отпраздновать день рождения у нас не получилось. Чтобы как-то переключиться, я решила поехать с ребенком в Квебек. Мне срочно требовался отдых — Давид дорос до того возраста, когда им стало сложно управлять. Изучая мир вокруг себя, он стал как заведенная игрушка — не сидел на месте ни секунды. Мама к тому времени уже уехала из Канады, весь уход за малышом лег на мои плечи.

Незадолго до отъезда мамы, когда Давиду было 10–11 месяцев, я нашла для него няню. Если есть возможность делегировать, никогда ее не упускайте. Лучше потратить лишние 20 долларов на няню и заняться полезными делами или просто выспаться. Инвестируя в няню, я, можно сказать, инвестировала в саму себя. Высвобожденное время я тратила на бизнес и саморазвитие.

В этот момент в моей жизни снова объявился Антонио. Я сказала, что еду в другой город, и если он хочет присоединиться, может поехать с нами. Антонио согласился. Но мы заранее условились, что будем жить в разных номерах и платить каждый за себя. Я четко обозначила ему свою позицию: «Мы с тобой друзья. Если хочешь быть рядом — будь, но только в роли друга, не больше». Я прямо сказала Антонио, что никаких шансов на романтические отношения у него со мной нет.

В то время отель был единственным доступным вариантом для отдыха. В больших городах по-прежнему все было закрыто. Номер мы выбрали очень удачно: из окна открывались величественные и умиротворяющие виды, виднелось все здание замка, который строго и миролюбиво смотрел на постояльцев отеля. Из-за пандемии цены заметно снизились, поэтому вся эта красота досталась нам за очень небольшие деньги.

В ходе этой поездки я заметила, что Антонио нравится общаться с Давидом, и делает он это не наигранно. Когда я просила его последить пару минут за ребенком, он играл с ним так, будто они близкие родственники. При этом опытом общения с детьми Антонио особо не располагал — своих детей у него не было.

Коммуникация между Антонио и моим сыном вызывала умиление, и все равно как мужчина он меня не привлекал. Меня интересовала только я сама, мой ребенок и мое развитие. Я самостоятельно себя обеспечивала и ни в ком больше не нуждалась. Мне нравилось это состояние, я не хотела его терять. Я чувствовала, что наконец вернулась к себе настоящей.

На почве ревности Антонио после поездки в Квебек мы с ним разругались, и он снова пропал. Мы не общались пару месяцев — примерно с марта по май.

Приближалось лето, и вот он снова дал о себе знать. В ходе переписки приятель поздравил меня с прошедшим Днем матери: «Что бы ты хотела в подарок?» Этот вопрос поставил меня в тупик.

Я знала, что Антонио вряд ли сможет подарить мне то, что я на самом деле хочу, — список желаемых подарков пестрел очень масштабными и дорогостоящими вещами. В целом личные дела и заботы затянули меня с головой. Я очень тяжело переживала потерю бабушки, плюс моего постоянного присутствия требовал бизнес — я крутилась как белка в колесе. А еще без чьей-либо помощи заботилась о годовалом ребенке. На тот момент мне было совсем не до Антонио и его подарков.

«Я хочу балетки Chanel», — бросила я, не придавая своим словам особого значения. Я действительно хотела эти балетки, но лишних денег на столь дорогую покупку у меня пока не было. Я даже не думала всерьез о том, что Антонио и правда купит мне их. Для меня его вопрос был лишь набором слов, никаких действий я за ними не предполагала.

«Отлично. Тогда встречаемся в магазине через час», — ответил приятель. В эту секунду внутренний скепсис в отношении Антонио слегка уменьшился. «Неужели он реально готов на такой поступок?» — думала я с долей недоверия, пока ехала за Давидом в садик.

Забрав ребенка, мы вместе поехали на условленное место. Что Антонио на самом деле купит мне эти балетки, я сомневалась до последнего и даже предлагала разделить чек пополам. Но мой спутник был настроен решительно, даже несмотря на стоимость обуви.

Впоследствии я узнала, что, когда Антонио написал мне про подарок, он решил: это станет его последним сообщением, и если я не отвечу, он прекратит свои попытки.

У него были основания этого опасаться. Еще до балеток у нас произошла одна нелепая история. Как-то раз он прислал мне очередной презент. Спустившись в лобби за посылкой, я обнаружила в ней… ключи от машины. В письме было сказано, что Антонио купил себе новый автомобиль: «Это вторые ключи. Можешь пользоваться, когда захочешь».

Меня эта выходка ужасно возмутила. «Зачем мне, когда у меня есть своя машина, пользоваться чужой?» — подумала я, раздраженно смотря на эти ключи. Выведенная из себя такой глупостью, я вместе с посылкой отправилась к Антонио на работу и отдала ее первому попавшемуся менеджеру.

— Передайте ему, чтобы больше такими вещами не занимался, — грозно заявила я и спешно покинула офис.

Балетки Chanel, как когда-то женские туфли в прихожей моего папы, стали символом перемен. Если до них я стояла к Антонио спиной, то с этой секунды невольно начала медленно разворачиваться.

И все же никакого нового статуса Антонио тогда не получил — он оставался только другом. Довольная покупкой, я поблагодарила спутника, и мы втроем отправились в ресторан. Присутствие Давида его не смущало — напротив, еще во время поездки в Квебек они сразу нашли общий язык и быстро подружились. Ребенку было интересно со взрослым, а взрослому — с ребенком. Антонио общался с ним искренне и с неподдельным любопытством. Он не пытался меня впечатлить, а просто играл с Давидом так, словно они — отец и сын. Антонио нравилось проводить время с малышом, а мой сын, в свою очередь, отвечал ему полной взаимностью.

К этому моменту железный занавес локдауна начал приподниматься — в Канаде стали открываться общественные места. Спустя несколько дней после похода в бутик Антонио предложил съездить всем вместе в зоопарк. Там я сделала их первую совместную фотографию — на ней Антонио держит моего сына на руках. Они стали отличной командой.

Налаживать личную жизнь, когда дома маленький ребенок, — дело непростое. Благодаря Давиду у меня появился новый и очень строгий критерий отбора мужчин, с которыми я готова была пойти на свидание. Если молодой человек хочет и может оплатить мне няню, пока мы проводим время вместе, мы встречаемся, если нет — значит, нет. Так я могла легко понять, кто бросает слова на ветер, а кто имеет серьезные намерения и готов не только заваливать меня комплиментами, но и подкреплять свои слова реальными действиями.

Антонио сделал ход конем: он не просто оплатил мне няню, а сам остался с Давидом, а нас с няней отправил в ресторан — на его машине. Это был удивительный знак внимания. Я знала, что такое мужская забота, но у Антонио этот навык был развит особенно сильно.

С каждым днем он удивлял меня все больше. Как любая мама с маленьким ребенком, я очень дорожила своим сном. Антонио воспользовался ситуацией и решил помочь. Пока я отсыпалась, он гулял с моим малышом: брал коляску и шел с Давидом в парк. Иногда он забирал моего сына к себе на работу. Забавный момент: привезя Давида к себе в офис в первый раз, он представил его как своего сына. Меня это очень рассмешило и возмутило — на тот момент мы даже не встречались. Они проводили очень много времени вместе. Ребенок был счастлив, они с Антонио сближались все сильнее.

В то время Давид не знал и не понимал, кто его настоящий папа. Эта тема была для меня болезненной, я не совсем понимала, как предоставить эту информацию такому маленькому ребенку. Первым словосочетанием Давида стало «Папа где?». В его еще только зреющем сознании уже существовало понимание того, что родителя должно быть два. Однако одна фигура на нашей шахматной доске отсутствовала. Получилось, что Антонио смог ее заменить, появился в нужное время в нужном месте. Он вошел в свою новую роль очень быстро и естественно — будто все и должно было произойти именно таким образом.

На дистанции

Однажды мы с подругой Лили поехали в другую часть Канады с двумя нашими маленькими детьми. Это был незабываемый отдых. Мы побывали на двух озерах, Лэйк-Луиз и Эмералд, — восхитительное зрелище! Волшебные пейзажи заснеженных гор, а на их фоне — бирюзовые водоемы. Цвет у этих озер такой, что даже не верится, что они настоящие. У нас были считанные секунды, чтобы сделать фотографии, пока наши дети спокойно сидели в колясках. Давиду на тот момент было 1,2 года, а сыну Лили Андрею — 2,3.

С ними пришлось непросто. Чтобы добраться до места, мы приложили немало усилий. Пять часов на самолете, еще несколько — на арендованном автомобиле по сложным горным дорогам, и все это с маленькими детьми. Я мама — значит, я могу все, таков был мой девиз. И я ни разу не пожалела о своем решении — яркие эмоции все окупили!

Путешествие оказалось очень насыщенным, по приезде в Монреаль я чувствовала себя счастливой, но сильно вымотанной. Все, чего я хотела, — это отдохнуть в тишине и спокойствии.

И тут, будто прочитав мои мысли, снова появился Антонио. Он предложил поехать с ним за город. В любой другой ситуации я бы, скорее всего, отказалась. Но так как я хотела расслабиться и отключить от всего голову, поездка на природу была идеальным вариантом. И я согласилась.

Антонио оплатил няню, забронировал отель, мы поехали на его машине. Еще до этого случая он однажды спросил про мои ежемесячные расходы. Я ответила, что в месяц трачу примерно 5000 долларов. Тогда он поинтересовался:

— Как ты думаешь, а сколько денег тебе понадобится, чтобы содержать семью?

Этот вопрос не был для меня затруднительным — я все уже давно рассчитала.

— В месяц на семью мне необходимо 50 000 долларов, — ответила я, не думая ни секунды. После произнесенных мною слов послышалось рычание тормозов. Антонио резко затормозил и почти остановил машину — прямо посреди хайвея. По его лицу прошла волна возмущения. Он зажегся, как спичка.

— Откуда в твоей голове вообще взялись такие суммы?! — спросил он, еле сдерживаясь, чтобы не повысить голос. «Ну все, приплыли», — подумала я, нервно вжавшись в кресло. Мне показалось, что меня сейчас просто высадят из машины. От того, как быстро вскипела горячая мексиканская кровь, стало даже немного страшно.

— Смотри, я тебе сейчас все объясню, — сказала я спокойным голосом и начала раскладывать все карты. — Во-первых, я хочу большой дом. Если условно такой дом стоит 3 миллиона, то на эти 3 миллиона приходятся 15 000 долларов ежемесячно, если брать в кредит. Во-вторых, содержание такого дома тоже обойдется в кругленькую сумму. Плюс еда, одежда, обслуживание машины, досуговые мероприятия, путешествия и прочие траты. Далее, частная школа.

Представим, что у меня двое детей. На одного ребенка такая школа стоит 2000–3000 долларов, и теперь умножим эту сумму на два...

Безусловно, на тот момент таких ресурсов у меня не было. Но человек с бедным мышлением и человек, столкнувшийся с трудностями, — это два разных человека. Я знала, что мое состояние тогда — временное. Я ставила перед собой масштабные цели, потому что верила, что обязательно их достигну. Разменивать себя на мелочи, отступать от задуманного я не собиралась.

Мне было важно сказать правду и обозначить свои рамки. После моего небольшого отчета Антонио более или менее успокоился.

Через пару часов мы доехали до места и пошли кататься на зиплайне. Это экстремальный спуск на тросах — развлечение не для слабонервных. Погода стояла промозглая — лил дождь, все вокруг окутал густой туман. Из-за непогоды мне не терпелось поскорей вернуться в номер. После зиплайна мы с Антонио пошли в отель, я свалилась на кровать и моментально уснула.

Вечером мы отправились в ресторан. На этом этапе мы все еще были друзьями — никакой особой близости между нами не было. Я сохраняла установленную дистанцию.

Но он все-таки сумел подобраться ко мне почти вплотную — через моего сына. Они стали лучшими друзьями, их общение было наполнено обожанием друг друга. Антонио проводил время с Давидом не для того, чтобы покорить мое сердце. Он его искренне полюбил. Постепенно мой ребенок инстинктивно начал называть Антонио папой.

Давид выбрал себе отца, а Антонио, в свою очередь, относился к нему как к собственному сыну.

Отношения начинаются с контракта

Мы с Антонио жили в разных квартирах и виделись только на нейтральной территории. Как-то раз он предложил съехаться и жить вместе, причем это случилось еще до того, как мы начали встречаться. С учетом того, что между нами ничего не было, это предложение звучало несколько странно. Конечно, я ответила категоричным «нет».

Уже позже, взвешивая все за и против, я начала размышлять: «Да, я живу максимально комфортную жизнь в собственном мире. Мне нравится моя уютная квартира, где есть только я и мой сын. И так может продолжаться вечно. Дрейфовать в этом состоянии я смогу еще очень и очень долго, потому что мне максимально комфортно».

«А что, если я снова выйду из зоны комфорта?» — прозвенело у меня в голове. Перемены — это всегда опыт. Мне нравилась стабильность, ради достижения которой я потратила немало усилий. Но я привыкла идти вперед и постоянно развиваться. И раз уж появилась возможность круто поменять свою жизнь, почему бы и нет?

Важные решения нужно всегда принимать с холодной головой, без эмоций. Прежде чем на что-то решиться, проведи анализ, оцени риски, взвесь каждый аргумент.

Я понимала, что, если начну жить с Антонио, мой бывший муж перестанет оплачивать мне квартиру. В целом, приняв это решение, я могла понести огромные потери. Я боялась выйти из своего уютного мира, особенно после предательства мужа, а вместе с этим еще и рисковала финансово.

Поразмыслив, я пришла к очень простому и, как мне показалось, гениальному решению: я подпишу с Антонио контракт.

Что значит любить себя?

Я говорю не об эгоизме и потворствовании своим капризам. Речь о здоровой любви к себе, с которой начинается наше психическое здоровье и здоровые отношения с другими людьми.

Подсчитай, насколько ты любишь себя.

1. Ты заботишься о своем теле и здоровье.

2. Ты поддерживаешь безопасные отношения и социальные связи.

3. Ты соблюдаешь баланс работы и отдыха.

4. У тебя есть хобби, интересные занятия, которые тебя наполняют.

5. У тебя есть достаточное время для сна и восстановления.

6. Ты исполняешь свои простые и доступные желания.

7. Ведя внутренний диалог, ты чаще поддерживаешь себя, чем ругаешь.

8. Если правила, стандарты тебе приносят боль, вред и дискомфорт, ты можешь от них отказаться.

9. Ты умеешь выставить личные границы и защитить их.

10. Ты разрешаешь себе безопасно проживать любые эмоции.

Всегда выбирай себя и никогда не жертвуй собой. Почему я должна менять свой идеально устроенный быт на полную неизвестность? Я потеряю очень много, но что приобрету? Однажды мне уже вонзили нож в спину, и это сделал самый близкий человек. А что, если это повторится? Мне нужны гарантии, и желательно прописанные на бумаге — черным по белому.

Антонио адекватно воспринял изложенные мною аргументы и согласился. На самом деле, мужчины обладают очень структурным умом. Их психика работает совсем иначе, чем женская. Многие девушки боятся, что, если подходить к вопросу финансов настолько прямо, формально и по-канцелярски организованно, это может задеть партнера или вызвать в нем непонимание. Наоборот — когда все четко прописано на бумаге, мужчина получает понятный ему конструктив. Им сложно разбираться в эмоциях, гораздо удобнее работать с упорядоченной и четко сформулированной информацией.

Составить контракт было непросто и небыстро. Это не одномоментное действие, а сложный и скрупулезный процесс. Мы потратили много времени, чтобы составить документ и привести его в тот вид, который устроил бы нас обоих. Мы много спорили, где-то возникали разногласия и недопонимание. Но нас спасал диалог и умение слышать друг друга.

Диалог — это основа любых отношений, не только романтических. Есть диалог — есть будущее, нет диалога — отношения обречены.

Одновременно с составлением контракта мы искали подходящий дом. К моменту, когда мы его нашли, мы подписали контракт с Антонио. Нотариус была изумлена.

— Вы действительно будете платить по всем счетам? Даже когда будете в отпуске?

— Да, да и еще раз да. Я буду оплачивать все ее счета, — активно кивал Антонио.

— И за электричество?

— И за электричество! Я буду платить за все! — эту фразу Антонио повторил раз десять.

Суть контракта заключалась в том, что, если мы с Антонио расходимся, он обязуется помогать мне финансово какое-то время после расставания. Позже мы уточнили этот период — половину срока от наших отношений. То есть если мы живем вместе 10 лет, мой спутник спонсирует меня 5 лет после расставания: снимает мне жилье рядом с детским садом или школой, помогает материально. Это было необходимо в первую очередь потому, что я растила ребенка. Снова оказаться в ситуации, когда я вынуждена крутиться и искать варианты, как обеспечить себя и сына, я не хотела.

Еще до того, как мы арендовали дом, между нами с Антонио начали медленно завязываться отношения. Мы стали чаще проводить время вместе, куда-то выбираться вдвоем, ходили на свидания. Я видела, как Антонио старается для меня — он был готов на все, за его словами всегда следовали поступки.

Я понимала, что в этом мужчине есть перспектива и развитие — он не просто слушал мои советы по бизнесу, а применял их на практике, и довольно успешно. Маленькими шагами (а именно они — основа успеха в бизнесе) его дело начало расширяться. Антонио активно развивал соцсети, подключал новых партнеров, купил себе новую машину. Я видела, как он растет как бизнесмен. Его человеческие качества не оставляли сомнений в том, что он — прекрасный отец и семьянин.

Так начался новый этап моей жизни в Монреале. Я была уже не одна — со мной рядом снова стоял мужчина. При этом я знала, что мое пребывание в этом городе — временное, это всего лишь этап. Сюда меня забросили обстоятельства.

Я всегда много путешествовала и присматривалась к местам, размышляла, где бы хотела жить. В юности у меня была мечта поселиться в Лондоне. Позже я поняла, что это не мое. Я не смогу существовать в каменной коробке, пусть даже из ее окон будет виден Букингемский дворец.

Однажды я уже переехала в другую страну, но только вынужденно — в Канаду. Больше такой опыт я повторять не собиралась, свое место в мире я буду искать, исходя из своих потребностей и желаний. Я понимала, что это должно быть очень взвешенное решение, потому что я теперь решала не только за себя, но и за ребенка. Все должно быть идеально: климат, бизнес-среда, образование для сына, личный комфорт и главное — пространство для развития.

Для меня в жизни очень важно развитие. Причем абсолютно во всем: в бизнесе, в духовной жизни, в отношениях. Никогда не стоять на месте, всегда к чему-то стремиться — в этом вся моя суть. Такие же требования я выдвигаю к своему партнеру. Важно, чтобы он рос вместе со мной — и в духовном смысле, и в материальном.

Как два водных течения, которые играют друг с другом наперегонки. И если один ручей остановился и пересох, то другой продолжит бежать вперед — но уже в одиночку.

Глава 14. Неразрывная связь

Давида я воспитываю интуитивно, хотя и читаю книги для родителей. В самом начале материнства мне помогла книга «После трех уже поздно» Масару Ибуки — приемы из нее я начала применять на практике. Широко распространено мнение, что до трех лет ребенок может делать что угодно и расти как трава в поле, а уж потом стоит взяться за его развитие. На самом деле в первые годы мозг малыша развивается настолько стремительно, что информация, с которой он столкнется в это время, останется навсегда. И именно об этом рассказывает автор: какие семена ты посеешь в ребенке до трех лет, такими и будут и плоды.

Мной до школы почти не занимались, только бабушка пыталась научить читать, поэтому мне бы хотелось, чтобы у моего сына все сложилось по-другому. С раннего возраста я включала Давиду мультики на разных языках, даже на корейском и японском, — и если сознание концентрировалось пока еще только на картинке, в подсознании развивалась имеющаяся склонность к языкам. Слушать, как я ему читаю книгу, сыну всегда было скучно. Я видела, что его мозг соображает гораздо быстрее, чем продвигается текст.

Я до сих пор не могу понять: правда ли мне удалось заложить в Давида те качества, о которых я думала во время беременности, или же я тогда интуитивно чувствовала, каким он будет. Характер, потенциал, способности — мой сын рос именно таким, каким я его и представляла. Еще во время беременности я чувствовала, что внутри меня смекалистый, умный малыш с лидерскими качествами, который не даст собой командовать.

Учитывая мою непростую историю со здоровьем, мне всегда хотелось, чтобы сын рос приспособленным к жизни и к миру, а не парниковым ребенком, над которым все трясутся и который ничего не умеет делать сам. И с самого периода грудного вскармливания Давид не любил, чтобы его слишком много обнимали, гладили. Конечно, порой он ластился ко мне, как и все дети, но чаще я слышала слова «мама, отойди». Он активно познавал мир и учился на своих ошибках: споткнулся и упал — в следующий раз будет внимательнее смотреть под ноги, прищемил палец — значит, больше не засунет его в дверь.

Во время беременности у меня случались сильные перепады настроения, и я часто смеялась там, где впору было плакать. Давид родился веселым мальчиком, это даже в садике отмечали и говорили мне:

— Ваш сын постоянно улыбается, мы никогда еще не видели такого ребенка.

Дети его всегда любили, он притягивает их как магнит. Давид ходил в новый садик только неделю, а я уже наблюдала, как он чуть ли не с ноги открывает дверь в группу, сияя улыбкой, и к нему тут же сбегаются ребята, обнимают, целуют.

— Давид, как твоих друзей зовут? — спрашивала я у него вечером. А он сам еще не запомнил, зато его уже все знают, любят и ждут.

А как он бил меня ногами в животе, как брыкался! Я ожидала получить боксера или минимум футболиста. Еще во время беременности мне был понятен его характер, он бунтовал — не мог дождаться, когда появится на этот свет. Не могла ни спать нормально, ни сходить в кино или на концерт — малыш просто не давал мне ни лежать, ни сидеть. Единственным, что его успокаивало, была... классическая музыка. Я включала на телефоне Моцарта, прикладывала к животу, и внутри меня наступала блаженная тишина. На восьмом месяце беременности в Киеве я постоянно ходила на концерты классической музыки, и то малышу нравились не все произведения, о чем он мне незамедлительно сообщал очередным толчком в живот.

Когда Давид родился, я продолжала включать ему классику, даже если у самой было настроение послушать что-то другое. Сын обожает ее до сих пор. Конечно, когда он научился говорить, стал просить включить популярные детские песенки, которые так заедают в голове, что потом поёшь их неделю. Но если я переключала треки в плейлисте и попадалась классика, Давид всегда просил оставить:

— Какая красивая музыка, мам!

Больше всего он любит Вивальди, особенно «Четыре сезона», а еще Глинку и Чайковского, «Щелкунчика».

У Давида тонкий музыкальный слух. Если он слышит, как кто-то фальшивит, начинает нервничать и просит перестать. Как-то я, не подумав, подарила ему микрофон — детский, но достаточно громкий, чтобы пожалеть об этой покупке в тот же день. Под вечер у меня отваливались уши — от того, как громко и усердно мой сын тренировал свои музыкальные таланты.

Вместе с тем у Давида математический, инженерный склад ума. Он обожает технологии, роботов, конструкторы, механизмы и разные устройства. Недаром первым его словом стала универсальная команда «открой!». Сын выбрал лучшее слово для маленького исследователя, потому что *открыть* можно что угодно: дверь, банку, коробку, приложение в телефоне... Кажется, я за всю жизнь не слышала «открой!» столько раз, как за те два месяца, в которые Давид пользовался практически только этим словом.

Сын очень любит изучать, трогать, рассматривать, разбирать и собирать разные приспособления. Даже когда я вожу его в парк аттракционов, он вместо того, чтобы, как все остальные дети, наслаждаться скоростью и виражами карусели, рассматривает, как она устроена. В то время как остальные радостно глазеют по сторонам, Давид внимательно смотрит на поршни, соединения, моторы, тросы... Как маленький ученый, который еще толком не умеет разговаривать, но в голове которого уже строятся простые, но очень разумные алгоритмы.

— Мам, а откуда в кране вода? Почему она течет, только когда поднимаешь ручку? А где кончается дырка, в которую вода потом утекает? — раздается миллион вопросов, и Давид, забыв помыть руки, изо всех сил пытается разглядеть, что находится там, в темноте водостока. Я об этом никогда даже не задумывалась: вода и вода. А у Давида уже появляется вопрос, как устроен туалетный бачок:

— Мам, а что там шумит? Давай откроем!

К 3,5 годам Давид научился считать до 20 на русском, английском и французском. Интерес к цифрам он проявил сам. Как-то в магазине сын внимательно рассматривал ценники и наконец спросил:

— Мам, это такие часы? Зачем столько много?

Я объяснила, что это цифры, которыми написано, что сколько стоит. Вернувшись домой, мы сразу начали их изучать. Это неудивительно, потому что у Майкла феноменальная память и математический склад ума, я об этом уже писала в начале книги.

Я ведь не просто так выбирала отца для своего ребенка, у меня были определенные критерии. Я рада, что Давид появился на свет именно так, именно у нас. Все случилось, как должно было, — таковы задачи наших душ.

Независимо от того, получится ли у нас выучить урок и «сдать экзамен» в этой жизни, я всегда буду благодарна Майклу за здорового, умного и самого лучшего сына. Я вспоминаю картинку коронации, пришедшую мне на сеансе регрессии, — и узнаю Давида в том статном молодом мужчине, чья голова была увенчана короной. И понимаю: мой сын пришел ко мне во втором воплощении, и мы с ним и Майклом заново проживаем определенный сценарий, который не прожили в прошлый раз. Что и говорить, сегодня у меня и моего сына гораздо больше возможностей для саморазвития!

Математика и классическая музыка очень развивают мозг, но это совсем не значит, что жизнь Давида будет непременно с ними связана в дальнейшем. Я за то, чтобы видеть потенциал и предрасположенность ребенка и осторожно, без давления направлять его в эту сторону — как теплое ненавязчивое течение. А капитан корабля пусть сам решает, где ему свернуть. Прекрасно ведь, что ему что-то нравится, привлекает внимание, вызывает трепет. В любом случае это поможет в жизни.

Всегда представляла себя хоккейной мамой, казалось, что это лучшее занятие для любого мальчика: спорт, выносливость, сила, напор... Но Давид, попробовав, интереса к хоккею не проявил. Сейчас он ходит на карате, а также на занятия по развитию речи, которые помогают ему тренировать усидчивость.

С усидчивостью пока тяжеловато, а вот сцена его манит. Если в отеле, ресторане или где-то еще есть сцена, Давид моментально оказывается на ней. Он сам пока не понимает, что именно хочет там делать, но стремление к публичным выступлениям уже налицо. Его матрица личности и натальная карта в этом со мной согласны.

Ребенку нужно давать возможность развивать навык, который у него проявлен больше всего. Если малыш тянется к музыке — стоит приобрести для него музыкальные игрушки, если нравится рисовать — купить ему кисти и мольберт. С одной стороны, я даю Давиду свободу действий, с другой — зная особенности своего ребенка, мягко направляю на его правильный путь.

Еще мне всегда было важно, чтобы у моего ребенка были один детский сад, одна школа, один двор, одни и те же друзья. Меня жизнь прилично помотала по детским садам и школам всего города, поэтому я прекрасно знала, каково это, и для своего ребенка такого не хотела. Для человека, тем более маленького, важно ощущение дома — чего-то своего, родного, исключительного.

Я отмерила себе пять лет, чтобы определиться, где и с кем буду жить, как выстрою свою жизнь. Мы с Давидом много путешествовали, и я наблюдала, где ему больше нравится, где больше подходит климат. Сидя под жарким солнышком у голубого бассейна на Бали, в окружении райской природы, сын вдруг выдал:

— Я в Канаду хочу.

Я удивилась, не понимая, как можно хотеть в Канаду, находясь буквально в сказке.

— Буду чистить снег, — объяснил мне Давид.

Снег он просто обожает! Ну а я-то на мороз не ходок, поэтому все игры в снегу заканчиваются через пять минут, когда Давид с грустью замечает, что я уже посинела от холода.

Пять лет на исходе, приближается тот самый момент — скоро Давид пойдет в школу, поэтому каждое принятое мной решение становится не просто важным, а судьбоносным. Для меня сейчас нет ничего важнее, чем то, какое окружение будет у моего сына. Какие у него будут одноклассники, кто их родители, в какие дома он станет ходить в гости.

К сожалению (или к счастью?), уберечь Давида от частой смены садиков и детских коллективов не получилось. Но, несмотря ни на что, у него все-таки есть это внутреннее ощущение дома и «своего двора». Говорят, частые перемены места не идут на пользу маленькому ребенку, но я вижу обратное: Давид чувствует себя свободно в любом коллективе, легко вливается в него, адаптируется к любым изменениям и везде как рыба в воде — в какой водоем его ни помести.

Как-то ему позвонила бабушка, мама Майкла, и сын, забрав у меня телефон, отправился в свою комнату, чтобы показать ей игрушки. Из-за закрытой двери мне был прекрасно слышен их разговор.

— Бабушка, а я в школу хожу, — к моему удивлению, похвастался сын.

— А в какую? В русскую?

— Нет, в мою мексиканскую школу. Она мне так нравится!

— Ого, а что ты там делаешь?

Дальше я не смогла разобрать, но сын увлеченно делился своими восторгами. Вечером, когда мы ехали в машине, я не выдержала и спросила:

— Давид, а что за мексиканская школа? О которой ты бабушке рассказывал по телефону.

— Мам, ну ты что? Ну моя любимая мексиканская школа!

— Подожди, сынок, но ты же никогда в такую не ходил.

— Ходил! Помнишь, в Мексике? Там еще бассейн, и мы с друзьями рисовали.

«Мексиканской школой» оказалась детская комната при нашем отеле... Теперь я, по крайней мере, знаю, как он представляет себе идеальную школу.

Я понимаю, что Давид привязан ко мне, но для меня важнее его личное развитие, чем мое желание, чтобы он всегда был рядом. Поэтому я уже постепенно готовлю сына к сепарации.

Индийская мудрость гласит: «Ребенок — гость в твоем доме. Накорми, выучи и отпусти».

Представьте, что к вам пришел посторонний человек или вообще инопланетянин. И вам нужно рассказать ему об этом мире, объяснить все, научить базовым вещам. И если кажется, что для этого впереди еще целая жизнь, — это совсем не так. Дается чуть больше 10 лет, чтобы мы через собственную призму показали ребенку, что хорошо, а что плохо, как устроен мир и как нужно в нем жить. А потом подтолкнули его, чтобы дальше он мог строить свою жизнь сам.

В том, чтобы прививать ребенку самостоятельность, честно говоря, очень помогает... эгоизм. Мы ведь все живые люди, и мне порой так хочется поспать в выходной подольше, а тут Давид, который проснулся ни свет ни заря и уже требует еду и мультики. Я ему целенаправленно провела инструкцию, и он очень быстро запомнил, где лежат хлопья, где стоит молоко и как из этого приготовить завтрак. Теперь иногда утром в воскресенье, самостоятельно покушав, он несет мне телефон, чтобы я включила ему что-нибудь посмотреть. Свободного доступа в интернет у сына нет, но у меня сохранены мультфильмы и передачи, из которых можно почерпнуть интересную и полезную информацию. И все — можно спать дальше.

Я считаю, что нужно облегчать жизнь и себе, и ребенку. Этого не получится сделать, если привязать его к себе и не давать никакой самостоятельности.

Когда у Давида что-то не получается, я не бросаюсь тут же ему помогать. Он психует, пытается завязать шнурки, которые все время ускользают из маленьких неловких пальчиков и не хотят складываться в красивый узел с бантиком. Я не пытаюсь вмешаться, а лишь стараюсь поддержать. Я говорю ему:

— Какой ты молодец! У тебя все получится.

Ну а дальше все зависит от него самого, и он это прекрасно понимает.

Я вижу, что сын исподволь перенимает мой взгляд на жизнь и трудности. Однажды к нам пришла моя клиентка и принесла Давиду игрушку. Он не смог разобраться, как она включается, и попросил девушку помочь ему. Но она тоже не сообразила, и тогда он выдал мотивационную фразу:

— У тебя все получится, я в тебя верю.

Если бы каждому из нас кто-нибудь говорил это всякий раз, когда опускаются руки!

Глава 15. Расслоение реальности

Когда-то я смеялась над Антонио, которому Хроники Акаши сказали, что я буду его женой. Теперь же сама прибегала к этому инструменту. На первый сеанс я шла со скептическим настроем — узнала, что можно в том числе поговорить с душой умершего, и собиралась пообщаться с бабушкой. Если меня попытаются обмануть, пойму сразу же. Бабушку я ни с кем не перепутаю.

Церемонию проводила мексиканка с потомственным даром чтения Хроник, ведь это только у нас о Хрониках узнали недавно, а в Мексике это древнейший ритуал. Каково же было мое удивление, когда женщина заговорила со мной словами бабушки и с ее такими родными интонациями. Я почувствовала ее присутствие: ее голос, ее тепло, ее свет заполнили все пространство, но когда мексиканка закончила говорить, как по щелчку пальцев бабушка исчезла. Это было странно, немного пугало, но не оставляло сомнений — не обман.

Антонио тоже продолжал обращаться к Хроникам, и то, что он однажды узнал, повергло меня в шок. Мне было известно, что в нем, как ни странно, течет шотландская кровь, но я никак не связывала этот факт с крупным родимым пятном у него на груди и тем более не думала, что в предыдущем воплощении мы с ним были знакомы. Более того, любили друг друга и чуть не поженились. Да-да, тот самый отцовский военачальник, которому я была обещана в прошлой жизни, — это не кто иной, как Антонио! Я отчетливо помнила, куда его тогда ранили, и родимое пятно находилось в том самом месте.

Теперь у меня была достаточная степень доверия Хроникам Акаши, и я решила пойти на сеанс чтения души.

— Хроники Акаши считывают общее информационное пространство: прошлое, настоящее, будущее и все возможные варианты исхода событий, — объяснила мексиканка. — Они подсказывают ту информацию, которую тебе нужно знать именно сейчас. У каждой души есть своя книга, и в твоей говорится, что ты и сама можешь считывать с поля все, что тебе нужно. Только не бойся, но скоро у тебя начнут открываться способности. Ты будешь тонко чувствовать людей, понимать их мысли, видеть, что они скрывают. Но начни с растений и животных — это более чистый канал, чем человек.

Я задумалась: действительно, каждое дерево, растущее в парке десятилетиями, а то и целый век, видело столько всего. Каждый день мимо него проходят сотни людей, и оно помнит даже тех, кого давно нет на этой земле.

— Тебе нужно больше расслабляться и слушать медитацию на открытие третьего глаза. Прощупывай почву понемногу, — добавила мексиканка.

Эта информация свалилась на меня как снег на голову. За мной заехал Антонио, чтобы отвезти в спортзал, и по дороге я пересказывала ему весь этот разговор, понимая, что тема меня откровенно пугает и пока что непонятно, как со всем этим быть.

Оказавшись в современном стильном спортзале, я почувствовала себя так, будто проснулась после чересчур реалистичного сна. Страх отступил перед привычной атмосферой, и я, осмотревшись, отправилась на беговую дорожку. Нет, надо разобраться с этим раз и навсегда, прямо сейчас. Я тут же включила медитацию на открытие третьего глаза и почувствовала... да ничего я не почувствовала. Ерунда полная, не работает. Какой еще третий глаз? Я с чистой совестью решила забыть и про него, и про разговоры с деревьями.

Это был выходной день, и мы провели его вместе с Антонио и Давидом. Моя мама готовила для нас еду, все ели одно и то же, но только мне ночью стало настолько плохо, что казалось, вот-вот умру. Меня без конца рвало, тело ломило, все кости будто вытягивали из меня живьем. Лекарства не помогали, потому что в желудке ничего не задерживалось. Я только и делала, что еле доползала от кровати до унитаза и обратно. Меня буквально выворачивало наизнанку.

Я собралась с силами и решила принять душ. Едва вода дотронулась до моей разгоряченной кожи, покрытой мурашками, как в голове словно зазвучал потерявший волну радиоприемник, перескакивающий с одной станции на другую. Я увидела, как вода, стекающая по моему телу, сначала была темной грозовой тучей с упитанными боками, она пролилась на землю, чувствуя невероятное облегчение после свинцовой тяжести. Потом она сбежала ледяным ручьем с вершины горы к ее подножью, влилась в мелкую громкую речушку, которая затем принесла свои воды в другую — полноводную и медленную. Я слышала голоса и смех людей, приходивших на эту реку купаться, отдыхать, ловить рыбу. А потом воду против ее желания вобрали в себя широкие трубы.

Мне казалось, я схожу с ума. Как еще можно объяснить то, что со мной разговаривает… вода? Побыстрее закрыв кран, я закуталась в халат и поплелась в спальню. Попробовала уснуть, но больше не могла понять, где сон, а где реальность. Едва закрывала глаза, как перед моим взором разворачивались кровавые реалистичные сцены. Я провалилась в кошмар, который невозможно было отличить от действительности. Хрущевки, новостройки, посаженные аллеями елки. Разорванные тела валяются между домами. Собака тащит кусок человеческой плоти…

У меня похолодело в голове и желудке, кровь отлила от лица и рук, и я снова бросилась к унитазу так быстро, как только могла. Что я сейчас видела?!

В таком полубреду я провела четыре дня, и единственной приближенной к реальности мыслью в это время было: никаких больше медитаций на открытие третьего глаза!

Поправившись, я постаралась забыть страшные видения — чего только в таком состоянии ни приснится.

Вскоре я улетела на выходные в Нью-Йорк к подруге, тоже киевлянке. За день мы прошли пешком 15 километров по городу, а закат решили встретить на Манхэттене, где она живет. Мы поднялись на крышу ее дома, с которой открывался шикарный панорамный вид: стройными рядами высились небоскребы, в центре зеленым прямоугольником уютно примостился Централ-парк, разными цветами светились верхушка и шпиль Эмпайр-стейт-билдинг. От такой красоты захватило дух, и я, чтобы не потерять ни одного мгновения, поскорее достала телефон. Выскочившее уведомление ленты новостей сообщило: бомбят Киев...

Я подняла глаза от экрана. Под моими ногами лежал сияющий огнями шумный Нью-Йорк, полный жизни и движения. Это никак не вязалось с тем, что где-то за океаном мой родной город стонет от взрывов. Если правда началась война, почему не замер весь мир? Почему я продолжаю видеть перед собой идеальную картинку? Должно быть, где-то закралась ошибка.

Я молча показала подруге уведомление, она изменилась в лице и тоже достала телефон. Мы, не сговариваясь, тут же начали искать еще новости и параллельно звонить и писать всем, кто остался там.

Мозг не успевал за чередой событий и безуспешно пытался соединить две картинки: мирную и страшную, — но у него ничего не получалось. Мысли прыгали: как хорошо, что мама сейчас в Канаде, сидит с Давидом. Но в Киеве папа, там мои родные и знакомые, да и просто 3 миллиона человек, которые еще час назад спали в своих постелях.

Многие спали и до сих пор — мне отвечали сонные голоса людей, которые еще не были в курсе происходящего. Я будила их, они звонили своим знакомым, и, может быть, это спасло кому-нибудь жизнь.

— Маш, какая война? Куда уезжать из города? — ответил мне очередной заспанный голос в трубке, и подруга добавила тут же: — У меня на сегодня массаж, а потом хотела заехать в бургерную.

«Да какая война? Пусть кто-нибудь другой верит во все эти байки, а нас все обойдет стороной», — я и раньше часто это слышала, особенно от молодежи. Их можно понять, особенно тех, кто жил в Донецке и много лет находился прямо внутри этой ситуации. Человеческая психика устроена так, что может привыкнуть к любому кошмару и считать его нормой. А я чувствовала, всем нутром чувствовала, что все правда, поэтому и позвала маму к себе. Она тоже нервничала и говорила, что они сидят как на пороховой бочке.

Всю ночь мы с подругой оставались на связи с киевскими родными и знакомыми, а наутро она повела меня гулять по Нью-Йорку дальше, потому что обеим нужно было отвлечься. Осматривать достопримечательности не получалось — мы не отлипали от телефонов, без конца листали ленту с новыми подробностями и страшными кадрами.

Реальность по-прежнему двоилась. Стоя на аллее Централ-парка и поднимая голову, чтобы рассмотреть самое высокое здание, какое когда-либо видела, я не понимала, где нахожусь. Впервые в жизни картинка перед глазами казалась мне иллюзией. Все, что оставалось, — пребывать в состоянии наблюдателя, ведь я не могла ничего изменить, ничем помочь. Это раздирающее изнутри чувство рвалось всеми силами наружу. Оно пыталось вылиться в крик, но я старалась держать себя в руках. Ведь что я могла? Все, от меня зависящее, я уже делала.

Такие ситуации учат тому, что порой остается только плыть по течению, стараясь замечать, что тебе в это время показывает пространство, что оно тебе дает. Возможно, в этот момент происходит очередной скачок роста, потому что мы учимся эмоционально перерабатывать ситуацию, с которой до этого никогда не встречались. Учимся жить с тем, что гуляем по роскошному парку, а наши родные прячутся от бомб в подвалах.

В первое время я воспринимала происходящее очень остро, ходила на демонстрацию на Таймс-сквер, помогала оформлять документы беженцам, которые хотели уехать в Канаду, переводила деньги для помощи пострадавшим, активно участвовала в телеграм-каналах для помощи, репостила важную информацию — занималась той гуманитарной помощью, которая была мне доступна.

Вскоре новостные каналы наполнились страшными кадрами, на которых я узнавала развороченные дома, еловые аллеи и груды изуродованных тел. Это были населенные пункты Ирпень и Буча и первые настолько откровенные съемки того, что же на самом деле происходит. Очевидцы выкладывали в телеграм-каналы одно видео за другим, и все внутри холодело от ужаса.

Ирпень заблокировали со всех сторон, бомбы летели прямо в дома, жителям которых не оставили ни единой возможности выбраться из осады. На месте зданий чернели котлованы, снаряды разрывали людей на улицах на куски. Даже когда обстрелы закончились, украинским войскам не давали войти в города, чтобы хотя бы убрать трупы, которые уже начали растаскивать бродячие собаки. Оставшиеся в живых вынуждены были переступать через мертвых.

Я листала ленту негнущимися пальцами, сглатывала слезы и вспоминала, где уже видела все это. Неужели медитация все-таки не прошла даром и это была шаманская болезнь?[13]

Я долго не могла принять того, что люди добровольно остаются под бомбами и не хотят уезжать, рискуя не только своей жизнью, но и жизнями своих детей. Почему они не бегут, не пытаются найти решение, а просто остаются

13 Шаманская болезнь — пробуждение дара через психические страдания, которые сопровождаются яркими видениями. Считается, что так духи требуют от будущего шамана принять его силу, а он отказывается, сопротивляется.

на теплом, насиженном месте, которое теперь перестало таковым быть? Конечно, у людей находились причины остаться, но когда я их слышала, это только усиливало мой внутренний конфликт. Кто-то оправдывался пожилыми родителями, но сколько по всему миру было случаев, когда из зоны военных действий уезжали семьи с 90-летними стариками!

Мне от всей души хотелось помогать, но внутри тревожно звенело: люди не хотят помочь себе сами, как тогда это смогу сделать я?

Даже папа наотрез отказывался перебраться к брату. «Куда я поеду? Умру в своей постели», — упрямо повторял он. Когда городские службы предупредили, что зимой не будет отопления, это оказалось единственным аргументом, который подействовал на папу.

Надежда на то, что все получится, была совсем слабой, однако нам удалось вытащить папу (да еще и вместе с нашей собакой). Я договорилась с людьми, с которыми он добрался до Германии, к нашим родственникам. Оттуда его на машине забрал мой брат, потому что папа со своим больным сердцем опасался лететь самолетом.

...А потом я поняла: те, кто хотел уехать, уже уехали, тем самым изменив свою жизнь. Если люди остались в Украине, значит, так зачем-то решили их души. Значит, именно через такую трансформацию им нужно пройти. Кто-то даже решил пойти воевать, и это тоже выбрала их душа — а может, просто их эго. Чем бы они ни объясняли это, я считаю, что бороться за политическую позицию других людей — значит положить свою жизнь ради чужих интересов.

Я не смотрю на мир через призму политики, религии и других убеждений — я руководствуюсь только собственными ощущениями.

Я открываюсь миру

Что бы ни происходило, я не переставала шаг за шагом идти к себе настоящей. Преградой на пути ожидаемо стал мой синдром самозванца. Девятая энергия в матрице дает постоянные сомнения: я чего-то не знаю, мне не хватает опыта... Это как смотреть в зеркало и видеть искаженное отражение. Люди с такой цифрой могут учиться всю жизнь и даже с ученой степенью считать, что они недостаточно умные и еще рано преподавать, рано проявлять себя в мире как учитель, они пока еще никто — а вот другие...

Но в то же время у меня есть и первая энергия, причем стоит она в задаче души. Это говорит о лидерских способностях, первооткрывательстве, умении вести людей за собой. «Единички» — маги, которым под силу трансформировать свое пространство. Я все это прекрасно знала, но ждала, чтобы подсветил кто-нибудь со стороны.

За каждым учителем стоит учитель — это бесконечная система.

Еще одним препятствием для меня стало мнение окружающих: из девочки-блондинки с красивыми фотографиями на странице мне предстояло превратиться в другого человека. Тридцать лет я транслировала миру одну свою сторону, а тут вдруг нужно сделать серьезный шаг и открыться, показать, какая я на самом деле. Предстояло показать, какая глубина, какие внутренние качества скрываются под красивой, но поверхностной картинкой. Не делиться накопленным багажом знания и опыта для меня значило уйти в минус, поэтому я переступила через страхи.

Критика, конечно, прилетала, но потом я начала прокручивать в мыслях худшие варианты развития событий. Ну что может случиться самого плохого? Посплетничают за спиной, осудят, и сколько времени они на это потратят? Полчаса или час? Постоянные обсуждения и осуждения — это знак, что ты все делаешь правильно, потому что успех не существует без критики, таков удел всех публичных личностей.

Мнение окружающих не должно быть преградой к проявлению, важно уметь от этого абстрагироваться.

А потом люди стали говорить мне: «Какая ты молодец, не боишься проявляться, а мне вот страшно». Оказывается, многие боятся открываться, и я могу служить для них примером! По мере того как я это осознавала, страхи понемногу уходили.

На Бали я случайно нашла совсем молодую девочку, которая занималась распаковкой личности и наставничеством по личному бренду. Обычно меня сложно в чем-то убедить, но у нее была особая энергетика и точное понимание того, о чем она говорит. Она брала за продвижение сумму, которая на тот момент показалась мне ощутимой. За эти деньги можно было нанять человека, который будет несколько месяцев вести мне соцсети. Я решила, что не обязательно сразу покупать продвижение, можно оплатить одну встречу и посмотреть, как мне это зайдет.

С первой же встречи наставница меня покорила. Я приняла этот вызов, и мы начали работать. Оказалось, я совершенно не видела ценности своего опыта — глаза на это мне открыл бриф, который мне нужно было заполнить. На все вопросы о том, что у меня сейчас есть, я отвечала, преуменьшая. Казалось, и говорить-то нечего, и все это никому не важно...

Анализируя свою жизнь через призму сложившейся ситуации, концентрируясь на том, кто я сейчас, я словно забыла о том, что мне довелось пережить.

А ведь прошлое — это багаж, который ты несешь с собой, твоя самая большая ценность.

Все, что я считала незначительным, — мой бизнес, эмиграция, тяжелая болезнь, сложные отношения — вдруг предстало передо мной в другом свете. Это была яркая вспышка, которая на секунду ослепила меня, а потом дала возможность увидеть то, чего я не замечала ранее. А мне ведь есть не только о чем рассказать наставнице, но и о чем написать книгу!

И если до этого я еще сомневалась, стоит ли тратить деньги на такое наставничество или лучше вместо этого нанять команду SMM, теперь все сомнения растаяли в воздухе.

Самая выгодная инвестиция — в себя. Когда ты вкладываешь в себя, в раскрытие своего внутреннего я, ты никогда не потеряешь, никогда не проиграешь. Самые большие наши ценности — интеллект, развитие, мироощущение, внутренний стержень.

Это истоки, с которых начинаются абсолютно все сферы жизни. А дальше на эту энергию, на этот стержень уже притягиваются-накручиваются люди, события, обстоятельства. И не нужно никого копировать: загляни внутрь себя, найди клад своей уникальной индивидуальности.

Трансформация, о которой я мечтала на Бали, все-таки случилась. Через три с половиной недели я вернулась в Канаду полностью другим человеком. Для меня словно открыли дверь в настоящий мир и дали карту, отметив на ней все локации, которые могут понадобиться по дороге. «Все, дальше сама», — сказали мне, и я была готова взять на себя эту ответственность.

Информация может прийти откуда угодно, но взять ее или нет — дело самого человека. Как и то, в какой момент повернуть в другую сторону и выбрать другую судьбу. Все зависит только от нас самих.

Начав открываться в соцсетях, я задумалась, что еще могу предложить людям. Я успешно подняла бизнес Антонио, и у меня были другие удачные кейсы с друзьями и знакомыми, например помощь в развитии фабрики. Кроме того, последние 10 лет я придерживалась активной бизнес-позиции и постоянно находилась в предпринимательской струе. У большинства моих друзей было свое дело, мы постоянно обсуждали рабочие процессы, вместе придумывали идеи, рисовали бизнес-планы, подсказывали друг другу. Это стало моим образом и стилем жизни, но идти в эту сферу не хотелось, хотелось помогать людям не просто достичь финансового благополучия, а жить счастливо.

Поначалу я решила в какой-то мере делать это в благотворительных целях, поэтому предлагала свои услуги за донат, чтобы человек отправил столько, сколько считает нужным. Мои энергии показывают, что у меня в любом случае есть огромная потребность помогать людям постоянно, неважно, за деньги или бесплатно. Но важен баланс «брать — отдавать», и мне не хотелось, чтобы из-за моей благотворительности у клиентов потом что-то забирали для равновесия.

Всегда нужно платить за проделанную работу, хотя бы чисто символически, иначе потом Вселенная заберет у тебя

что-то в другой сфере. Потому что мир — это огромные весы, которые всегда стремятся к равновесию.

Каждый клиент, который приходил ко мне на менторство, тоже учил меня чему-то. Первым я взяла парня, который как-то предлагал мне работать у него в картинной галерее — развивать ее. Но я ему предложила развитие другого плана. Мы договорились: заплатит, когда будут результаты, — но он постоянно забывал выполнять задания, соскакивал. Проанализировав ситуацию, я поняла, что парню самому нравится во всем этом вариться, даже долги и кредиты его устраивают. К тому же он не ценил мою работу, потому что ему все досталось бесплатно.

Тогда я решила подходить к этому более профессионально, потому что знаю, сколько времени и энергии затрачиваю на каждого подопечного и во сколько обойдется мне каждый час, если я его инвестирую в собственный бизнес. Сменился и мой подход к менторству. Если раньше я основывалась только на стратегии маркетинга и чистых цифрах, то в этот раз решила внедрить на только все свои бизнес-скилы, но и матрицу личности.

Клиенты пришли сразу: мама с дочкой, владельцы картинной галереи, в которой были собраны работы мастеров из разных стран. Женщины не понимали, как двигаться и развиваться дальше. Мама — элегантная женщина лет шестидесяти, большая ценительница искусства — была человеком старой закалки, не доверяющим современным технологиям.

Я начала с того, что составила матрицы для них, для их партнеров и членов команды, чтобы наглядно показать, кто на что способен, какая у них совместимость и как можно друг другу помогать. Ведь бывает даже так, что сами по себе два человека — неплохие специалисты с отличным потенциалом, но когда их матрицы соединяются в команде, происходит разрушительный взрыв — мощный ветер раздувает костер до всеуничтожающего пожара.

Когда я начала консультировать клиентов, у меня открылся поток. Сразу стало видно, что хозяйкам галереи лучше делегировать ведение соцсетей, нужна четкая стратегия работы, не получится делать что-то время от времени. Я посоветовала им выстраивать продажи в Америке, потому что в Европе, России и Азии рынок был перенасыщен. Дала стратегические и маркетинговые инструменты. Получился симбиоз нумерологии и продвижения бизнеса, открывавший огромный потенциал.

Я поняла, что мне нравится участвовать в бизнесе как кризис-менеджер: заходить в проект, когда компания находится в состоянии стагнации либо активного роста, и делать то, что максимально поможет взлететь. Свежий взгляд и ощущение тенденций помогают мне увидеть, что в тот или иной момент может помочь в развитии.

Начав больше показывать свои знания по матрице личности, я параллельно продолжала глубоко погружаться в себя, прокачивать свои сильные стороны, не концентрируясь на страхах. Например, та самая знаковая цифра 17 в моей матрице говорит о том, что мне нужна проявленность в мир, публичность, а моя сила — *в голосе*. Это не значит, что мне все дастся легко: потенциал есть, но его нужно реализовывать.

Я начала выходить в прямые эфиры, а моя наставница дала задание снять видео, где я рассказываю о своей жизни. Переступив через себя, я начала делиться своей историей, которая вызвала огромный резонанс.

Никто и представить себе не мог, какие события я прятала за красивыми картинками. Никто и представления не имел о том, что я победила онкологию и осталась одна в чужой стране без мужа. Мне писали: «Маша, ну как же так? Столько лет тебя знаю, а про эти вещи впервые слышу». Неудивительно, ведь даже родственники моего бывшего мужа всего полгода назад узнали, что у них появился новый член семьи.

Оказалось, такая честность — шаг к исцелению. Рассказав свою историю, я очистилась, сняла камень с души и стала сама собой. До этого я даже не подозревала, каким весом лежит на мне все то, что я скрывала, и как легко жить открыто, от сердца.

И тогда мне стало окончательно безразлично чужое мнение. Если подумать, я начала придавать этому значение в период моих отношений с Майклом, когда каждый шаг, каждый жест нужно было сначала проанализировать через призму «а что скажут родственники?». Я сама выбрала задумываться о том, что скажут другие.

Теперь ко мне начало притягиваться такое количество потрясающих, *моих* людей и событий, которых сложно найти и за 10 лет жизни. Ко мне же этот энергетический вихрь примагнитился за год. Всего за год со мной произошли кардинальные изменения.

Сакральная медицина для исцеления души

Как-то моя массажистка предложила попробовать гавайский массаж — в нем много дыхательных практик, с помощью которых можно зайти еще глубже в подсознание. У меня как раз были разногласия с Антонио, и внутри что-то щелкнуло: надо попробовать.

До этого массажистка много рассказывала мне о своем опыте церемоний Латинской Америки и о «сакральной медицине». Я не понимала, зачем мне эти эксперименты, но когда она упомянула о магических грибах[14], о которых я и раньше слышала из разных источников, захотелось добавить к гавайскому массажу и грибной чай.

— Ты сейчас в стрессе, и тебе, чтобы как следует расслабиться, лучше выпить этот чай. Если смотреть с научной точки зрения, то некоторые грибы вызывают галлюцинации, — объясняла массажистка, наливая кипяток в небольшой заварочный чайничек. — Но на самом деле в это время выключается говорящий ум, и тот самый внутренний голос, который постоянно с нами общается, отвечает нам, понимаешь?

— Да уж, — улыбнулась я, вертя в руках пока еще пустую чашку, — у этого голоса на все есть свое мнение. Слушай, а за руль потом нельзя? Можно я машину брошу у вас на парковке?

— За руль можно. Это же просто чай с грибами, ты будешь абсолютно в здравом уме, просто соединишься с подсознанием и со своим потоком.

Я понимающе кивнула. Чай заварился, и в мою кружку потекла исходящая паром струйка. По оборудованной для массажа комнатке распространился растительный аромат. Было жарко, 30–32 градуса, а то и больше — такая температура требуется, чтобы полностью расслабиться во время гавайского массажа. Играла тихая гавайско-шаманская музыка, горели свечи, все располагало к тому,

14 В книге представлен исключительно личный опыт автора и его видение определенных сфер жизни. Автор не призывает читателей применять грибы или другие описываемые методы в каких-либо целях и не пропагандирует их использование. Используя информацию, представленную в данном издании, вы соглашаетесь с тем, что автор книги не несет ответственности за принятие вами любого решения, совершения или несовершения любого действия по отношению к своему здоровью, основанного на размещенной здесь информации.

чтобы полностью погрузиться в практику и соединиться с самой собой.

Когда чай был допит, массажистка попросила меня лечь на кушетку с подогревом и предупредила:

— В какой-то момент может затошнить. Постарайся не обращать внимания и перетерпеть. Это просто у тебя выключается тот самый тумблер сознания, не замолкающего ни на минуту.

Она щедро полила руки массажным маслом и приступила к работе, показывая мне, как дышать, и дыша вместе со мной. Я почувствовала, как тело максимально расслабляется сантиметр за сантиметром: разгладился лоб, опустилась нижняя челюсть, ушло напряжение с плеч и позвоночника, руки и ноги словно лишились костей, стали легкими настолько, что готовы были воспарить в воздух.

В последнюю очередь расслабление добралось до мозга (он хоть и не мышца, но напряжен сильнее всего в теле), и я действительно почувствовала тошноту. Впереди словно образовался тоннель, через который мне надо было пройти: так окажусь в своем подсознании, догадалась я. Повсюду кружились разноцветные мандалы, перетекая одна в другую, как разноцветные стеклышки калейдоскопа складываются в разные узоры.

Не знаю, сколько прошло времени, но вдруг в голове наступила кристальная чистота и ясность. Ко мне начала приходить информация — открытая и понятная сейчас, но ведь я все это забуду, потеряю, вернувшись в обычное состояние! А даже если не забуду, мой трезвый ум будет все отрицать и скажет, что я неправильно запомнила и вообще все это ерунда. Поэтому мне нужно приложить усилия, открыть неподъемные веки и записать все, рискуя в тот же миг потерять всю эту чудесную картинку.

— Дай мне бумагу и ручку, пожалуйста, — попросила я массажистку, слыша свой голос как через толщу воды.

Набирать текст в заметках телефона в тот момент казалось чем-то неправильным. Я старалась не упустить состояние и одним глазом продолжала смотреть то, что мне показывали, а другим следила за каракулями, которые строчка за строчкой заполняли бумагу. Вот бы можно было просто все это проговаривать, а специальный помощник записывал бы за мной...

Мне потребовалась вся моя выдержка, и я исписала инсайтами два листа А4 с обеих сторон. В основном это были достаточно земные вещи: кого нужно взять в партнеры по бизнесу, как это партнерство должно выглядеть и какой результат мне принесет.

Удивительно, но во время сеанса ко мне пришла сестра моей подруги детства, Ани. С Аней мы не общались лет пятнадцать, а ее сестра погибла в автокатастрофе незадолго до того, как наши пути разошлись. «Ане нужна помощь», — сказала сестра, о существовании которой я вообще уже успела позабыть.

Каково же было мое удивление, когда на следующий день Аня внезапно лайкнула мой пост. «Привет! А я как раз о тебе думала, — написала я. — Можем созвониться? А то мы как-то потерялись». Подруга не ответила, а через пару дней скинула мне свой новый номер.

— Все нормально, — скупо ответила Аня на мой вопрос о том, как у нее дела, и я почувствовала, как подруга надевает какую-то привычную социальную маску.

Я все же попыталась разговорить ее, вспоминая общих знакомых и смешные мелочи из нашего прошлого. Аня сначала почти не реагировала, но потом понемногу начала смеяться вместе со мной.

— Знаешь, а я же одна с четырехмесячным ребенком, — вдруг выдала она.

— Ого, у тебя малыш? Поздравляю! Родители, наверное, в восторге? Помогают тебе?

Аня была из прекрасной обеспеченной семьи успешных стоматологов. Родители души не чаяли в Аниной сестре, которая была на 10 лет старше, и ее смерть стала для них сильным потрясением.

— Мама... — Аня замялась. — Мама после смерти сестры начала постепенно терять зрение. Вот уже 7 лет, как она ослепла совсем, и я за ней ухаживаю. Папа тоже сильно болеет, лежит без движения, нужно менять тазобедренный сустав. Так что, как понимаешь, это я им теперь помогаю...

На том конце провода послышалось тихое всхлипывание. Ничего себе «все нормально».

Помочь можно тому, кто просит помощи, и нет ничего страшнее, чем когда человек не признаётся даже самому себе, что не справляется. Он закрывается не просто маской, а целой броней, внутри которой однажды сломается сам и сломает все вокруг.

Так я впервые попробовала на себе невероятный эффект гавайского массажа и грибного чая. Мне известны кейсы, когда люди используют такие средства для расслабления и могут отправиться в неподходящее для такого состояния место, например в клуб. Но этот инструмент нельзя так применять — с человека слетает вся защита.

Как микробы липнут на открытую рану, отрицательная энергетика входит в открытый канал, пытаясь прорасти в человеке цепкими корнями. И тогда природная медицина, вместо того чтобы исцелять, делает тебя уязвимым. Так ее использовать нельзя. Лекарство для души стоит принимать в правильной атмосфере и энергетике, рядом с опытным проводником.

На самом деле, достичь такого состояния можно с помощью дыхательных практик, если человек достаточно опытен. Но большинство людей просто не может расслабиться настолько — это желудок очистить просто, а вот мозг... С него непросто сбросить оковы страха и защитные рефлексы, которые помогают выживать. Этот крепкий орешек нельзя просто расколоть — он должен открыться с помощью мягкой силы, сам, изнутри.

Я начала практиковать чайные церемонии. Вокруг меня были люди, готовые пойти со мной куда угодно. Стоило мне предложить свой пережитый опыт, они сразу соглашались, зная: я не предложу ничего, что может им навредить. Дальше начинало работать сарафанное радио.

Вскоре я убедилась, что 70–80% людей видят тот же тоннель, что и я: у кого-то он тоже наполнен мандалами и орнаментами, кто-то встречает различных сущностей.

На следующей стадии человек оказывается в определенном пространстве, и вот оно-то у каждого свое. Например, один из клиентов увидел себя в замке и рассказывал, что он там один, ему не с кем поговорить, — так подсознание дает подсказки. В одной из комнат он обнаружил дракона — свое тотемное животное. Другой мой клиент летал на драконе, третий превращался в это мифическое животное (его, кстати, видят довольно часто).

Как бы ни выглядело пространство, кто бы его ни населял, люди сходятся в одном: это их родное место, они здесь уже когда-то были, а потом приходили сюда во снах. Все так и есть, потому что кто-то может оказаться в прошлой жизни, а кто-то — в параллельной. Сложно это представить, но мы одновременно проживаем еще несколько вариаций событий, которые могут сложиться по-разному в зависимости от наших решений. Во время грибной церемонии человек порой видит эту развилку.

Когда клиент описал пространство, в которое он попал, я прошу его рассказать, как он видит самого себя в нем. Независимо от пола и возраста в текущем воплощении, он может увидеть себя мальчиком, девочкой, глубоким старцем, животным, даже энергией — кем угодно.

Дальше мы вместе постепенно нанизываем на веревочку бусинки-ответы — в обычном состоянии мы их просто не видим, а они всегда внутри нас, лежат себе на полочке, ждут, когда мы наконец-то протянем руку и возьмем. Можно понять причины заболеваний, не только своих, но и родственников, все причинно-следственные связи будут как на ладони, и разрозненные звенья соберутся в цепочку. Вопросов у клиентов тысячи, и все они разные.

У меня появился свой уникальный метод, который я собирала по кирпичикам из разных методик и совершенствую с каждым днем, соединяя техники: матрица, гипноз, дыхательные практики, сакральная медицина, поднятие энергии кундалини... И это все во время одной чайной церемонии. Я на этом пути — проводник. Предварительно я обязательно читаю матрицу клиента, чтобы увидеть, как все функционирует в комплексе, в чем задача его души и какие именно зацепки стоит искать в подсознании, чтобы начать выполнять свое предназначение в этом воплощении.

Не устаю удивляться, насколько уникален каждый кейс и как по-разному на каждого человека действует церемония в зависимости от уровня подготовленности. Кто-то может только посмотреть на свою жизнь на бытовом уровне, кто-то отправляется путешествовать между мирами со словами: «Ну что? Какой новый уровень открываем сегодня?» А кто-то заходит ко мне с лицом, на котором написано: «Ну? И что ты мне расскажешь? Говорят, это полностью меняет жизнь. Посмотрим-посмотрим...» Потом тот же самый человек обнимает меня в слезах, благодаря за то, что я встретилась на его пути.

После грибной церемонии меняется мироощущение даже тех людей, которые живут скупой бытовой жизнью, когда каждый день — это день сурка. Возвращаются яркие краски, звуки и запахи, словно появляются новые рецепторы или мы возвращаемся в детство, когда мир был волшебным и полным чудес. Поэтому я рекомендую клиентам сразу после церемонии пойти прогуляться на природу, чтобы посмотреть на нее новыми глазами. Там у них продолжаются озарения, а все вокруг видится совершенно иначе: каждая капля воды, каждая травинка, каждое перо сидящей на дереве птицы — мир открывается в деталях со всех сторон.

Дальше ситуации начинают складываться самым неожиданным образом. Например, совсем недавно мне написала клиентка: «Маша, а помнишь, мне пришло во время церемонии, что с двумя людьми у меня не прервана связь? Я же тогда еще удивилась, потому что мы три года не общаемся, какая может быть связь? Так вот, один из них сегодня неожиданно со мной связался по совершенно пустяковому вопросу, который мы давно решили. Я даже на стуле подпрыгнула, когда увидела, кто звонит!»

Так проигрывается энергетическая связь с человеком, который, скорее всего, сам не понял, с чего вдруг ему захотелось позвонить старой знакомой. Стоит достать из подсознания эту информацию, и человек начинает про тебя думать. А дальше запускаются цепочки взаимосвязей — остается только любоваться процессом.

Но больше всего я люблю работать с серьезными трансформациями, с ситуациями, где есть конкретные *до* и *после*, контраст, который виден невооруженным глазом. Мне интересна амплитуда развития: не просто немного подкрутить результат, а запустить невероятные изменения.

Методы самопознания и ключи к себе

Я чувствую, как все меняется в этом мире, и для нас наступает время задуматься: зачем мы пришли в эту жизнь? Какие таланты в нас скрыты и как их развивать?

Каждый из нас рождается с определенными энергиями и определенным предназначением, которому должен следовать. Это как аватар с базовыми настройками и потенциалом.

То есть человек, даже только что пришедший в этот мир, — не чистый лист, на котором можно написать что угодно. На нем остается след его прошлых воплощений, однако рассмотреть эти белые буквы на странице очень сложно. Для меня каждый человек — алмаз, который может превратиться в сверкающий бриллиант, если огранить его со всех сторон.

Чтобы добиться качественной огранки и ничего не потерять по пути, важно глубоко знать свою истинную суть, свои сильные и слабые стороны.

Каждый человек настолько индивидуален и настолько красив, что остается только найти ключики к собственной глубине, к собственным особенностям, потенциалу и предназначению. Можно делать это методом проб и ошибок, а можно воспользоваться инструментами для самопознания, которых существует множество.

Я всегда улыбаюсь, когда слышу: «Ходил к астрологу, нумерологу, на human design — все одно и то же говорят». Разумеется, специалисты скажут одно и то же, ведь речь об одной и той же личности, просто смотрят через призму разных методов, каждый из которых по-своему хорош.

Я взглянула на себя через большое количество всевозможных призм, но первой была астрология, и она до сих пор мне помогает. Это очень точная древняя наука, опирающаяся на цифры и строгие методы. Даже скептик не может отрицать, что Луна влияет на земные процессы: например, приливы и отливы океана, женский цикл. Так и остальные небесные тела отражаются на нашей жизни. Даже линии на руке дублируют нашу натальную карту: линия Солнца, Марса, пояс Венеры, кольцо Сатурна и так далее. Если ты все-таки сомневаешься в достоверности астрологии, можно изучить древние предсказания и сравнить их с произошедшими историческими событиями.

Важно обращаться к опытному специалисту, который не просто прошел короткие курсы, а получал астрологическое образование не менее 3 лет. Также не стоит искать, где дешевле, — ведь ты платишь за натальную карту всего один раз, поэтому лучше получить сразу всю достоверную информацию.

Когда я только начинала себя узнавать, астролог предложил мне сперва пройти процедуру ректификации — так называется расчет точного времени рождения по ключевым событиям жизни: возникновению заболеваний, браку, рождению ребенка. Я всегда была уверена, что родилась в 7 утра по киевскому времени, потому что так записали в роддоме. Но каково же было мое удивление, когда мне сообщили совершенно другие цифры — 5:55. Видимо, ночная смена регистрировала всех новорожденных в одно время, перед тем как сдать пост коллегам, заступающим на дежурство.

Самое важное, что открыла моя натальная карта, — у меня Луна в Скорпионе, то есть в падении. Этот показатель настолько же сложный, насколько и мощный: человек занимается самокопанием, постоянно трансформируется как личность, сгорает и воскресает снова и снова, как птица феникс.

Луна в Скорпионе дарит своему обладателю способность стать, например, психотерапевтом, работающим с тяжелыми кейсами, или детективом, расследующим серийные убийства. Такого человека не пугает то, чего не выдержит обычная психика, и он умеет докапываться до сути. Тогда астролог сказал мне, что я буду консультировать людей и, вероятнее всего, выберу эзотерику или психологию, к которым у меня большая предрасположенность. Я даже не предполагала у себя такого таланта. Как путешественник-первооткрыватель, я нашла новую землю, и мне предстояло ее осваивать.

В 2022 году, в Канкуне, я сразу после дня рождения заказала себе расчет солярного года[15] — на него удобно опираться, чтобы понять, в какой период лучше заняться определенными вопросами, например сконцентрироваться на семье или поменять ребенку детский сад. В этот раз звезды показали мне, что весь следующий год я буду потихоньку подходить к делу своей жизни. Все еще не понимая, о чем речь, я пошла учиться на дизайнера, ведь среди прочего астролог отметил мою нестандартную картину мира. По его словам, она невероятно красивая и отличается от того, что видят другие. Несмотря на то что я люблю рисовать и делаю это интуитивно, учеба дала понять, что заниматься дизайном постоянно я не смогу. Потому что, помимо красивой картинки, тут нужны еще и четкие расчеты, точные замеры, скрупулезная усидчивость, даже монотонность. А это точно не для меня.

---

15 Индивидуальный личный гороскоп, рассчитанный на предстоящий год, начиная с даты рождения человека.

Но важно попробовать, прожить, прощупать почву и точно убедиться в том, что это не подходит. Недостаточно просто сказать: «Это не мое, мне это не нравится» — нужно понимать ПОЧЕМУ. Например, человек не любит математику, но это не значит, что ему не понравится бухгалтерия. Да, там тоже цифры, но расчеты совсем другие, а еще любовь к порядку и структурированию — вдруг это как раз то, что нужно? Пробуя, можно яснее и глубже понять себя, настроить струны своей души и нащупать в себе референсные точки.

Что я могу делать каждый день — так это работать с людьми. Мне интересно изучать структуру личности, разбираться, как человек мыслит, и находить причинно-следственные связи того, что с ним происходит. В этом я могу копаться бесконечно, тянуть то за одну ниточку, то за другую, пока не откроется полная картина.

Еще я люблю астрологию за то, что она может ответить на вопрос, какое пространство, какое место подойдет человеку для жизни. Астрологические характеристики прямым образом влияют на то, как мы себя чувствуем в определенных географических точках: где можем лучше учиться, где будут выше показатели по бизнесу, где станем родителем и так далее.

Однажды мне пришло в голову, что, если спросить, с какими местами на планете я себя ассоциирую, я отвечу: Калифорния, Бали, Италия. Италия — это вкусная еда, эстетика в деталях, дизайнерские решения, жизнь как искусство, dolce far niente. Калифорния — бешеный ритм вдохновения, урбанизация, средоточие великих умов нашего поколения, там есть всё: океаны, зелень, кактусы, снег... Бали — тонкое чувствование, единение с природой, цветы, джунгли, водопады, свобода. Это места, в которых мне комфортно. Так зачем я столько времени прожила в холодной Канаде, которую ощущала как клетку?

Планеты моей натальной карты дают мне очень много воды, но вода всегда замерзает при низких температурах. Тело заливает жидкостью, которая превращается в лед и парализует весь организм. Теперь я нашла объяснение, почему не могу ничего делать в холодном климате, мне даже из дома выходить не хочется: все дается через силу, и даже самые простые действия становятся серьезным испытанием.

Также вода — стихия, которая может как подстроиться, принять любую форму, так и прорвать плотину, выходя из берегов и затапливая все вокруг. Зная свои тонкие особенности, я уже понимаю, где моей воде можно разлиться, а где мне стоит перенаправить ее в другое русло, чтобы получить бесконечную циркуляцию энергии, свой личный источник вдохновения.

Мир прост и понятен, это человек привык все усложнять. Предположим, ты кактус и должен расти в жаркой пустыне, но вместо этого раз за разом пытаешься выжить за полярным кругом. Но зачем, если для тебя определен другой путь?

Я прислушиваюсь к профессиональным астрологам. Например, как я уже рассказывала в главе 12, когда открывала свою первую компанию в Канаде, мне посоветовали выбрать период «аспект миллионеров», очень денежные даты. И результат не заставил себя ждать.

Сейчас у меня есть сразу три астролога, к которым я могу обратиться с одним и тем же вопросом. Если все трое подтвердят правильность решения, к которому я склоняюсь, то я приму его. Если же возникают расхождения, поищу другие подсказки.

Важно опираться на разные источники, и не стоит принимать решение на основе мнения всего одного человека.

Можно обратиться к специалистам, использующим разные методы. Например, human design интересен тем, что подсвечивает сильные и слабые стороны человека и его взаимодействие с миром в целом. Но один из моих любимых инструментов, который позволяет помочь людям, — «Матрица судьбы», или «Матрица личности», как мне нравится ее называть. По ней я легко вижу человека, считываю его проявление в мир, смотрю не на саму программу, а на ее код — то есть в самый корень, в самое основание.

Сама я пришла к «Матрице» постепенно, познакомившись с ней через неудачную консультацию, а потом попробовала разобраться в расчетах самостоятельно. Разумеется, для начала я просчитала всех родных и знакомых, тут же проводя параллели с реальными чертами характера и событиями, поскольку я в первую очередь практик, а не теоретик. Если теория не применима к жизни, она не имеет для меня никакого смысла. Благодаря этому мне легко удалось запомнить свойства каждой энергии матрицы, которые теперь у меня ассоциируются с реальными людьми. Ни один учебник не сравнится с опытом: когда ты просмотрел сотни матриц и знаешь, как функционирует конкретный набор энергий на конкретных людях.

Например, у моего папы это 19-я энергия — Солнце, изобилие, аркан миллионера, подарки от жизни. Чем больше такой человек отдаст свои солнечные лучи с широкой душой, чем больше сияет и светит этому миру, ничего не требуя взамен, тем больше получает от мира в ответ.

Девятнадцатой энергии ни в коем случае нельзя экономить, искать скидки и акции, жалеть денег. Папа же в какой-то момент начал вести себя именно так из-за ситуации с моим двоюродным братом (мамин племянник занял у него ощутимую сумму для открытия бизнеса, да так и не вернул) и из-за того, что не хотел брать денег у нас. В долг 19-й энергии тоже ни в коем случае давать нельзя — это равноценно тому, чтобы отдать всю свою накопленную энергию и требовать ее назад с процентами. Начав проживать 19-ю энергию в минусе, папа заболел, и все покатилось снежным комом. При этом остальные энергии уже не имели значения, ушли на второй план и никак не помогали вытянуть ситуацию, потому что основная движущая ось была сбита.

У меня же в центре находится 8-я энергия — она означает баланс духовного и материального миров. Так и есть: чем глубже я развиваюсь духовно, тем успешнее расту материально. Противоречия между этими сферами у меня нет. Мне нельзя обманывать, придумывать нелегальные схемы, не платить налоги — моя основная энергия требует, чтобы все было по закону.

Изучив матрицы всех, кто меня окружает, я переключилась на расчеты того, как может проиграться мое сотрудничество с тем или иным партнером. Иногда видела: с этим человеком не нужно иметь никаких дел, но все равно шла на взаимодействие. Позже обязательно случались ситуации, из которых уже явно было видно: матрица меня не обманула. Это компас, который показывает направление.

Я потенциально знаю судьбу машины, общая сумма номера которой 13, 15 или 16, и потому стараюсь не садиться в такую. Благоприятное общее число для номера машины — 5 или 7. 15 же — энергия дьявола, красивая, завлекающая, но разрушительная. Она предлагает что-то заманчивое, но человек всегда может от этого отказаться, если находится на необходимом уровне осознанности. Поэтому нужно быть осторожными 15-го числа каждого месяца — в этот день для нас расставляют ловушки с приманкой.

Так что же представляет собой матрица личности? Чтобы рассказать об этом удивительном инструменте подробнее, мне понадобится целая книга, но так хочется дать хотя бы общие черты... Все расчеты в матрице личности производятся по дате рождения, которая является кодом, заложенным изначально и двигающим нас вперед. Ни время, ни место рождения для расчета не важны. Так что же можно увидеть в итоге?

Представь циферблат часов. По нему бежит минутная стрелка, ведя за собой часовую. В матрице это центральная энергия — основная, которая движет человеком и которую можно проживать как в плюс, так и в минус.

Важная зона матрицы личности — задача души, которую человек должен выполнить в этом воплощении. Скорее всего, это будет сложно, и именно об это ты будешь постоянно спотыкаться. У меня это 22-я энергия — энергия дурака, легкости, постоянного обнуления. Мне же, стабильному, статичному Козерогу, просто невыносимо каждый раз начинать все сначала. Но если я сама не пойду в обнуление, меня обнулят принудительно, да так, что мало не покажется: дадут серьезную болезнь, заберут близкого человека, оставят одну в чужой стране, отправят на манящий, но чужой и незнакомый остров... Таким образом, каждый раз, когда я учусь новому и беру новые вершины, я выполняю задачу своей души.

Когда я составляю матрицу человека, то не просто даю ему характеристику, а рассказываю, что можно изменить, как из минуса выйти в плюс и какими инструментами для этого воспользоваться. Матрица подсвечивает, например, какие энергии находятся в балансе или дисбалансе, и помогает лучше чувствовать свой потенциал.

Одна из моих клиенток долго работала администратором в ресторане и все время пыталась понять, ее это или не ее. И работа эта была как чемодан без ручки: и нести тяжело, и бросить жалко. В матрице девушки я увидела невероятный потенциал в сфере красоты и спросила:

— А ты бы не хотела открыть салон красоты?

Она удивилась и сообщила, что как раз думала, не поучиться ли перманентному макияжу или наращиванию ресниц.

— Все правильно, это твое! — подтвердила я.

Теперь у нее свой салон красоты и она активно ведет соцсети, полностью следуя своим энергиям.

В матрице девушки преобладала 6-я энергия — она показывает интерес к эстетике, красоте, а в первую очередь любовь к себе. В большинстве случаев если такой человек идет на руководящую позицию, то управляет он цветочным бизнесом, арт-галереей, салоном красоты. Причем выбирает дело именно из любви к себе. Например, девушке важны стильная укладка, ухоженные ногти и свежий цвет лица, но она понимает, сколько тратит на все это и как неудобно посещать мастеров в разных районах города. Напрашивается естественный выход — открыть собственный салон, собрав в нем те процедуры и тех мастеров, которых она сама захочет.

Кроме изначально заложенных энергий, в матрице можно посмотреть, как выстраивать отношения с людьми, какой партнер больше всего подходит, как пройдет этот год, какой бизнес открывать, а какой не стоит и так далее. Можно даже составить матрицу определенной страны, чтобы узнать, какой период она проживает, в какой стадии развития находится и подходит ли тебе сейчас.

За пять лет, которые я занимаюсь составлением матрицы личности, я нашла для себя ответы на все вопросы. Цифры — это то, из чего состоит мир, в основе всего лежит математика и сакральная геометрия[16]. Моя душа успокоилась, я знаю, как находиться в состоянии потока, понимаю, как функционирует пространство. Я уверена, что передо мной еще лежит огромный, прекрасный, непознанный мир, но моя жизнь уже приобрела новые сверкающие грани.

16 Сакральная геометрия — взаимное расположение в матрице человека ключевых точек в виде геометрических фигур (четырехугольников), символизирующих задатки при рождении самого человека и информацию, передающуюся ему по роду. Каждая точка и линия матрицы имеет свое определенное значение. Можно настраивать ее параметры, влияя таким образом на жизнь, переводя проявления из минуса в плюс.

Мне известны мои сильные стороны и то, на что можно опереться. Вместо того чтобы тыкать пальцем в небо, пробовать, получится или не получится, я предпринимаю такие шаги, которые 100% приведут меня к результату. У меня больше нет времени размениваться на лишнее и ненужное.

Рис. 8. Сакральная геометрия

Понимание себя значительно сокращает путь.

Я считаю, что свою матрицу важно знать детям, которые выбирают профессию. Чувствуя свой потенциал, понимая свое мышление, они смогут сами найти путь, вместо того чтобы это за них делали родители или учителя.

Помню, как наш класс делили на физмат и гуманитарный. Этим занимались учителя, не учитывая того, что у ребенка может быть совсем другой скрытый потенциал. Ведь часто проблемы с предметом связаны не с тем, что к нему нет способностей, а с другими причинами, например с отсутствием коннекта с учителем. А у кого-то примерно одинаково развиты оба полушария мозга, балансируя друг друга. Как такого ребенка можно отправить в класс, где предпочтение отдают чему-то одному?

Именно о балансе полушарий мне говорили многие методы самопознания, в том числе астрология. И я действительно могу как рисовать, так и успешно вести бизнес. Возможно, именно с этим связано то, что я вижу мир иначе. Но самое удивительное подтверждение я получила, когда однажды написала фразу от руки и сперва расстроилась: ну какой же корявый у меня стал почерк. И только спустя несколько мгновений поняла, что на автопилоте писала левой рукой, которой не пишу никогда...

Я всегда знала, что отличаюсь от других, что у меня в голове свои планы и мечты, и никогда не сравнивала их с чужими. А вот другие всегда равнялись на меня, это и была их проблема, они пытались создать очередную копию, а ценится лишь оригинал.

Оригинал — это ты! Каждый сам по себе уникален. Единственное, что требуется, — это познать себя.

Понимать себя и свое предназначение особенно важно сейчас, когда мы неуклонно движемся в эру роботов. Скоро не будет ни кассиров в магазинах, ни сотрудников в банках, ни других подобных профессий, где чаще всего человек находится не на своем месте. Когда этих людей заменят роботы, многие из них наконец-то смогут пойти путем своего истинного предназначения: писать картины, играть джаз или преподавать детям математику — то есть по-настоящему проявляться в мир так, как зашито в их матрице личности, делать то, что вызывает внутри душевный отклик.

Спроси себя:

Знаю ли я свои сильные и слабые стороны?

Понимаю ли я свое предназначение?

Кто я? Зачем живу на этой планете?

Поверь, ты здесь не для того, чтобы просто растить детей или ходить на рутинную работу. Не для того, чтобы становиться удобным для кого-то и взращивать чужие идеи. Каждый из нас должен найти собственное ядро. Делать это можно любыми методами — неважно, через какой вход ты зайдешь, важно, чтобы ты все-таки отыскал ту самую дверь.

Глава 16. Знаки, символы, сны

Время шло, раны затягивались, менялись условия и обстоятельства. Но чтобы привлечь в свою жизнь новое, нужно было изменить энергию внутри себя. Я находилась на Бали — острове, на который мечтала переехать, еще будучи беременной Давидом. Свою энергетическую перезагрузку я осуществила именно здесь.

Я больше не нуждалась в помощи и деньгах, бизнес кормил меня и всю мою семью. Психологическое состояние нормализовалось, я жила с любящим и преданным мужчиной. При этом понимала, что внутри меня есть серьезный дисбаланс. Я чувствовала, что уперлась в потолок. Все мои потребности были закрыты — я сумела выстроить полную пирамиду Маслоу. Финансы, успех, самореализация, безопасность моя и моего ребенка... Все цели были достигнуты, и... я не понимала, к чему стремиться, куда дальше расти.

Перенасыщение переросло в деструктив: ссоры с Антонио, навязчивые идеи, полное непонимание себя. Мне казалось, что мы с ним расходимся в разные стороны: он идет по прямой, а я — наверх. Внутри меня образовался огромный сгусток энергии, который рвался наружу. Я чувствовала, что меня куда-то несет, но не знала, в какое русло направить свой внутренний поток.

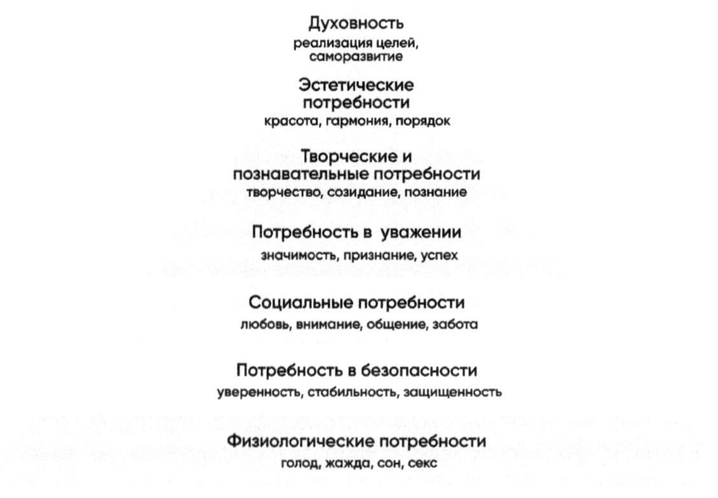

Рис. 9. Пирамида Маслоу

Такое уже было со мной за год до этого — тогда я уехала на Бали в первый раз. Понимая, как сильно привязан к Антонио Давид, я хотела сделать наш возможный разрыв как можно менее травматичным для сына. Ребенок должен был отвыкнуть от названого отца в приятной атмосфере. Я пыталась поставить себя на место двухлетнего сына и представить, в каких обстоятельствах могла бы забыть обо всем на свете. И где сама могла бы полностью переключиться, потому что мне на тот момент было очень плохо.

Глядя на Антонио, я видела, что он достиг предела мечтаний. Ему было удобно и комфортно до такой степени, что он впал в стагнацию. Меня же тянуло вперед и вверх с непреодолимой силой, я не успевала даже разглядеть направление. А если я сама пока не знаю, куда иду, как можно еще и тащить кого-то за собой на буксире? Я металась и не могла сконцентрироваться, ища выход за рамки и не находя его. Может быть, я все придумала и рядом со мной просто не тот мужчина? Если завершить эти отношения, что-то поменяется?

В таком состоянии женщина склонна уходить в деструктив, закатывать скандалы на ровном месте, придумывать обиды, обвинять своего мужчину в том, что он не уделяет ей достаточно внимания. На самом деле ей нужно найти себя, я постоянно вижу это на примере моих клиенток. Разрушение часто происходит именно в состоянии изобилия, и женщина сразу же обвиняет мужчину. Растение вырастает до таких размеров, что начинает разрушать стенки горшка, в который его посадили.

Если женщина не начинает разбираться с самой собой и поддается деструктивной энергии, то может и разрушить отношения, и разобрать по кирпичику когда-то идеально выстроенную пирамиду Маслоу.

К счастью, мне удалось понять: надо перестать лететь ввысь и начать двигаться в обратную сторону. Копать в глубину, заглянуть внутрь себя, искать ответы где-то в недрах души, а не снаружи.

Все это время на границе моего сознания маячил Бали. Остров звал меня, оставался спасительным оазисом на тот случай, если я дойду до критической точки. Что, если это она и есть?

Осторожно поделившись с Антонио идеей пожить вдвоем с сыном какое-то время на Бали, я получила в ответ беззлобную усмешку: «Так и вижу, как ты летишь на байке, вся в своих брендах и бриллиантах, а сзади Давид, прицепившись, как обезьянка». Антонио до конца не верил, что я на такое решусь. Да и для меня самой это звучало как сумасшествие.

Вскоре я поняла, что нет смысла сопротивляться, лучше поискать возможности, как осуществить мою цель. Нет нерешаемых задач — есть цели.

Я начала искать максимально подходящие решения: билеты, жилье и, конечно же, квалифицированную няню для Давида, которой я смогу его доверить, чтобы оставалось достаточно времени заниматься собой. Вооружившись списком критериев, я читала отзывы и тут вдруг поняла: нашла! Созвонившись, мы с няней сразу же обо всем договорились, а я только укрепилась в своей уверенности, что это отличная кандидатура.

До заветного места мы с Давидом добирались почти трое суток. Монреаль — Ванкувер, Ванкувер — Гонконг, Гонконг — Денпасар, и вот магический остров оказался у меня под ногами. Несмотря на ужасную усталость, как только моя нога ступила на эту землю, я почувствовала энергетический заряд. Я не могла им насытиться: чувство было такое, что пью воду и никак не могу утолить жажду — настолько сильной и завораживающей оказалась эта энергия.

Бали — это остров, который должен тебя принять. Есть люди, у которых словно бы батарейка не подходит к этой мощной зарядке, и на них начинают сыпаться всевозможные беды. Наш коннект с островом случился с первого взгляда, с первого глотка воздуха. Я сразу почувствовала, как начинается внутренняя перезагрузка: меня, измотанную и иссякшую, будто подключили к powerbank, мой блок питания вибрировал и заряжался. С плеч понемногу спадал груз, который я тащила на себе последние несколько лет.

Я проводила с Давидом бо́льшую часть дня и, только когда чувствовала невыносимую потребность побыть сама с собой, вызывала няню. Я занималась йогой, медитировала, ходила на массаж, гуляла по базарчику, разглядывая удивительные сувениры, посвящала время единению с природой и самопознанию, общалась с людьми. Мне нравилось, что они здесь очень разные и невозможно понять, кто перед тобой: миллиардер или хиппи, — желание выделяться брендами или другими атрибутами обеспеченной жизни отпадает тут само собой.

Меня окружали невероятные люди, каких больше не встретишь нигде! Они всегда улыбаются, они рады тебе и сегодняшнему дню, у них все прекрасно, потому что сегодня у них есть эта жизнь, пища, солнце над головой и океанская волна у ног. Среди таких людей хочется находиться в моменте и получать радость от жизни.

Когда я смотрела на местных, благодарящих Вселенную за все, что у них есть, мне до боли хотелось, чтобы они такими всегда и оставались, чтобы их не испортили деньги и набирающий популярность туризм. Остров останется, невероятная красота его природы тоже, а вот если с Бали уйдет эта невероятная энергия любви, благодарности и принятия...

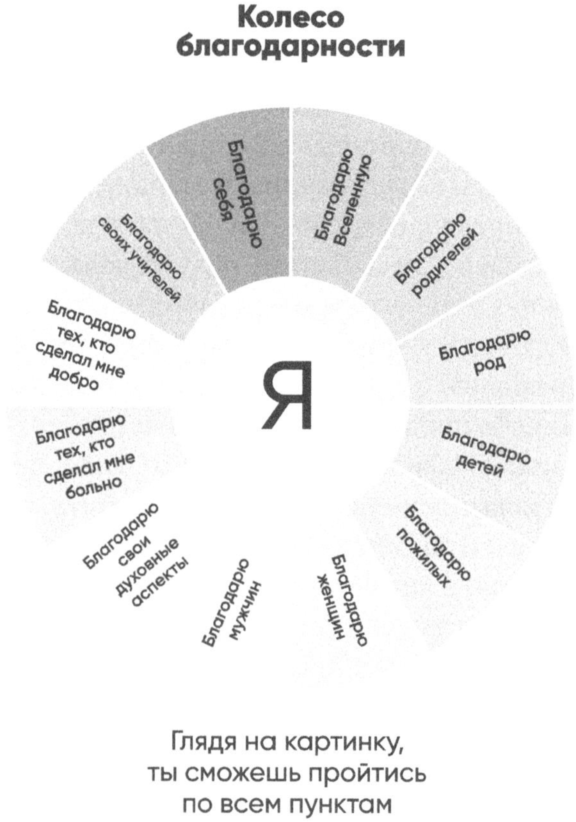

Рис. 10. Колесо благодарности

Жизнь на острове сильно отличалась от моей жизни в Канаде. Здесь все происходило на контрасте. Неделю назад я останавливалась в одном из самых дорогих отелей мира, а сегодня ехала на мопеде среди рисовых полей. И в этом контрасте я испытывала огромный кайф: эмоции, адреналин, интерес к жизни.

Я искала на Бали духовность, мечтая как можно глубже уйти в себя и наполниться новой энергией. Знакомые были в шоке, когда узнавали, что почти за месяц я ни разу не купалась в океане. Однако я приехала сюда с другим запросом, сразу решив, что везде буду говорить жизни «да». Но оказалось, что моей готовности недостаточно.

Прежде всего мне хотелось попробовать аяваску. Я четыре раза пыталась попасть на церемонию еще до Бали, но постоянно что-то складывалось не так. На острове, где ее пробовал каждый второй, мне аяваска не попалась нигде! Уже смирившись, что снова не время и не место, я получила информацию, что аяваска для меня лишнее, потому что мой канал и так открыт.

Хотя я четко осознавала, что нахожусь в правильном месте в правильное время, все равно поначалу действовала очень аккуратно. Как кошка, которую принесли в новый дом, осторожно изучала мир вокруг себя, боясь спугнуть эту магию. Пока в один прекрасный момент не стала ее частью.

Цветочная церемония омовения души

Когда оставались последние деньки на Бали, я уже готова была возвращаться в Канаду, меня все чаще посещало некоторое разочарование. Да, я отдохнула, перезагрузилась, подзарядилась, но чуда со мной так и не произошло. Я по-прежнему не знала, куда мне стремиться и как жить дальше. И тут вдруг, разговорившись с сотрудницей массажного салона, я получила неожиданное предложение:

— А не хотите пройти цветочную церемонию омовения души?

— Хочу, а что это? — привычно согласилась я, еще не успев разобраться. Я ведь приехала сюда говорить «да».

Женщина в ответ вручила мне инструкцию на небольшом листе бумаги, из которой я все равно мало что поняла, но выглядело это красиво и заманчиво. Даже фотограф будет.

Все еще не представляя, чего ожидать, на следующий день (за день до отъезда с Бали) я отправилась в путь. Оказалось, что на машине до нужного места не добраться, и я вызвала мототакси. По полям, по лугам, по рисовым плантациям таксист на мопеде быстро доставил меня до пункта назначения… и остановился возле какой-то избушки. Я уже собиралась попросить его отвезти меня обратно, как вдруг дверь открылась и из избушки вышли прилично одетые довольные люди европейской внешности.

Через открытую дверь пахло благовониями, люди что-то эмоционально обсуждали, широко улыбаясь и словно излучая волшебный свет. Я отпустила таксиста и вошла внутрь.

Милая улыбчивая девушка налила мне чаю, и я устроилась на подушках, обняв чашку ладонями и с любопытством рассматривая щедро украшенную цветами хижину. Тихо журчал небольшой фонтанчик, вверх поднимались спирали дыма от зажженных ароматических палочек, у ног женщин, наряженных в цветные одежды, сновали пушистые коты.

Когда я допила чай, мне предложили пройти церемонию чтения души и показали на дверь. За ней обнаружилась темная квадратная комната с деревянными стенами и полом, украшенная камнями, фотографиями, статуэтками Будды и, конечно же, охапками цветов. Прямо посередине с потолка шатром свисал до самого пола белый балдахин, а в его складках в позе лотоса сидела пожилая женщина в белом одеянии. Она поманила меня рукой, и я приблизилась, чувствуя себя так, словно попала в фильм «Ешь, молись, люби».

Не зная, что говорить или спрашивать, я поздоровалась и не успела еще ничего добавить, как женщина заговорила сама.

— У тебя невероятно большая, светлая энергия, — нарушила молчание хозяйка хижины, просканировав меня острым и пронзительным взглядом. — Ты станешь всемирно известным ментором. В тебе уже есть все знания, и ты должна ими делиться. Слушай свою душу, а не разум. Люди нуждаются в том, что ты можешь дать этому миру. Это твое предназначение, и для тебя нет ничего важнее.

У меня мороз пошел по коже. Я совершенно не понимала, что со мной происходит.

— Ты ко мне еще придешь, но будешь уже совсем другая, — улыбнулась ведунья, не давая мне опомниться. — Но как скоро состоится наша встреча, зависит от тебя. Начнешь открываться сейчас — придешь быстро. А если не будешь принимать себя, твой путь может оказаться долгим и мучительным.

— А если я не знаю, чем мне делиться, или не хочу этого делать? — осторожно поинтересовалась я.

— Тогда потеряешь все, что у тебя есть, все, что тебе дали и чем ты особенно дорожишь. Вся твоя жизнь и миссия завязаны на том, чтобы помогать людям находить свой путь. И запомни: вещать тебе надо не тет-а-тет отдельным людям, а на широкую аудиторию.

Я не понимала, что мне делать с этой информацией. Моя пирамида Маслоу была отстроена до последнего камушка, я давала советы друзьям и знакомым, понемногу составляла матрицы. Но перспектива транслировать себя на большие массы все равно казалась заоблачной.

А шаманка тем временем продолжала:

— У тебя дар видеть развилку событий и вариантов и через это менять судьбы людей, подсказывая им, какой путь выбрать. Ты и свою судьбу менять умеешь, поэтому кто бы тебе что ни нагадал — промахнется. Ты следом совершишь другие действия — и будущее снова изменится.

Я хотела спросить, как мне тогда быть с ее пророчеством, но тут же поняла, что женщина перечисляет только то, с чем я пришла в этот мир, а будущего не предсказывает. Оно остается за мной — моя ответственность, мой выбор, мой путь.

Когда мы с шаманкой поговорили, началась сама цветочная церемония, Мелукат — сакральный балийский ритуал, который призван очистить тело, разум и дух, избавить от негатива и наполнить новой энергией.

Я переоделась в купальник, как было указано в выданной мне инструкции. Поверх него женщины предложили повязать большой разноцветный платок, оттенок которого я выбрала сама. В мои волосы вплели крупные благоухающие бутоны, а на шею повесили целую гирлянду цветов. Я вкусила специальное блюдо, приготовленное из риса с лепестками, а после снова прошла к шаманке, неся на голове корзину, полную цветов. Все происходящее снимал фотограф.

Я словно погрузилась в яркий, красочный, пестрый водоворот. Меня поливали водой с цветами, символизирующей чистоту, истину, бесконечный поток. Шаманка и ее ассистентка запели красивую молитву — слова, которых я не понимала, будто проникали внутрь меня.

— Кричи, — велела шаманка, и я закричала что было сил, излив в этом крике всю свою боль и усталость.

— Чем больше будешь следовать своей миссии, тем больше наград получишь от жизни, — сказала шаманка, прежде чем я покинула хижину, еще не зная, что вернусь сюда всего через год.

Я чувствовала, что наконец-то восстановилась морально, физически и энергетически и... снова обрела себя.

Оказывается, мне не нужно было становиться никем другим — достаточно было просто снова стать собой.

Потеря

А потом случилось событие, которое запустило важнейший период моего формирования и становления. Начиная с того времени постепенно рождалась та личность, которой я являюсь сейчас.

Тяжело заболел папа. Серьезные проблемы со здоровьем начались еще 5 лет назад, когда мамин племянник не вернул ему долг. Папа часто одалживал деньги под проценты, и у него, конечно, были случаи, когда долг не отдавали. На этот раз подкосило его именно то, что так поступил родственник, член семьи, свой. К тому же деньги эти были отложены у папы на «светлое будущее и спокойную старость».

Я потом смотрела матрицу своего двоюродного брата: типичные числа, которые (проявляясь в своем минусовом значении) свойственны шарлатанам, игрокам и людям, которые ни о чем в своей жизни не переживают. И им всё сходит с рук! Папа не мог даже говорить о нем плохо, но был вынужден подать в суд. Суд он выиграл, кузену запретили выезжать из страны, пока он не вернет деньги, но он все равно ухитрился сбежать и обосноваться в Америке как ни в чем не бывало.

В тот период своей жизни я собиралась на несколько месяцев в Калифорнию — я давно планировала пожить там, присмотреться, мне казалось, что это абсолютно мое место. Но у меня всё никак не складывалось, словно перед носом одна за другой с громким хлопком закрывались двери. Через три дня после того, как очередная хозяйка квартиры отказала мне в аренде, папу положили в больницу. Я срочно сдала билеты в Америку и сорвалась в Киев.

На тот момент в папином анамнезе было три инфаркта. Первое, что я с ужасом увидела, приехав в Киев и отправившись к нему, — в центральной городской больнице больше нет опытных квалифицированных врачей. Приемы и осмотры вели какие-то студенты. Мне показали его анализы и объяснили, что сами не понимают, как с такими показателями и таким разрушенным сердцем человек может оставаться в живых. Папу держало только желание жить — тогда он был оптимистично настроен и умирать не собирался.

Я нашла папе другую больницу и перевезла его туда. Он быстро встал на ноги, начал потихоньку ходить. При диагностике выяснилось, что неделю назад папа, которого тогда уже госпитализировали, находясь в больнице, пережил инсульт, но этого никто даже не заметил. Были поражены 60% его мозга, врачи разводили руками, точно так же не понимая, как ему удается шутить в таком состоянии, когда он не должен даже говорить. Не было и других последствий инсульта — ни изменений в мимике, ни ограниченной подвижности.

Конечно, папа общался с нами уже не так, как раньше, но был абсолютно в себе. Вот только стал грубым, резким в высказываниях — как будто превратился в острый камень. Мне было больно видеть его таким, но я не переставала его навещать. Возможно, папа так вел себя потому, что ему было невыносимо ощущать себя беспомощным человеком, за которым нужен особый уход. Он не любил зависеть от других, не позволял нам покупать ему лекарства и оплачивать сиделку, за все рассчитывался сам.

Помню, папа почему-то постоянно просил меня посмотреть с ним старый советский фильм «Зимний вечер в Гаграх». Я не припоминала, чтобы он любил это кино, и не понимала, что папа хочет мне этим сказать и почему это так важно для него именно сейчас. Мне постоянно было не до этого: я носилась по всему Киеву, отыскивая ему нормальных врачей. Но посмотреть *как-нибудь* это кино я ему все-таки пообещала.

В очередной раз приехав в больницу, я повела папу на прогулку. У него бы не хватило сил спуститься во двор, да и врачи не разрешали, поэтому обычно я брала его под руку, и мы медленно прохаживались туда и обратно по коридору отделения.

«Пап, ты у меня такой молодец, сам идешь», — я сжала его локоть и на секунду прислонилась плечом к его плечу. Он пробормотал что-то неразборчивое, а на меня почему-то накатило ощущение, что вот так мы видимся в последний раз. Нет, это не последняя наша встреча, но последняя... земная, материальная.

Мне захотелось поскорее уйти, словно кто-то незримый подталкивал меня к выходу. Папа быстро устал и захотел вернуться в палату. Я предложила посидеть с ним, но как раз заселялся новый сосед, а еще один больной крепко спал — я была явно лишней. Мы спешно простились, и я поехала домой со спокойной душой. Надо же, выдумала себе! Папа ведь идет на поправку, а значит, мы еще встретимся.

Меня звали дела, ждали Давид с Антонио. Сын еще ни разу так долго без меня не оставался, к тому же скоро предстояла давно запланированная поездка в Мексику на свадьбу к друзьям, так что надо было возвращаться в Монреаль. Папа про нашу поездку знал и с азартом заядлого путешественника расспрашивал во всех подробностях, в каких городах мы побываем и что собираемся посмотреть в стране. Когда он начал ходить, я поняла, что могу ехать с легкой душой.

Чтобы скоротать время в полете, я включила «Зимний вечер в Гаграх». Оказалось, это фильм о сложных отношениях мужчины-карьериста со своей дочерью, которая не пригласила его на свадьбу, а папой называет отчима. Умирая в больнице в конце фильма, главный герой вспоминает, как однажды приехал с дочкой отдыхать в Гагры, и говорит, что отдал бы остаток жизни, чтобы вернуться в то время.

Я по-прежнему не понимала, что хотел мне сказать папа, посоветовав этот фильм.

— Я хотел узнать, как дальше выстраивать с тобой взаимоотношения, — туманно объяснил он, когда мы созвонились после моего прилета.

— У нас прекрасные, теплые взаимоотношения, пап, — успокоила я его. — Я же с другого конца света через океан к тебе прилетела.

Наши взаимоотношения были уже давно выстроены, но, очевидно, с папиной стороны это была попытка еще больше сблизиться.

Через несколько дней позвонила мама и сообщила, что папино состояние резко ухудшилось. Он пошел в туалет, упал и ударился головой, а поскольку ему давали препараты, разжижающие кровь, началось кровоизлияние в мозг, которое не удавалось остановить. Папу увезли в реанимацию, где он впал в кому. При этом он дышал сам, без аппаратов, но в себя не приходил. Доктора предложили трепанацию черепа, но в таком критическом состоянии это было просто негуманно.

Тем временем мы уже прилетели в Мексику, и как-то за завтраком я рассеянно наблюдала, как Антонио и Давид, над чем-то весело смеясь, накладывают в тарелки омлет. Завибрировал лежащий на столе телефон, и я с тревогой увидела, что это видеозвонок от брата. Что же могло случиться?

— Привет, хотел спросить твоего мнения, — с тревогой начал брат. — Папу почему-то отключили от приборов сердечного мониторинга. Ничего не говорят толком. Вот, посмотри.

Он показал мне папу, мирно лежащего на кровати: нет датчиков ни на груди, ни на руках. Я предположила, что он пошел на поправку, иначе в чем смысл?

— Подожди несколько минут, пожалуйста, — попросила я, заходя в лифт. — Сейчас поднимусь в номер и поговорим спокойно.

Оказавшись на нужном этаже, я побежала в номер, чувствуя себя на грани реальности и другого мира. Открывая дверь, набрала брата.

— Я здесь, с вами, — выдохнула я в трубку.

— Хорошо, Маш. Только, по-моему, папа уже не дышит...

На дисплее моего телефона было два циферблата — на том, что показывал киевское время, светились цифры 17:17.

Снова знаки

Позже мама в красках описала, как тяжело брат воспринял случившееся. Папа был для него всем, целой вселенной, и мне больно было даже представить, как 40-летний брат бросается к нему на постель, трясет за плечи, кричит, как ребенок, и просит встать. Все это будет потом, позже.

А пока что я стояла в дорогом красивом номере, стильно обставленном, с видом на океан, но все это больше не имело смысла. Я бездумно наблюдала, как над бирюзово-голубой водой парят белоснежные чайки. Их крылья почти не двигались, ловя потоки теплого бриза. Я тоже замерла, как чайка, и позволила течению жизни нести себя. Хотелось плакать, но все внутри настолько застыло, что слезы будто превратились в колючие льдинки, которые никак не могли прорваться наружу. В голове зазвучала песня, которая очень нравилась папе, — «Я свободен» в исполнении Валерия Кипелова. Теперь она словно бы приобрела новый смысл.

Что-то подобное я чувствовала, когда ушла бабушка. Мы с ней честно и открыто говорили о смерти.

— Бабушка, когда ты окажешься *там*, ты же ко мне придешь? — спрашивала я. Она обещала... и пришла.

В ночь после первого дня рождения Давида я проснулась, словно кто-то встряхнул меня за плечи. Резко вдохнула и открыла глаза, не понимая, что меня разбудило. В пустой темной комнате я ощутила бабушкино присутствие, и в этот момент мне стало понятно, что *ее с нами больше нет*. Схватив телефон, прочитала сообщение от мамы, которое подтвердило то, что я уже знала. Бабушке было 94 года. Ее последняя задача, последняя цель в жизни — подержать на руках своего самого младшего правнука, моего ребенка — так и не была достигнута...

И вот теперь я, посреди номера в отеле, своей душой искала папину душу. Вот бы он тоже пришел, как бабушка. Так красиво за окном и так пусто внутри меня...

Вдруг, как легкое облачко, проплыла мысль: папа словно подстроил, чтобы в такой тяжелый день я была в теплом, красивом месте, потому что останься я в сером Монреале, мне было бы намного сложнее пережить эту утрату. Папа любил путешествовать со вкусом, мы с ним столько всего повидали вместе, и теперь он словно бы принял свое последнее решение: оставить меня, когда я рядом с океаном, который ласково обнимет волной и прошепчет на ухо слова утешения. Я приняла его выбор. Решения папы я всегда уважала.

Но я могла легче пережить утрату не только поэтому — теперь я начала глубже читать пространство, видеть знаки, получать подсказки. Произойди это лет пять назад, я бы только печалилась, горевала о том, как же папа мог вот так уйти и оставить меня, — то есть переживала бы его смерть из своего эгоизма. Но сейчас я ощущала папин уход другим образом. Несмотря на боль, я была готова воспринимать информацию на другом уровне, и знаки не заставили себя ждать.

На календаре было 13 ноября, затмение в Скорпионе. 13 — число смерти, трансформации, а Скорпион в таком положении делит мир на *до* и *после*, заставляет человека решить, готов ли он кардинально поменять свою жизнь, чтобы перейти на совершенно иной уровень, или ему проще уйти. Коридор, из которого ведут только два пути: в мир мертвых и в мир живых. Я знала, что если папа переживет это затмение, то все будет нормально. Но он решил по-другому — и Скорпион забрал его с собой. А еще сегодня был день рождения того самого двоюродного брата, который не вернул папе долг. Совпадения, совпадения...

Я вдруг вспомнила, сколько всего уже со мной происходило в Мексике, в каждую поездку! С одной стороны, это были мощные трансформационные моменты, с другой... мне не хочется больше летать сюда.

Мексика славится культом, в котором смерть — не просто конец жизни, а настоящая могущественная богиня по имени Санта Муэрте. Ее почитают, ей приносят дары, у нее просят помощи. Для Санта Муэрте все люди равны, и каждому она дает прожить его жизнь так, как он хочет, и ровно столько, сколько ему отмерено. В ноябре мексиканцы празднуют День мертвых, принося к алтарям предков цветы и угощения. Для нас эти непривычные традиции чужой культуры порой кажутся жутковатыми, а для меня после нескольких случаев Мексика стала прочно ассоциироваться с болезнью и смертью.

Когда я в первый раз была здесь, у годовалого Давида посреди ночи поднялась температура 42 градуса.

Я обнимала горящего ребенка и не понимала, что мне делать. До этого мы с Антонио сильно поругались, но тут же забыли про наши разногласия и поехали в больницу.

В следующий раз в Мексике у папы Антонио случился сердечный приступ, после которого он умер. А буквально вчера я вышла из воды и увидела возле моего лежака толпу людей, которые что-то кричали и размахивали руками. Оказалось, мужчина бежал по пляжу, и у него стало плохо с сердцем — упал не где-нибудь, а рядом с моим лежаком. Пока его пытались откачать, приехала скорая и увезла пострадавшего. Не знаю, что это за планетарные столкновения и при чем здесь я, но в Мексику больше ни ногой.

Помощь пришла откуда не ждали — папины похороны в Киеве полностью взял на себя Майкл. Я и представить себе не могла, что он еще когда-нибудь станет настолько близким для моей семьи, и очень благодарна ему за все, что он тогда для нас сделал.

В день кремации Майкл сбросил мне несколько скриншотов. На одном был номер водителя катафалка, оканчивающийся на 1717, на другом — номер человека, ответственного за ритуальные услуги, — тоже 1717. Эти числа словно преследовали меня, подсвечивая, на что обратить внимание и как реагировать на ситуацию.

У нас было около 5 утра, и скоро мы должны были вылетать из Канкуна в Мехико. Антонио и Давид спали, а я тихонько выбралась из постели и вышла на балкон с телефоном. Позвонила маме, она сказала, что наберет меня через пять минут, потому что прямо сейчас они заходят в здание крематория.

Я подождала вдвое дольше и начала звонить сама: маме, брату, Майклу — все они были недоступны, словно оказались в каком-то Бермудском треугольнике. Наверное, внутри не ловит. Я была растеряна: мало того, что не могу проводить папу в последний путь, так даже не получается быть на связи с теми, кто сейчас рядом с ним. Я чувствовала себя одинокой и оторванной от семьи, и время растянулось до бесконечности.

Через полчаса перезвонила мама и подтвердила, что у них не ловили телефоны. Оказывается, почему-то их впустили внутрь на 15 минут раньше, а потом закрыли ворота, и те, кто приехал позже, не могли зайти попрощаться, хотя было назначено на определенное время. Как будто папа не хотел, чтобы эти люди видели его в таком состоянии, и я в том числе. Я была благодарна, что жизнь предоставила мне шанс попрощаться с папой еще при его жизни, и в моей памяти он остался живым...

Через час мы собрались и выехали в аэропорт.

— Дальше по навигатору пробка, — предупредил таксист. — Вроде случилось что-то.

Вскоре мимо нас на огромной скорости с воем сирен начали пролетать машины полиции, пожарных, скорой помощи. На горизонте показался гигантский столб дыма, уходящий в небеса.

— Ого, рынок горит, — сообщил таксист, все это время поглядывавший в телефон. Мы встали в многочасовую пробку, а я как завороженная смотрела на поднимающийся дым. Папа, это ты посылаешь мне знаки?

Папа все-таки успел со мной попрощаться на третьи сутки, придя в невероятно ярком сне. Мне снилось, что мы с ним и Давидом едем в вагоне метро. Мы с сыном вместе с одной стороны, папа — с другой, и он в таком же состоянии, как был эти последние пару лет: ему тяжело ходить, и он опирается на тросточку. На папе красная куртка и коричневые штаны.

Добираемся до станции, где нам нужно пересесть на следующий поезд: нам на одну линию, папе — на другую. Я веду

Давида к лифту, который переместит нас на платформу выше. Папа с нами не идет, и я прощаюсь — спокойно, легко, словно мы завтра увидимся.

— До встречи, — отвечает он и по очереди целует сначала меня, потом Давида.

Я нажимаю кнопку лифта, оборачиваюсь и вижу, как папин хромающий силуэт с тросточкой и колечками табачного дыма растворяется в толпе. Словно наши линии жизни пересеклись в этом воплощении в последний раз, чтобы на время разойтись в разные стороны.

Сон, такой яркий, словно реальность, полный живых деталей, оставил после себя четкое послевкусие: мы все здесь не навсегда, и задача моей души еще не выполнена. Моя миссия еще не завершена. Мне нужно еще немного времени, чтобы быть полезной на этой планете.

Мы с папой еще обязательно встретимся, ведь мы встречались и раньше — в прошлой жизни я чувствовала его заботу, тепло и отцовское внимание, которых мне тогда так не хватало. Он всем сердцем полюбил одинокую маленькую девочку, а ведь был всего лишь *советником ее отца*[17]. В этой жизни я интуитивно узнала папину душу и всегда чувствовала, что это человек, родной мне не только по крови.

Мы можем приходить на Землю в разных телах, но душа остается все той же. Именно поэтому порой при знакомстве с каким-то человеком возникает чувство дежавю: мы словно бы уже встречались и давно знаем друг друга, но откуда? Когда? Этого точно не могло быть! Такие ощущения подсказывают, что мы узнали душу, с которой уже пересекались в прошлой жизни.

17 См. историю в прологе.

Единственный день, который мы провели в Мехико, я проживала как странное, сюрреалистическое видение. Мы заселились в один из старейших отелей города, который давил на меня тяжелыми интерьерами из темного дерева. Над головой нависали люстры, напоминающие канделябры средневекового замка, а стены холла украшали портреты знаменитостей — некогда они останавливались здесь, и меня больно царапнул тот факт, что все они уже умерли. Едва заглянув в обеденный зал, я выскочила оттуда, предложив Антонио поискать какой-нибудь ресторан: зал напоминал скорее скорбный мавзолей, чем место, где люди мирно беседуют за ужином. Во всем отеле для меня будто царила атмосфера смерти — хотелось спрятаться от нее, как зверьку, бегущему от хищника, но было просто негде. Образ смерти преследовал меня повсюду.

Есть, честно говоря, вообще расхотелось, и мы решили прогуляться по запланированным достопримечательностям и поехали в Музей культуры майя. Конечно, я знала, что примерно там увижу, но к такому количеству экспонатов на тему смерти готова не была. Ритуальные маски, ожерелья из костей, черепа… Я утратила чувство реальности и двигалась как во сне, потому что поверить в то, что происходит вокруг, было просто невозможно. Это не я хожу по мрачным залам и слушаю, как гид рассказывает про вырванные человеческие сердца. Это не я склоняюсь над очередным леденящим душу экспонатом… Я настоящая сейчас там, в Киеве, рядом с мамой и братом, и мы вместе проживаем нашу утрату.

Прогулка по городу тоже не помогла отвлечься. Из каждой сувенирной лавки, из витрин магазинов и даже с татуировки прошедшего мимо парня на меня пустыми глазами смотрели черепа и изображения смерти с косой. Для мексиканцев это привычная эстетика и значимые символы, для меня же…

Папу похоронили только вчера, а я на другом конце земного шара повсюду окружена смертью, она была буквально в каждой чашке кофе, в каждом переулке, в каждом образе.

Вечером, падая от усталости, мы все-таки отправились в ресторан, и, пока ждали заказ, я повернула голову и увидела огромный билборд с надписью «17.1717». Еще раз пролистав сохраненные скриншоты, которые прислал Майкл, я почувствовала, что число 17 как будто соединяет меня с семьей, с родом, и оно очень важно, хотя я пока не до конца разобралась, что оно для меня значит.

С тех пор для меня эта комбинация цифр стала земной подсказкой, что я иду в правильном направлении. Если мне нужно принять решение и я вижу числа 1717, всегда воспринимаю этот знак как «да». Как подсказку от папы.

Как принять смерть близкого

Папа пришел в это воплощение с огромным потенциалом и кодом миллионера в матрице. Бывали времена, когда он жил довольно обеспеченно и никогда не был обделен женским вниманием. Но потом он пошел другим путем.

Прежде чем жаловаться на жизнь и судьбу, нужно понимать, что это следствие наших мыслей, действий, шагов. Изменить можно всё.

Иногда я думаю, что папа мог бы продержаться еще пару месяцев, но ведь он не пошел добровольно в трансформацию, поэтому настало его время выйти из физического тела. Он много копался в прошлом, жил им, совсем не заглядывая в будущее. Папа, конечно, строил планы, например хотел сделать операцию на ногу, но когда я его спрашивала, что потом, он не мог ответить. То есть это были механические цели, пустота, список, в котором все пункты уже отмечены галочкой.

Жизнь дается нам ровно до того момента, пока она наполнена смыслом. Если это просто существование, рутина изо дня в день и человек не приносит блага ни себе, ни окружающим — он просто потребитель места. Чтобы понять, есть ли в жизни реальный смысл, можно время от времени задавать себе вопросы: как я, присутствуя на этой планете, занимая на ней место, делаю жизнь других людей лучше? Помогаю ли я кому-нибудь, и если да, то чем?

Задача души, которая была заложена в папином коде рождения, — продление рода и сохранение устоев семьи. По его энергиям ему были важны связь с корнями, традиционное видение семьи, вложения в семью. Будучи харизматичным человеком, папа в итоге больше ушел в проявление себя в этом мире, чем в задачу своей души.

К тому же даже в цифрах у него был диссонанс, и другие энергии приносили папе одиночество, отшельничество. Мама с ним общаться не хотела, мы с братом разъехались, в итоге он остался один. Гордыня не давала папе показывать, что он в ком-либо нуждается, он всегда демонстрировал полную самостоятельность и независимость.

Свой организм к концу жизни папа угробил настолько, что сам себе укоротил жизнь: не из слабости, из силы — как будто сознательно решил, сколько ему прожить. Зная, как изменить свою жизнь, он этого не сделал, значит, таков путь его души, который нужно принять и уважать.

Для нас с братом папа обладал непоколебимым авторитетом просто по праву своего рождения. Он нас никогда не наказывал, тем не менее одного его слова было достаточно, чтобы мы моментально всё поняли.

После папиной смерти я почувствовала себя «взрослой» — *женщиной с точки зрения зрелости.* Как будто бы вместе с ним ушла маленькая шаловливая девочка, которая жила внутри меня. Папа был единственным мужчиной, которому я уступала, склонив голову. Его слово было для меня законом.

Близкие всегда рядом

Всему на этой земле отведено свое время. Кофе нужно пить сразу, потом он становится холодным. Человеческое тело живет до 100 лет, иногда до 68, как в случае моего папы. На этой земле все задумано определенным образом, так что нет ничего вечного и идет постоянная циркуляция и обновление.

С папиным уходом я почувствовала, что больше нет нужды ни в чем себя ограничивать. Будто он сдерживал меня, все время повторяя: «Нужно экономить. Зачем тратить так много, если можно найти подешевле? Вечно ты на понтах». Если меня кто-нибудь подвозил на дорогой машине, я всегда просила высадить подальше от дома и делала вид, что приехала на метро, чтобы избежать папиных комментариев.

Когда у меня были периоды ухаживаний и поклонники заваливали огромными букетами, папа помогал мне расставлять их, приговаривая: «Ты как Пугачева после концерта». Или, например, если я отказывалась от еды, папа всегда спрашивал: «Не будешь есть? А что в ресторан поехала?»

Когда речь заходила о путешествиях, он мог сказать что-нибудь вроде: «Ну, Египет не твой уровень, тебе Дубай подавай». Вроде бы все это говорилось в шутку, но подтекст был такой: «Ну и зачем тебе все это надо?» Поэтому я старалась лишний раз не показывать свой уровень жизни, занижая свою самоценность.

Когда я снимала дорогую квартиру в центре Киева недалеко от папы — в новостройке, с консьержем и подземным паркингом, — папа ни разу это не прокомментировал, не сказал, какая я молодец. Хвалил он вообще очень аккуратно. Никогда не называл меня «своей принцессой», не говорил, что я самая красивая, не возвышал — словно не хотел, чтобы я зазналась и пошла по кривой дорожке. Папа всегда делал ставки на мои интеллектуальные способности, мог похвалить за дела, например за успехи в бизнесе. Так это и устоялось внутри меня: когда мне делают комплименты по поводу внешности, я не придаю этому особого значения.

Папа мог в шутку шлепнуть меня по попе и засмеяться:

— О, Маня, смотри, какой тухес отрастила.

Это и другие словечки на иврите постоянно были у него в ходу. Я на него никогда не обижалась: раз папа сказал, значит, на «тухес» и правда стоит обратить внимание и посидеть недельку на диете.

Еврейские анекдоты папа просто обожал и каждый день откапывал где-то по три штуки новых. Я никак не могла понять, где он их берет, но каждым новым папа обязательно делился со мной. Звонил и рассказывал, а я слушала вполуха, занимаясь своими делами.

— Ты поняла, о чем это? Суть фразы поняла, Мань? — обязательно уточнял он в конце.

Он обо всех говорил с легкой иронией и игривостью, а для каждой моей подружки у него находилось прозвище, в основном оно давалось по месту жительства.

— Твои девчонки все одинаковые, я их не могу запомнить, — пояснял папа, когда я в очередной раз перечисляла, как зовут «ту, которая с Троещины» и «вот эту с Фастова».

С уходом папы мне стало проще рассказывать про эзотерическую часть своей жизни, потому что его мнение меня всегда сковывало. Я знаю, что сейчас его красивая, добрая душа смотрит не через призму его жизни, бытовых проблем и пережитого опыта, а через чистое стекло — с позиции духовности, в которой нет и не может быть осуждения.

Я знаю свой потенциал и свои возможности. Мне больше не важна оценка окружающих. Я больше не буду «удобной». Я больше не буду тратить свое время и силы на людей, которые этого не ценят. Я почувствовала, что каждый день важен, и я буду брать от жизни только лучшее в лучшем его проявлении: получать лучшие эмоции, окружать себя лучшими людьми. Помогать лишь тем, кто нуждается и сам об этом просит.

Я набираю мощные обороты для своего развития. Как турбина и разгон в самолете, перед взлетом. Мне совершенно неважно, если кто-то меня осуждает. Меня больше не беспокоит, что обо мне скажут. Я как будто бы выпустила наружу того красивого скакуна, которого прятала в стойле, — всю свою мощь, весь свой потенциал. У меня есть свои ценности, не навязанные обществом. У меня есть свой курс, по которому я теперь иду как танк — не сворачивая. У меня есть свое искреннее видение мира и понимание того, как я могу помочь людям и человечеству в целом — давая не рыбку, а удочку. Я вижу в этом свою цель, свою миссию.

Удивительно, но я чувствую, что папа постоянно находится рядом как мой личный помощник и ангел-хранитель, которому в любой момент можно задать вопрос. У него тоже были свои рамки: физическое тело и задача на эту жизнь. Там, где он сейчас находится, в его теперешнем состоянии, ему нет нужды переживать за меня, контролировать. Он знает больше, помнит больше, видит больше. Мы взаимодействуем, я чувствую его рядом, как и бабушку, — они оба посылают ответы на мои вопросы. Папа все время мне снится. Я как будто обрела мощную поддержку и верю, что у меня все получится.

Папа и бабушка не позволяют мне плакать о себе, и вот я, невероятно сентиментальный человек, только улыбаюсь, вспоминая папу и бабушку. Когда все-таки встает ком в горле, а на глаза наворачиваются слезы, я слышу внутри их голоса, которые ласково говорят: «Зачем горевать? Мы здесь, с тобой, еще ближе, чем могли бы быть при жизни». К тому же я выплакала все, что могла, ведь у папы были инсульт, инфаркты, тяжелейший ковид... Я прощалась с ним минимум трижды, а на четвертый раз его и правда не стало.

После папиной смерти я всю оставшуюся часть поездки, на протяжении двух недель, постоянно переслушивала книгу Майкла Ньютона «Путешествие души», как будто сопровождала его в этом пути, и определенные вещи приобрели для меня глубинный смысл. Все мы там еще встретимся. Когда душа уходит, для нее нет плохого или хорошего конца. Даже если человек покончил с собой, он просто нсдовыполнил свою задачу, а значит, вернется еще столько раз, сколько будет нужно.

Я отношусь к жизни как к многоуровневой компьютерной игре, где тебя возвращают на один и тот же уровень, если ты его не прошел.

Я не смотрю на смерть с позиции эго, страдая, что не могу больше поговорить с родными или обнять их.

Мне удалось прочувствовать, как тяжело древней, мудрой душе существовать в изношенном теле, ежедневно мучаясь от боли. И какой счастливой и окрыленной она уходит, когда ее наконец отпускают с этой планеты. Моя любовь к ним больше, чем к себе, поэтому я могу только порадоваться тому, что они теперь легки и свободны.

Папа со мной в каждом моменте, словно он здесь, в соседней комнате. Я чувствую тепло, гармонию, умиротворение и полный баланс. Я там, где должна быть, делаю то, чем должна заниматься, встала на путь своей реализации и еще больше ушла в духовность. Я занимаюсь гипнозом, сопровождаю клиентов в их разные состояния и интуитивно чувствую тонкие миры. Мне не хотелось открывать эту свою глубину другим, я думала, что она никому не нужна, никому не интересна. Но просто было еще не время.

У каждого на этой планете есть своя миссия, а также наставники, с которыми мы договариваемся *там* заранее. Когда мы воплощаемся в физическом теле, они дают нашей душе подсказки, наша задача — научиться их слышать и понимать. Ведь как часто мы действуем, руководствуясь логикой, в то время как все внутри кричит «нет».

Когда смотришь на жизнь не просто как на набор рандомных событий, а видишь причинно-следственные связи, замечаешь и читаешь знаки, которые тебе посылает Вселенная, — это как разгадывать код бытия, постепенно, символ за символом, сплетая их в общий орнамент. Так жизнь мгновенно наполняется смыслом и изначальной красотой божественного замысла.

Глава 17. Возвращение на волшебный остров

Через год после встречи с шаманкой я снова оказалась на Бали, где так мечтала побывать с папой. Представила, как он сейчас скучал бы на вилле с коктейлем, каждый день глядя на один и тот же пейзаж. Теперь папа может видеть все и сразу, находиться одновременно везде...

На этот раз со мной были моя помощница Лена и группа участников, приехавших на мой первый ретрит. Я смотрела на них и понимала боль и опустошение каждой, ведь когда-то сама испытывала что-то похожее. Уставшие от отсутствия смысла жизни и серости участники буквально упали в мои объятия. Теперь трансформацию предстояло пройти им, и для них это будет легче, чем происходило со мной, ведь у них есть проводник, который будет подсвечивать все выбоины и неровности на этом пути.

Меня никто не вел за руку, приходилось искать дорогу самой и допускать ошибки. Теперь я — их проводник, ментор. Перевоплощения будут происходить под моим наставничеством, но я тоже дам девочкам ошибаться, потому что это естественно и необходимо.

Некоторые участники взяли с собой детей, и я все предусмотрела и для них. Я спланировала, где мы будем жить, когда будем есть и спать, кто будет нам готовить и по какому меню, чем займутся дети. Несмотря на то что я расписала нам занятия на каждый день, были моменты, в которых я доверялась потоку и принимала решения, учитывая настроение участников. Например, когда им нужно побыть наедине с собой, чтобы осознать новые открывшиеся смыслы. Невозможно составить одну программу для всех, когда у каждой — разная энергия, разный потенциал. Для каждой я находила свой подход.

Бали предстал передо мной в новых красках. Это по-прежнему было особенное место, предназначенное для самоизлечения, но я на физическом и духовном уровне чувствовала, что приехала сюда совсем другой. У меня теперь мощная энергия, я уже не нащупываю тропу, боязливо касаясь ее ногой, а смело иду по ней и веду за собой других. Разве могла я год назад подумать о том, что участники прилетят сюда ко мне из Канады через Японию, через Австралию? Если бы этот путь не был моим, мне не удалось бы добиться на нем таких результатов.

Истина всегда чувствуется.

В один из дней мы отправились к уже знакомой мне шаманке, чтобы пройти цветочную церемонию очищения души. На чтение души я зашла к ней первая и тихо, сипло поздоровалась — со вчерашнего вечера у меня не было голоса. Не думаю, что шаманка узнала меня, ведь каждый день она принимает столько людей.

— Ты слишком распыляешься. Сосредоточься только на менторстве, а организует все пусть кто-нибудь другой, — уверенно сказала она. — У тебя даже голос пропал, потому что сливаешь энергию не туда. Тебе нужно говорить.

В конце шаманка неожиданно спросила, есть ли у меня партнер. Я растерянно кивнула.

— Свои дела не бросай, но тебе в этом году нужно сконцентрироваться на партнере и на его успехе. Позволь ему быть императором и тогда сядешь на трон рядом с ним. Пока что ты сама императрица, которая может решить все что угодно. Но вот остановишься немного, и вы вместе переедете в другую страну, и у вас будет семья.

Я вышла в недоумении. Почему это вдруг я должна останавливаться? Слова шаманки в тот момент не имели для меня никакой связи с реальностью, никакого смысла. Я подумала, что если в прошлом году она все правильно сказала, то в этом промахнулась. С каждым бывает.

Все 10 дней ретрита мы играли в «Лилу», жгли благовония, занимались йогой на рассвете во время отлива. Нам не хотелось никакой другой пищи, кроме растительной, а все ощущения начали работать иначе: вкусы стали приятнее, запахи ярче, прикосновения ощутимее, звуки и картинки приобрели новые тона и оттенки.

Я видела, как в глазах участников зажигается свет, словно внутри вспыхивает огонек погасшей было души. Они приехали на остров, выжатые как лимон, а теперь вспорхнули ввысь, как прекрасные бабочки. Мои девочки источали любовь и были полны новых сил и воли к жизни, они были готовы реализовываться и проявляться.

Важнейшим событием этой поездки, к которому тщательно готовились и я, и все участники, стала чайная церемония сакральной медицины — один из главных шагов моей авторской программы.

В предвкушении церемонии мы мчали на байках, возвращаясь с побережья океана на виллу через бескрайние рисовые поля. В лицо бил сладкий тропический ветер, мы были абсолютно свободны и устремлены только вперед — навстречу новым открытиям, познанию и своей судьбе.

На мне лежала важная миссия: программировать открывающиеся каналы участников ретрита. Для этого требуется знать цели и задачи человека и то, какой вид информации ему нужно получить. Формула, соединяющая с открывшимся каналом, похожа на адрес, вбитый в навигаторе, и для каждого она индивидуальна. Как и состояние — у каждого оно очень индивидуальное, особенное.

Для первой части ретрита я сняла двухэтажную виллу с соломенной крышей и бежево-серыми интерьерами. Во дворе поблескивал на закатном солнце бирюзовый бассейн, у самого дна которого медленно плавала черепаха, размеренно перебирая лапами. Бассейн окружали уютная поляна с мягкой травой и деревья со зреющими манго. Полный контакт с природой, полное слияние с окружающей средой — самое первобытное, истинное состояние человека.

Было полнолуние — особенный, важный день, когда наполнение энергией происходит невероятно эффективно. Когда красивая чайная церемония завершилась, я повела участников в сад. К тому времени взошла огромная полная луна, щедро лившая серебристый свет на разлапистые ветки пальм и оставляющая на воде серебряную дорожку. В ее ярком сиянии видна была каждая травинка, словно мы оказались в каком-то параллельном мире или на другой планете. Играла расслабляющая балийская музыка с колокольчиками. Теплое пламя свечей танцевало на фитилях, согревая душу и уводя за собой.

Я была во вдохновляющем единении с участниками, контролировала ситуацию и чувствовала погружение каждого в свое подсознание. И тут мне пришло понимание: мы не просто часть природы, мы — сама природа. И все, что нам на самом деле нужно, — просто быть ею. Я лежала на земле и чувствовала себя в гармонии с ней, слушала, как шелестит трава и покачиваются на ветру пальмы, вдыхала терпкие ночные запахи и следила за мерцанием далеких звезд над головой.

Следуй за своей естественной, природной силой — вот единственный закон, по которому стоит жить.

Когда ретрит закончился и все его участники разъехались, я, уставшая и одновременно полная вдохновения, отправилась в сад, открыла ноутбук и погрузилась в воспоминания и мысли, начав создавать первые штрихи своей будущей книги.

Еще не конец

После той церемонии в полнолуние я стала еще лучше чувствовать природу и других людей, видеть еще больше знаков. Мне повсюду попадались животные-альбиносы: кошки, голуби, даже змеи. Я вспомнила, что шаманка советовала мне носить белую одежду, а наставники, встреченные во время глубокого гипноза, это подтвердили.

Участники, прошедшие тот ретрит, еще долго делились со мной озарениями, которые круто повернули их жизни на 180 градусов уже спустя несколько месяцев: столько новых процессов произошло, столько инициатив было реализовано. Я понимала их восторг, потому что в свое время сама прошла огромную трансформацию.

Несмотря на то что я очень земной человек и для меня важны материальные блага, выстроенный баланс духовного и материального дал свои плоды. Теперь у меня открываются другие каналы, по которым приходят новые знания. Во мне стало больше решительности, я умею считывать пространство, вижу предназначение других людей. Когда человек находит себя и свою опору, все это становится гораздо проще. И не нужно больше писать дневники желаний, благодарностей, держать фокус на медитациях, успокоении ума.

Когда ты прошел через свою самую мрачную тьму, то сам становишься светом.

Люди часто открывают мне самое сокровенное, причем это могут быть не только близкие друзья, но и случайные попутчики. Между нами происходит обмен энергией, которая передается через зрительный контакт, через слова, через пространство. Часто они плачут.

Заключение

Все началось с вопроса Антонио: «Я вижу, что ты стремительно развиваешься в карьере, и чувствую, что не хочешь больше детей. Это так?» Антонио все правильно сказал, и скрывать это было бы нечестно по отношению к нему. Мне действительно было достаточно одного ребенка.

В тот момент мы приняли решение, что наши жизненные пути расходятся, потому что приоритеты больше не совпадают. Я развивалась в своей карьере и чувствовала: то, что я делаю, откликается людям, помогает им, поэтому мне нужно идти дальше, обучаться и продолжать транслировать информацию. Я не переставала развиваться: данные проходили через меня, как через фильтр, и я делилась материалом, прошедшим несколько стадий обработки. Я находилась на новом этапе жизни, покоряла новую вершину, у меня были свои интересы и амбиции, а у Антонио свои.

Второе, от чего горели глаза, — предстоящий переезд в Лос-Анджелес. Когда я впервые увидела этот город в иллюминаторе самолета, сразу почувствовала его живое, бьющееся сердце. Он был словно трепещущий организм: многогранный, с тьмой и светом, с черным и белым. Эта его многогранность, его масштаб меня и покорили. Я чувствовала, что атмосфера Лос-Анджелеса мне идеально подходит, да и Давиду там будет хорошо.

В то время все обстоятельства вокруг складывались так, словно меня выталкивают, говоря: «Твоя миссия в Канаде закончена, можешь собирать чемоданы». Я, как консервативный знак зодиака, всегда стремлюсь к стабильности, но порой жизнь слишком явно показывает, что наступила пора перемен.

Энергии, которые сейчас преобладают в мире, учат нас жить в потоке и принимать решения, опираясь на интуицию. Поэтому я стараюсь убирать в сторону свое рациональное мышление и больше доверять Вселенной. Расслабиться в шторме очень сложно, но нужно лечь на воду, и тебя вынесет на берег, на котором ты должен оказаться. Мой берег был в Лос-Анджелесе.

Мы с Антонио решили разделить компанию и наши обязательства, после чего он вернулся в Канаду, а я сконцентрировалась на оформлении документов и решении вопросов, связанных с переездом и ведением бизнеса в Америке. Я чувствовала почву под ногами и то, что могу развиваться и идти своим путем. Я стала свободной, наконец-то расправила крылья и поняла, что могу положиться на себя и сама обеспечить нам с Давидом комфортный образ жизни в Лос-Анджелесе. Впереди меня ждал еще более интересный, вдохновляющий и захватывающий путь, который виделся мне протоптанной дорожкой.

Вскоре я тоже улетела из Лос-Анджелеса и, несмотря на джетлаг, уже на следующее утро назначила клиенту чайную церемонию — сразу с корабля на бал. Я все приготовила не торопясь, и до встречи оставалось примерно полчаса. Возможно, за последнее время это были первые полчаса, когда я вырвалась из водоворота событий и осталась в тишине наедине сама с собой. И тут я вдруг подумала: «Что-то закрутилась и давно не проверяла свой цикл».

В календаре приложения прошедший месяц горел красным — конечно, я же не отметила критические дни, которые всегда наступают у меня четко, как по часам! Попробовала вспомнить, когда они были в последний раз, — не могла же я выпасть из реальности, чтобы настолько обо всем забыть.

Через пару минут, шокированно глядя на постепенно все ярче проявляющиеся две полоски — положительный тест на беременность, я начала понимать истинный смысл слов, сказанных мне шаманкой на Бали: об императрице и ее императоре...

В голове звенело, перед глазами все плыло, а мои раскрывшиеся было крылья судорожно пытались поймать ветер, так внезапно сменивший направление...

Популярное издание
14+

Литвиненко Мария Александровна

Я переЖИВУ!
Онкология, пандемия, развод, эмиграция

ISBN: 978-1-0690216-8-7
Printed version softcover

ISBN: 978-1-0690216-5-6
Printed version hardcover

ISBN: 978-1-0690216-1-8
e-book

www.ingramcontent.com/pod-product-compliance
Ingram Content Group UK Ltd.
Pitfield, Milton Keynes, MK11 3LW, UK
UKHW021914290826
14793UKWH00003B/260

9 781069 021656